Eingebürgerte Fischarten

Zur Biologie und Verbreitung allochthoner Wildfische in Europa

von Andreas Arnold, Leipzig

Mit 71 Abbildungen und 1 Farbtafel

Die Neue Brehm-Bücherei

A. Ziemsen Verlag · Wittenberg Lutherstadt · 1990

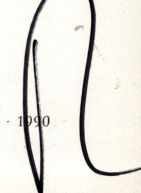

Arnold, Andreas:
Eingebürgerte Fischarten: zur Biologie u. Verbreitung allochthoner Wildfische in Europa / von Andreas Arnold. – 1. Aufl. – Wittenberg Lutherstadt : Ziemsen, 1990.
(Die neue Brehm-Bücherei; 602)   ISBN 3-7403-0236-4

ISBN 3-7403-0236-4

ISSN 0138-1423

Die Neue Brehm-Bücherei 602

© A. Ziemsen Verlag · Wittenberg Lutherstadt · 1990
Lizenz-Nr. 251 · LSV 136 5
Herstellung: Druckhaus Freiheit Halle, BT III Elbe-Druckerei Wittenberg IV-28-1-485!
Printed in GDR
Bestellnummer 800 196 9

15,20   16,00

Vorwort

Der vorliegende Band behandelt ein recht heikles Thema, denn die Einbürgerung fremdländischer Tierarten, noch vor einem Jahrhundert als Bereicherung der heimischen Fauna gutgeheißen, ist in Verruf geraten. In vielen Fällen wurden dadurch nicht vorhergesehene ökonomische Schäden verursacht, das ökologische Gleichgewicht gestört oder schutzwürdige heimische Arten bedrängt.

Der Mensch ist zu einem wichtigen Faktor in der Ausbreitung der Tierarten geworden und im Begriff, durch Überbrückung bisheriger Ausbreitungshindernisse die Tierwelt der Erde scheinbar wahllos über alle geeigneten Klimazonen der Erde zu verteilen. Das geschieht vor allem durch großräumige Veränderung von Lebensräumen, passive Verschleppung, Beseitigung von Ausbreitungsschranken und gezielte Einbürgerung. Die Folgen sind unter anderem das Aussterben einiger konkurrenzschwacher Arten, vor allem von Inselformen, und nahezu weltweite Verbreitung ökologisch wenig spezialisierter Arten (Ubiquisten). Dies hat mittlerweile solche Ausmaße angenommen, daß in der Fauna einiger Inseln wie Hawai und Neuseeland eingebürgerte Wirbeltierarten bereits hinsichtlich Artenzahl und Abundanz dominieren. Auch wenn Biologen, insbesondere Zoogeographen, diesen Prozeß mit Erschrecken und Mißbilligung betrachten, so ist es doch notwendig, sich dem Problem zu stellen. Das macht es erforderlich, sich verstärkt mit der anthropogenen (allochthonen) Verbreitung, Ausbreitung und Ökologie dieser Arten im Einbürgerungsgebiet zu befassen.

Niethammer (1963) hat das damalige Wissen über Einbürgerungsversuche mit Vögeln und Säugetieren in Europa zusammengetragen. Das Resultat war ein Buch von 320 Seiten. Es ist kaum möglich, bei Fischen gleichwertiges zu erarbeiten, da Einbürgerungen hier meist mit viel geringerem materiellem Aufwand gelingen, öfter von privater Hand durchgeführt und daher relativ selten dokumentiert oder gar publiziert worden sind. Trotzdem ist die Zahl der in Europa eingebürgerten Fischarten relativ gering. Zahlreicher vertreten sind hier fremdländische Nutzfischarten, die aber ohne Zucht und Aussetzung bald wieder verschwinden würden und deshalb nicht als eingebürgerte Wildfischarten gelten können. Während ihre Biologie aufgrund der wirtschaftlichen Bedeutung gut erforscht ist, wissen wir über Lebensansprüche und Verbreitung allochthoner Wildfische noch recht wenig. Selbst ichthyologische und aquaristische Standardwerke teilen über diese Arten nur wenige und oft widersprüchliche oder sogar falsche Angaben mit. Ziel dieses Bandes ist es daher, den zahlenmäßig großen Interessentenkreis (Angler, Aquarianer, Binnenfischer, Ichthyologen, Naturschützer ...) mit den allochthonen Wildfischarten Europas vertrauter zu machen und das Problembewußtsein für diesen Untersuchungsgegenstand zu wecken.

Manche Arten wurden sehr ausführlich, andere dagegen nur knapp abgehandelt. Solche Akzente wurden ganz bewußt gesetzt, denn der Kenntnisstand über diese Arten und ihre Verbreitung sowie ihre Bedeutung sind recht unterschiedlich. Vollständigkeit kann daher nicht erwartet werden, zumal ständig mit der Einbürgerung weiterer Arten zu rechnen ist. Die Ausführungen beziehen sich in erster Linie auf Mitteleuropa. Sie berücksichtigen nur Arten außereuropäischer Herkunft – kleinräumige Verschleppungen innerhalb Europas blieben unerwähnt.

Da die Zahl der künstlichen Warmgewässer schnell zunimmt, die Fauna natürlicher Warmgewässer besonders empfindlich auf allochthone Arten reagiert und die Gefahr der Einbürgerung tropischer Zierfische somit besonders aktuell ist, wird dieser Problematik ein gesondertes Kapitel eingeräumt.

Für Unterstützung bei dieser Arbeit danke ich dem A. Ziemsen Verlag sowie insbesondere Herrn Dr. H.-J. P a e p k e (Potsdam), weiterhin den Herren Prof. Dr. P. B ă n ă r e s c u (Bukarest), Dipl.-Biol. D. G a u m e r t (Hildesheim), Dipl.-Geol. F. K n o l l e (Goslar), J. P l o m a n n (Berlin), Prof. Dr. G. S t e r b a (Leipzig), Dr. U. Z u p p k e (Wittenberg) und zahlreichen meist im Text genannten Informanten.

Dank gebührt auch Herrn W. F i e d l e r (Leipzig) für die Fotovorlage zu Abb. 2. Alle anderen Fotos stammen vom Verfasser.

Leipzig, im November 1988   Andreas A r n o l d

Inhaltsverzeichnis

1. Zur Einbürgerungsproblematik und -geschichte 6
2. Allochthone Nutzfische 10
3. Allochthone Wildfische 13
   3.1. Natürliche und anthropogene Warmgewässer und ihre Fischfauna 13
   3.2. Allochthone Wildfische der normaltemperierten Gewässer 33
       3.2.1. Sonnenbarsche (Centrarchidae) 33
           3.2.1.1. *Lepomis gibbosus* (Linnaeus, 1758) 34
           3.2.1.2. Weitere, vorübergehend oder lokal in Europa eingebürgerte
                    Sonnenbarsche 60
       3.2.2. Katzenwelse (Ictaluridae) 74
           3.2.2.1. *Ictalurus nebulosus* (Le Sueur, 1819) 76
           3.2.2.2. *Ictalurus melas* (Rafinesque, 1820) 87
       3.2.3. Karpfenfische (Cyprinidae) 89
           3.2.3.1. *Pseudorasbora parva* (Schlegel, 1842) 90
           3.2.3.2. *Carassius auratus gibelio* (Bloch, 1783) 103
       3.2.4. Lebendgebärende Zahnkarpfen (Poeciliidae) 106
           3.2.4.1. *Gambusia affinis* (Baird & Girard, 1853) 106
       3.2.5. Hundsfische (Umbridae) 127
           3.2.5.1. *Umbra krameri* Walbaum, 1792 129
           3.2.5.2. *Umbra pygmaea* (De Kay, 1842) 131
       3.2.6. Buntbarsche (Cichlidae) 133
           3.2.6.1. *Cichlasoma facetum* (Jenyns, 1842) 134
       3.2.7. Grundeln (Gobiidae) 135
           3.2.7.1. *Perccottus glehni* Dybowski, 1877 135
4. Literaturverzeichnis 137
5. Register der behandelten Arten 143

1. Zur Einbürgerungsproblematik und -geschichte

Es ist ganz natürlich, daß sich mit der Nutzung der Landschaft durch den Menschen auch deren Flora und Fauna wandelt. Seit Beginn von Seßhaftigkeit und Ackerbau des Menschen kam es zur fortschreitenden Auflichtung der ursprünglich nahezu geschlossenen Waldbedeckung Europas. Dies schuf neue Biotope, führte zur aktiven Einwanderung von Arten, insbesondere Steppenbewohnern, und man kann annehmen, daß durch Vielgestaltigkeit der Lebensräume im ausgehenden Mittelalter die Fauna Europas am artenreichsten war. Gegenwärtig ist in den meisten Teilen des Kontinents die Artenzahl trotz Einbürgerung fremdländischer Arten wieder stark rückläufig. Hier deuten sich bereits Schwierigkeiten an, klar zwischen autochthonen (bodenständigen) und allochthonen (fremdländischen, eingebürgerten) Faunenelementen zu unterscheiden.

Neben der passiven Faunenveränderung durch Umgestaltung der Landschaft begann der Mensch auch bewußt mit der Einbürgerung von Arten. In einigen Fällen kam es zur Verwilderung von Haustieren. Weiterhin wurden viele jagdbare Wildtiere außerhalb ihres natürlichen Areals angesiedelt, z. B. Mufflon, Jagdfasan, Damhirsch und Wildkaninchen. In vielen Fällen verliefen die Einbürgerungsversuche erfolglos, beispielsweise die mit Alpensteinbock, Sibirischem Steinbock, Bezoarziege und Kaukasischem Thur in der Hohen Tatra. Selbst Exoten wie Affen und Känguruhs wurden vorübergehend in Mitteleuropa eingebürgert! Weitere bekannte Beispiele für die Einbürgerung von Säugetieren in Europa sind Bisam, Mink, Waschbär, Nutria und Marderhund.

Besonders gut geeignet für die Einbürgerung sind Inseln. Sie haben eine relativ artenarme, an konkurrenzschwachen Endemiten aber reiche Flora und Fauna. Hier konnten viele archaische Formen überleben, die sich gegen die weiter entwickelten Arten der Kontinente nur schwer behaupten können (B ă n ă r e s c u u. B o s c a i u 1978). Die räumliche Begrenzung der Inseln verhindert eine zu starke Zerstreuung in der Initialphase einer Einbürgerung. Besonders krasse Beispiele für betroffene Inseln sind Hawai und Neuseeland. Nach S e d l a g (1974) sollen in Neuseeland mit mehr als 600 Tierarten Einbürgerungsversuche unternommen worden sein, und es wurden 40 Säuger und 28 Vögel erfolgreich angesiedelt, z. B. Igel, Iltis, Wildschwein, Gemse, Feldhase, Rothirsch, Damhirsch, Höckerschwan, Saatkrähe, Amsel, Feldlerche, Star und Haussperling.

In Europa wurden auch wirbellose Tierarten gezielt eingebürgert. Mit Rückgang der Bestände des Edelkrebses *(Astacus astacus)* durch die Krebspest war das beispielsweise der Amerikanische Flußkrebs *(Orconectes limosus)*: 1890 setzte M. v. d. B o r n e mit Erfolg etwa 100 Ex. aus. In neuerer Zeit ist auch der von der Pazifikküste Nordamerikas stammende Signalkrebs *(Pacifastacus leniusculus)* bei uns eingebürgert worden.

Der Artenaustausch innerhalb der Holarktis erfolgte vor allem zwischen Paläarktis und Nearktis. Europa war dabei viel häufiger Spender- als Empfängergebiet. Dies beruht vor allem darauf, daß die zahlreichen europäischen Auswanderer vertraute heimische Faunenelemente mit in das fremde Land nehmen wollten. S c h i l d e r (1956) hat in seinem „Lehrbuch der Zoogeographie" Ursachen und Motive der Verfälschung der Fauna durch den Menschen zusammengestellt und bemerkt dazu: „Der Mensch hat stellenweise die Fauna ganzer Erdräume von Grund auf umgestaltet und damit im natürlichen Bilde der Tierwelt in kürzester Zeit Veränderungen hervorgerufen, wie sie sonst viele Jahrmillionen währende geologische Umwälzungen und selbst lokale Katastrophen wie die diluvialen Eiszeiten nicht zustande zu bringen vermochten; dieser Vorgang ist erstmalig seit Entstehung des Lebens auf der Erde und kann eigentlich nur als künstliche Verfälschung des Ablaufes der Evolution (zu welcher auch die Verbreitung der Tiere gehört) bezeichnet werden."

Unter dem Areal einer Art wird in der Zoogeographie das autochthone Gebiet verstanden, welches sie dauernd besiedelt und wo sie sich auch reproduziert (B ă n ă r e s c u u. B o s c a i u 1978). Das Areal wäre demnach mit dem natürlichen Verbreitungsgebiet identisch. Die Autoren stellen diese Definition jedoch selbst infrage, indem sie eine Erweiterung der Arealgrenzen durch anthropogenen Einfluß anerkennen. Tatsächlich ist eine Entscheidung in der Praxis oft nur schwer zu treffen. In vielen Fällen, wie z. B. beim Giebel *(Carassius auratus gibelio)*, ist eine Rekonstruktion des „natürlichen Areals" gar nicht mehr möglich.

Süßwasserfische können sich nur schwer aktiv ausbreiten. Das Land zwischen den relativ kleinen Süßgewässern, Gebirge, Einzugsgebietsgrenzen der Wasserläufe und Meere sind vor allem für die echten Süßwasserfische unüberwindliche Ausbreitungsschranken. Verfrachtung von Fischlaich durch Wasservögel ist in Einzelfällen belegt, aber von geringer Bedeutung. Entgegen der Strömung gerichtete Wanderungen in Fließgewässern werden vom Menschen durch Staueinrichtungen sehr behindert, dagegen durch Kanäle und Überpumpen Verbindungen zwischen den Einzugsgebieten geschaffen. So drangen nach dem Durchstich des Suezkanals bis 1950 22 Fischarten aus dem Indischen Ozean und dem Roten Meer über den Kanal in das Mittelmeer ein (B ă n ă r e s c u u. B o s c a i u 1978).

Nach einer Pressemitteilung (Leipziger Volkszeitung, Januar 1988) wurden kürzlich die Einzugsgebiete der Flüsse Euphrat und Tigris über den Thartharsee miteinander verbunden und damit die Voraussetzung für einen unkontrollierten Austausch der Fischfauna beider Stromsysteme geschaffen.

Im Kontrast zur wichtigen Rolle der Ausbreitungsschranken hat bewußte Verschleppung durch den Menschen gerade bei den Süßwasserfischen eine überragende Bedeutung erlangt. Ausgeführt wird sie vor allem durch drei zahlenmäßig und ökonomisch starke Interessentengruppen mit sehr unterschiedlicher Motivation: Binnenfischer, Angler (diese allein haben in der DDR derzeit mehr als 0,5 Millionen, also 3 % der Gesamtbevölkerung, organisierte Mitglieder!) und Aquarianer. Fische sind von allen Wirbeltierklassen grundsätzlich am leichtesten einzubürgern, weil sie eine sehr zahlreiche Nachkommenschaft haben, sich relativ leicht Besatzmaterial in großer Stückzahl gewinnen läßt und bei der verhältnismäßig geringen Größe der meisten Süßgewässer Fische nicht abwandern können, so daß eine relativ geringe Stückzahl zur Gründung einer Population ausreicht. Die zur binnenfischereilichen Nutzung eingeführten Fischarten bilden in Europa kaum beständige Wildpopulationen und können daher vernachlässigt werden. Die Aquarianer haben seit der Jahrhundertwende ihr Interesse von heimischen und nordamerikanischen „Kaltwasserfischen" zunehmend auf tropische Zierfische verlagert, die in Europa nur in Warmgewässern überleben können (vgl. Kapitel 3. 1.). Von ihnen ausgesetzte nicht absetzbare Nachzuchten führen daher heute kaum noch zur Einbürgerung. Dagegen gibt es in den Tropen und Subtropen dieses Hindernis nicht, und es ist zu befürchten, daß es zwischen Afrika, Mittel- und Südamerika und Südasien mit zunehmender Entwicklung des Wohlstandes und damit der Aquaristik und Zierfischzucht zu einer chaotischen Vermischung der Fischfauna dieser Kontinente kommt. Erste negative Beispiele gingen bereits durch die Presse. So bedroht die bisher unbeherrschbare Ausbreitung von Nilbarschen *(Lates niloticus)* im afrikanischen Victoriasee dort viele endemische Fischarten (LVZ 12./13. 7. 1986). In Bangkok wurden 1984 etwa 40 Piranhas in einem Zoogeschäft entdeckt und von den thailändischen Behörden beschlagnahmt, weil man befürchtete, diese aus Südamerika stammenden fleischfressenden Salmler könnten sich in den Kanälen der Stadt verbreiten (LVZ 31. 7. 1984). Auch zwei Lebendgebärende Zahnkarpfen *(Poeciliidae)*, der Guppy *(Poecilia reticulata)* und die Gambuse *(Gambusia affinis)* wurden bereits von Amerika aus in vielen Teilen der Erde eingebürgert. Dieser Prozeß ist in den Tropen und Subtropen sicher bereits sehr viel weiter fortgeschritten als in Europa bekannt, und er läßt sich kaum aufhalten. Wenn man beispielsweise in Freilandgewässern Südostasiens südamerikanische Salmler für den Export auf andere Märkte züchtet, ist es unvermeidlich, daß dabei regelmäßig Tiere entkommen und sich bei zusagenden Bedingungen ansiedeln.

Bis zum 19. Jahrhundert fehlten die technischen Voraussetzungen und wohl auch die Motive zur Einbürgerung von Wildfischen aus Asien und Nordamerika in Europa, wenn man vom Giebel als Ausnahme absieht. Ende des 19. Jahrhunderts wurde es durch schnelle Verbesserung der Verkehrsmittel (Dampfschiffe) möglich, Fische mit Schnelldampfern in weniger als zwei Wochen über den Atlantik zu bringen. Das war zugleich eine Zeit, in der man Einbürgerungen fremdländischer Tierarten noch aufgeschlossen gegenüberstand. Es gab sogar „Akklimatisations-Vereine", die sich eine Bereicherung der heimischen Fauna durch eingebürgerte Tierarten zum Ziel setzten. Über die ökologischen Folgen war man sich damals erst wenig klar, negative Erfahrungen fehlten offenbar noch. Hinzu kam, daß die Fischfauna Nordamerikas immer besser erforscht wurde und man sich in Europa für nutzbare Fische dieses Subkontinentes interessierte. Aus dieser Zeitperiode stammen die meisten der in Europa eingebürgerten Fischarten.

Wichtigster Akteur der Einbürgerungsbestrebungen bei Fischen von Nordamerika nach Europa war in Mitteleuropa Max von dem B o r n e. Er wurde am 20. 12. 1826 in Berneuchen/Mark geboren. Nach Gymnasium und Studium in Berlin übernahm er 1859 das Gut seines Vaters. Ende der sechziger Jahre legte er auf dem Gutsgelände Rieselfelder an und begann sich erstmals mit Fischzucht zu befassen. 1870 errichtete er sein erstes Bruthaus für Bachforellen und Lachse und 1872 eine Karpfenzuchtanlage. Er betrieb wissenschaftliche Studien über Fischerei und Angelsport, führte dazu eine umfangreiche Korrespondenz und unternahm Studienreisen. Von der Gründung des Fischerei-Vereins für die Mark Brandenburg 1878 bis zu seinem Tod war er dessen Vorsitzender. B o r n e schrieb einige Bücher über Fischerei und Angelsport, die eine große Verbreitung erlangten und z. T. heute noch in Nachauflagen erscheinen, z. B. „Taschenbuch der Angelfischerei", „Künstliche Fischzucht" und „Teichwirtschaft". B o r n e starb am 14. 6. 1894 in Berneuchen.

Die Einbürgerungsversuche B o r n e s mit nordamerikanischen Fischen begannen wahrscheinlich 1882, als der Deutsche Fischereiverein Regenbogenforellen einführte. B o r n e hatte das aufgrund seiner guten Kontakte zu Ichthyologen und Teichwirten in Nordamerika angeregt und vermittelt. Es folgten auf diese Weise Importe weiterer Salmoniden, insbesondere der Gattungen *Salvelinus* und *Oncorhynchus*.

1883 importierte B o r n e die Sonnenbarsch-Arten *Micropterus dolomieu* und *M. salmoides*. Dazu sandte im Februar 1883 Professor Spencer F. B a i r d/Washington durch Vermittlung von Fred M a t h e r/New York aus dem Greenwood Lake bei New York 7 fingerlange Schwarzbarsche *(M. dolomieu)* und 45 2–3 cm lange Forellenbarsche *(M. salmoides)* nach Berneuchen. Bis 1884 die Nachzucht gelang, überlebten 3 Schwarzbarsche und 10 Forellenbarsche bis zur Nachzucht dieser Art im Jahre 1885. Aber bereits nach 20 Jahren (v. D e b s c h i t z, in B o r n e 1906) hatte man den Schwarzbarsch als für die Gewässer Mitteleuropas wenig geeignet erkannt, wogegen der Forellenbarsch zu diesem Zeitpunkt in den Teichwirtschaften mancherorts anzutreffen und in einigen oberbayrischen und oberitalienischen Seen eingebürgert war. Im Jahre 1885 erhielt der Ausschuß des Deutschen Fischereivereins von S. F. B a i r d 50 junge Katzenwelse *(Ictalurus nebulosus)*, die bei B o r n e in Pflege gegeben und von ihm reichlich nachgezüchtet wurden.

1887 folgte der Steinbarsch *(Ambloplites rupestris)* aus Virginia, nachdem bereits 1877 M. B e g g diese Art aus Kanada nach Paris gebracht hatte, ohne Nachzucht erzielen zu können (S t a n s c h 1914). Es waren 20 2,5–3 cm lange Steinbarsche, die vom 26. 2. bis 12. 3. 1887 mit dem Schnelldampfer „Saale" über den Atlantik kamen. 12 der nach Berneuchen überführten Steinbarsche blieben bis 1889 am Leben und brachten reichlich Nachzucht.

1890 dann erhielt B o r n e durch den Commissioner of Fisheries der USA, Mc D o n a l d, 100 Amerikanische Flußkrebse *(Orconectes limosus)* (damals unter dem Namen *Cambarus affinis* bekannt), die sich schnell vermehrten und weit verbreitet wurden, da sie sich als resistent gegen die Krebspest erwiesen.

Im Jahre 1891 importierte der Sohn B o r n e s aus Nordamerika 6 Kalikobarsche *(Pomoxis nigromaculatus)*, deren Nachzucht in Berneuchen aber nicht gelang. Erst 1895 wurde diese bei uns heute nicht mehr vorhandene Art durch P. M a t t e und P. N i t s c h e erneut eingeführt. Den Gemeinen Sonnenbarsch *(Lepomis gibbosus)* bezog B o r n e anfangs aus Frankreich. Die Art war von M. B e g g aus Kanada dorthin gebracht und durch den bekannten Züchter P. C a r b o n n i e r vermehrt worden. Im November brachte der Sohn von B o r n e nochmals 200 große und 300 kleine *Lepomis gibbosus* aus den USA (wahrscheinlich aus der Umgebung von New York stammend) nach Berneuchen, woraus eine zahlreiche Nachzucht hervorging. Die Art geht also in Europa mindestens auf zwei „Stämme" zurück.

Die Erwartungen B o r n e s wurden nur teilweise erfüllt. Arten wie Schwarz- und Forellenbarsch, in die er die größten Hoffnungen setzte, hatten wenig Erfolg in Europa, wogegen für Fischerei, Teichwirtschaft und Angelsport unwichtige Arten, wie Amerikanischer Flußkrebs, Katzenwels und Gemeiner Sonnenbarsch, eine weite Verbreitung fanden.

Aus den geschilderten Beispielen für die Einbürgerung von Tieren in Europa sind Trends und Auswirkungen auf die autochthone Fauna nur zum Teil ablesbar. Die zunehmende anthropogene Verschleppung von Tierarten hat weltweit bereits so bedrohliche Ausmaße erreicht, daß sie nicht noch gezielt gefördert werden sollte. Ausgestorbene bodenständige Tierarten können nicht einfach durch Einbürgerung fremdländischer Arten ersetzt werden. Es besteht die Gefahr, daß sie die bodenständigen Arten als Freßfeinde, Nahrungskonkurrenten oder durch Einschleppung allochthoner Parasiten-Arten schädigen. In vielen Ländern gibt es daher bereits gesetzliche Bestimmungen (z. B. DDR: 1. DVO zum Landeskulturgesetz und Binnenfischereiordnung), die die Aussetzung fremdländischer Tierarten verbieten bzw. von einer behördlichen Genehmigung abhängig machen.

2. Allochthone Nutzfische

In den letzten etwa 100 Jahren wurden in Europa zahlreiche Fischarten eingeführt und einige davon eingebürgert. Diese sind in Tabelle 1 zusammengestellt. In diese Tabelle nicht aufgenommen wurden
- tropische Zierfischarten in natürlichen und anthropogenen Warmgewässern (vgl. 3. 1.), weil dafür potentiell eine große Zahl von Arten infrage kommt, die Vorkommen nur von lokaler Bedeutung und meist auf wenige Jahre begrenzt sind
- Arten, die sich nur zeitweilig (in klimatisch günstigen Jahren) erhalten, z. B. einige Sonnenbarscharten (vgl. 3.2.1.2.)
- Arten, die aus anderen Teilen Europas stammen, z. B. Karpfen *(Cyprinus carpio)* und Peledmaräne *(Coregonus peled).*

In der Zusammenstellung fällt auf, daß die meisten Arten zu den Centrarchidae, Salmonidae und Cyprinidae gehören und aus Nordamerika oder Ostasien stammen. Der größte Teil dieser Arten wurde aus wirtschaftlichen Gründen (Steigerung des Fischereiertrages) und zur angelsportlichen Nutzung eingebürgert, eine Art *(Gambusia affinis)* zur biologischen Schädlingsbekämpfung. *Pseudorasbora parva* wurde versehentlich mit pflanzenfressenden Cypriniden eingeschleppt, einzelne Arten *(Umbra pygmaea, Cichlasoma facetum,* einige Sonnenbarsche) sind ausgesetzte Aquarienfische.

Von den aus wirtschaftlichen Gründen eingeführten Arten haben einige die Erwartungen nicht erfüllt, wurden daher kaum noch gezüchtet und verschwanden nahezu (z. B. *Micropterus dolomieu).* Andere (z. B. *Lepomis gibbosus* und *Ictalurus nebulosus*) verwilderten und breiteten sich trotz Bekämpfung stark aus. Wieder andere (z. B. *Salmo gairdneri* und *Ctenopharyngodon idella*) gehören heute in Europa zu den wichtigsten Nutzfischen.

Weiterhin fällt auf, daß ein Teil der in der Tabelle aufgeführten Arten in Europa dauerhaft nur durch künstliche Vermehrung und Besatz der Gewässer erhalten werden kann (z. B. die *Oncorhynchus*-Arten, *Salmo gairdneri, Ctenopharyngodon idella, Aristichthys nobilis, Hypophthalmichthys molitrix*), wogegen andere eingebürgerte Arten sich sogar trotz Bekämpfung stark vermehren und ausbreiten (z. B. *Lepomis gibbosus, Ictalurus nebulosus, Gambusia affinis holbrooki).*

Obwohl einzelne Arten schwer einer der beiden Gruppen zugeordnet werden können, möchte ich, um mir im folgenden eine ständige Umschreibung des Gegenstandes zu ersparen, für die erstgenannte Gruppe die Sammelbezeichnung „Nutzfische", für die zweite „Wildfische" verwenden.

Tabelle 1. In normaltemperierten Gewässern Europas eingebürgerte Fischarten

Familie	Art	Herkunftsgebiet
Salmonidae (Lachsfische)	*Oncorhynchus keta* (Ketalachs)	Nordamerika/ Ostasien
	Oncorhynchus gorbuscha (Buckellachs)	Nordamerika/ Ostasien
	Salmo gairdneri (Regenbogenforelle)	Nordamerika
	Salvelinus fontinalis (Bachsaibling)	Nordamerika
	Salvelinus namaycush (Amerikanischer Seesaibling)	Nordamerika
Channidae (Schlangenkopffische)	*Channa (Ophiocephalus) argus warpachowskii* (Amur-Schlangenkopffisch)	Ostasien
Umbridae (Hundsfische)	*Umbra pygmaea* (Amerikanischer Hundsfisch)	Nordamerika
Cyprinidae (Karpfenfische)	*Carassius auratus (gibelio)* (Giebel)	Asien
	Ctenopharyngodon idella (Graskarpfen, Weißer Amur)	Ostasien
	Aristichthys nobilis (Marmorkarpfen)	Ostasien
	Hypophthalmichthys molitrix (Silberkarpfen, Tolstolob)	Ostasien
	Pseudorasbora parva (Pseudokeilfleckbarbe, Pseudorasbora)	Ostasien
Ictaluridae (Katzenwelse)	*Ictalurus nebulosus* (Katzenwels, Zwergwels)	Nordamerika
	Ictalurus melas (Schwarzer Katzenwels)	Nordamerika
Poeciliidae (Lebendgebärende Zahnkarpfen)	*Gambusia affinis holbrooki* (Gambuse, Moskitofisch)	Nordamerika
Centrarchidae (Sonnenbarsche)	*Micropterus salmoides* (Forellenbarsch)	Nordamerika
	Micropterus dolomieu (Schwarzbarsch)	Nordamerika
	Ambloplites rupestris (Steinbarsch, Felsenbarsch)	Nordamerika
	Lepomis auritus (Großohriger Sonnenbarsch)	Nordamerika
	Lepomis cyanellus (Grüner Sonnenbarsch)	Nordamerika
	Lepomis gibbosus (Gemeiner Sonnenbarsch)	Nordamerika
Cichlidae (Buntbarsche)	*Cichlasoma facetum* (Chanchito)	Südamerika
Gobiidae (Grundeln)	*Perccottus glehmi* (Amurgrundel)	Ostasien

Einer Erklärung bedarf die Aufnahme von *Carassius auratus (gibelio)* und *Umbra krameri* in diesen Band: Erstere Art, der Giebel, hat zwar gegenwärtig in Europa eine weite Verbreitung, doch erkennen nicht alle Ichthyologen den allochthonen Status dieser Form an. *Umbra krameri,* der Ungarische Hundsfisch, ist in Europa autochthon. Er wurde trotzdem in die Darstellung einbezogen, weil er der allochthonen Art *Umbra pygmaea* sehr ähnlich und daher oft mit dieser verwechselt worden ist.

Bevor nun in den Folgekapiteln die im Sinne der gewählten Thematik ausschließlich interessierenden allochthonen Wildfische eingehender betrachtet werden, hier einige wenige abschließende Ausführungen zu allochthonen Nutzfischarten: Der Karpfen *(Cyprinus carpio)* als (nach dem Giebel?) erste und bekannteste nach Mitteleuropa eingebürgerte Fischart war ursprünglich auf das Einzugsgebiet des Schwarzen und Kaspischen Meeres *(C. carpio carpio),* Mittelasien *(C. carpio aralensis)* und Ost-, sowie Südostasien beschränkt. Heute ist er in geeigneten Klimazonen (etwa bis 60° nördlicher Breite) weltweit verbreitet und beispielsweise in Nordamerika und Australien verwildert. Er wird in Mitteleuropa seit Jahrhunderten gezüchtet. Hier sind gegenwärtig fast ausschließlich Zuchtformen verbreitet, besonders der Spiegelkarpfen. Der Karpfen ist vor allem durch die angelsportliche und teichwirtschaftliche Nutzung in zahlreichen Gewässern Europas vorhanden. In Mitteleuropa pflanzt er sich nur in klimatisch günstigen Gebieten und nur in warmen Sommern natürlich fort. Es kommen dabei nur wenige Jungfische auf – ohne Zucht und Besatz würde die Art bald verschwinden.

Um durch Verkürzung der Nahrungskette die Primärproduktion der Gewässer besser ausnutzen zu können, wurden pflanzenfressende Cypriniden aus Ostasien eingeführt. Sie pflanzen sich in den Gewässern Mitteleuropas nicht und in Südeuropa nur sporadisch natürlich fort. Der Graskarpfen *(Ctenopharyngodon idella),* auch Grasfisch oder Weißer Amur genannt, wird bis 1 m lang und bis 50 kg schwer. Dieser dem Döbel *(Leuciscus cephalus)* recht ähnliche Fisch gelangte in die DDR erstmals 1965. Er wird vor allem zur Bekämpfung submerser Makrophyten eingesetzt („Biologische Krautung"). Da der Graskarpfen wie alle Fischarten selektiv frißt, können dadurch seltene Wasserpflanzen gefährdet und bei starkem Besatz auch Störungen im biologischen Gleichgewicht des Gewässers hervorgerufen werden.

Die beiden folgenden Arten sind Phytoplanktonfresser. Der Silberkarpfen oder Tolstolob *(Hypophthalmichthys molitrix)* wird bis 1 m lang und 35 kg schwer. Er gelangte erstmals 1967 in die DDR. Der Marmorkarpfen *(Aristichthys nobilis)* wurde erstmals 1972 in die DDR eingeführt. Er erreicht bis etwa 1 m Länge und 40 kg. Die ursprünglich gehegte Hoffnung, mit diesen Phytoplanktonfressern die Wasserqualität eutropher Gewässer verbessern zu können, hat sich nicht erfüllt. Es sind außerordentlich hohe Besatzdichten notwendig, um einen Einfluß des Fraßdruckes auf die Phytoplanktonkonzentration sichtbar zu machen (B a r t h e l m e s 1981). Trotzdem werden zur Steigerung der Erträge durch direkte Erschließung des Phytoplanktons als Nahrungsquelle vor allem Silberkarpfen ausgesetzt.

Der „Bester" ist ein Hybrid zwischen den europäischen Störarten Hausen *(Huso huso)* (russisch: **Bel**uga) und **Ster**let *(Acipenser ruthenus),* der ständig im Süßwasser gehalten werden kann. Diese Form ist nur auf künstlichem Wege zu vermehren. Eine größere Zahl von Bestern wurde in Gewässer verschiedener europäischer Länder ausgesetzt.

Auch einige Salmoniden haben als Nutzfische eine weite Verbreitung erfahren, allen voran die 1882 nach Mitteleuropa eingeführte Regenbogenforelle *(Salmo gairdneri)*. Es handelt sich dabei um Bastarde mehrerer Unterarten, lediglich die Kamloops-Forelle *(Salmo gairdneri kamloops)* ist bei uns als reine Unterart vorhanden. Regenbogenforellen werden maximal 70 cm lang und bis 7 kg schwer. Sie stammen aus Nordamerika und vermehren sich bei uns nur in Ausnahmefällen natürlich.

Auch die Vermehrung des Bachsaiblings *(Salvelinus fontinalis)* ist zumindest in Mitteleuropa meist zu gering, um Wildbestände langfristig durch natürliche Reproduktion zu sichern. Die Art wurde bereits 1884 nach Europa gebracht. Sie wird 20–35 cm, selten bis 50 cm lang und bis über 1 kg schwer.

Die aus Nordeuropa stammende Peledmaräne *(Coregonus peled)* wurde in Seen Mitteleuropas eingesetzt. Sie erreicht 30–40 cm Länge und etwa 1 kg Gewicht.

3. Allochthone Wildfische

3.1. Natürliche und anthropogene Warmgewässer und ihre Fischfauna

Besonders in Europa und Nordamerika werden hunderte Arten tropischer Zierfische in großer Stückzahl gehalten. Viele dieser Arten sind billig und leicht zu züchten und werden daher nicht selten ausgesetzt. Im Freiland können sie in Europa aber nur die Sommermonate überstehen. Gute Überlebenschancen haben sie dagegen in natürlichen und künstlichen Warmgewässern.

Natürliche Warmgewässer werden durch warmes Grundwasser (Thermalwasser) gespeist. Dieses kann in Quellen zutage treten oder durch Bohrungen, Stollen und andere Aufschlüsse erst erschlossen worden sein. Nur in den seit Jahrtausenden bestehenden Thermalquellen konnten sich Endemiten entwickeln, wogegen Thermalwasseraufschlüsse durch den Menschen zu den anthropogenen Warmgewässern gehören und wie diese keine eigenständige Fauna haben.

Die Größe des aufgewärmten Gewässerabschnittes hängt u. a. von der Größe und Form des gespeisten Gewässers sowie der Temperatur und Schüttung der Quelle ab. Es bilden sich mehr oder weniger stabile Isothermen aus, die im Winter kleine, im Sommer große Abstände haben. Wärmeabhängige Endemiten und eingesetzte tropische Fische ziehen sich zum Überwintern in den quellnahen Bereich zurück. Im Frühjahr setzen dann mit Erwärmung und dadurch Vergrößerung des verfügbaren Lebensraums Expansion und Vermehrung der Populationen ein.

Nicht selten sind Thermalgewässer stark mineralisiert oder enthalten gar toxische Gase wie H_2S oder CO_2 in Konzentrationen, die Fischleben zumindest im quellnahen Bereich nicht zulassen. Thermalgewässer werden oft schon seit Jahrhunderten für Kurzwecke genutzt, was dann meist bereits zu einer starken Umgestaltung und Verbauung mit Verdrängung der endemischen Flora und Fauna führte. Selbst auf künstlichem Wege können Thermalgewässer entstehen, so durch mitunter jahrzehntelang schwelende Kohleflöze wie bei Dudweiler und Zwickau–Cainsdorf.

Das wohl bekannteste Gebiet heißer Quellen befindet sich in Island. C a r l é (1975) veröffentlichte eine Zusammenstellung der Thermalquellen Mitteleuropas.

Eine der bedeutendsten ist der „Sprudel" bei Karlovy Vary/ČSSR mit 50 l/s und 69 °C.

Warme Quellen können sich auch am Grund von Seen befinden oder Fließgewässer aufwärmen, letzteres beispielsweise in Müllheim (Baden) und Schlangenheim. Viele beherbergen eine eindrucksvolle, wintergrüne tropische Flora. Beispielsweise gedeiht nach C a r l é (1975) *Victoria regia* in den Thermal-Schlammteichen von Bojnice (Slowakei) ganzjährig im Freien.

Natürliche, durch Geothermen gespeiste Warmgewässer beherbergen oftmals endemische Pflanzen- und Tierformen und sind damit Naturschutzobjekte von erstrangiger Bedeutung. Das Einsetzen tropischer Zierfische in solche Gewässer birgt die große Gefahr des Aussterbens der hochspezialisierten, konkurrenzschwachen Endemiten. Ein berühmtes Beispiel dafür liefern einige warme Quellen im Westen der USA. Nach L o i s e l l e (1980) kommen im Death-Valley-System im südöstlichen Kalifornien und südwestlichen Nevada folgende endemischen Fischarten vor:
C y p r i n i d a e. Wüstenchups der Gattung *Siphapeltes* und Zwergwüstendöbel der Gattung *Rhinichthys*.
C y p r i n o d o n t i d a e. *Empetrichthys merriami* Gilbert − durch Umweltveränderungen und Aussetzung von Schwarzbarschen ausgerottet! *Empetrichthys latos* Miller − zwei der Unterarten durch anthropogene Eingriffe ausgestorben!
Weiterhin kommen hier *Cyprinodon diabolis* Wales, *C. radiosus* Miller, *C. nevadensis* Eigenmann u. Eigenmann, *C. salinus* Miller und *C. milleri* La Bounty u. Deacon vor. Von *C. nevadensis* wurden bereits zwei Unterarten ausgerottet.

Laut S t a l l k n e c h t (1987) ist *Crenichthys baileyi* in Cristal Springs im westlichen Nevada durch eingesetzte Lebendgebärende Zahnkarpfen (Poeciliidae) und Cichliden (Cichlidae) stark bedrängt, hat aber in einer weiteren Thermalquelle noch bessere Überlebenschancen. Der Teufels-Wüstenfisch *(Cyprinodon diabolis)* kommt sogar nur in einer einzigen Quelle (Devil's Hole) in nur etwa 500 Exemplaren vor. Das Gewässer mußte durch Zäune und Stacheldrahtverhaue gesichert werden.

Auch in Europa gibt es Warmgewässer mit Endemiten. Die Geothermen bei Oradea im Nordwesten Rumäniens habe ich selbst mehrfach besucht. (A r n o l d 1986). Während die Quellen von Baile Felix (Baile = dt. Bad) in mehr oder weniger ausgemauerte Becken münden, die eine exotische Flora (*Nelumbo nucifera, Pistia stratiotes, Cabomba caroliniana* usw.) und Goldfische, sowie große Mengen Guppys *(Poecilia reticulata)* beherbergen, ist der etwa 4000 m^2 große Petzea-Teich im nur 2,5 km entfernten Baile 1. Mai (früher Baile Episcopesti, Bischofsbad) noch in einem relativ natürlichen Zustand und seit 1930 unter Schutz gestellt. Endemisch ist hier z. B. die Seerose *Nymphaea lotus var. thermalis* und eine Rotfeder. M ü l l e r (1958) beschrieb diese als eigenständige Art, *Scardinius racovitzai*, wogegen andere Autoren (B e r i n k e y 1960) in ihr nur eine Unterart von *Scardinius erythrophthalmus* sehen. Diese Fische leben nur unmittelbar im Einflußbereich der heißen Quelle, bei 28–34 °C und sterben, wenn die Wassertemperatur unter etwa 22 °C sinkt. Dieses auf der Welt einzige Vorkommen von *Scardinius racovitzai* ist bereits durch Ablassen zur Abfischung, Eutrophierung durch Badehausabwässer und Wassergeflügel gefährdet. Deshalb müssen tropische Zierfische unbedingt ferngehalten werden.

Auch anthropogene Warmgewässer gewinnen immer mehr an Bedeutung. Eine der quantitativ wichtigsten Gewässernutzungen besteht in der Entnahme und Einleitung von Kühlwasser für Industrie und Kraftwerke. Beispielsweise werden für 100 Megawatt Kraftwerksleistung ständig 6–7 m³/s Kühlwasser benötigt, die sich dabei um etwa 8 Grad erwärmen. Dies bedeutet, daß ein Kraftwerk dieser Größenordnung einen kleinen Fluß oder See in ein Tropengewässer verwandeln kann. Nach R e i c h e n b a c h - K l i n k e (1984) sind viele Fließgewässer durch Kühlwässer deutlich erwärmt, in der BRD z. B. Isar, Naab, Regnitz und Rednitz. Das führt zu Verschiebung der Cyprinidenregion stromaufwärts, zuungunsten der Salmonidenregion. Zu hohe Temperaturen verursachen bei heimischen Fischen Schäden in der Embryonalentwicklung. Außerdem bewirkt Temperaturerhöhung auch Steigerung der Toxizität vieler Schadstoffe. Sie beschleunigt zudem entsprechend der van't Hoffschen Regel das Wachstum der Mikroorganismen und damit biologischen Abbau und Sauerstoffzehrung – bei Temperaturerhöhung um 10 Grad um das Doppelte bis Dreifache – und senkt gleichzeitig die Löslichkeit von Sauerstoff im Wasser. Damit besteht die Gefahr der „Ausstickung" der Gewässer.

Kernkraftwerke (KKW) erlangen zunehmend Bedeutung, was hier am Beispiel der DDR kurz verdeutlicht werden soll. Das erste KKW der DDR (Rheinsberg) nahm 1966 den Betrieb auf (K o s c h e l u. C a s p e r 1986). Es leitet bis 480 000 m³/d, im Mittel 290 000 m³/d um durchschnittlich 10 Grad erwärmtes Wasser in den Stechlinsee. In der Folge wuchs u. a. die Orthophosphatbelastung des Sees auf das Doppelte und die Primärproduktion stieg erheblich. Trotzdem behielt der See noch seinen oligotrophen Status. Es ergab sich eine qualitative und quantitative Veränderung der Flora und Fauna, vor allem im sogenannten Warmwasserbereich, der etwa 10 % der Seefläche einnimmt. Die Eisbedeckung verminderte sich, die Vegetationsperiode der submersen Flora begann früher und viele Wasserinsekten schlüpften sogar im Winter. Ein anderes, 1973 in Betrieb genommenes KKW der DDR leitet etwa 320 000 m³/h (mit im Winter etwa 10 °C) in den Greifswalder Bodden. Daher war sogar im kalten Winter Januar bis März 1985, selbst bei bis −20 °C, eine Fläche von 500–1 500 ha um die Einleitungsstelle eisfrei. (S e l l i n 1985). Der Bodden enthält Brackwasser und wäre demnach beispielsweise als Biotop für *Gambusia affinis* geeignet.

Seit längerem wird versucht, Kühlwässer verstärkt für die Fischproduktion zu nutzen. Einen zusammenfassenden Bericht zum Entwicklungsstand auf diesem Gebiet in einigen Ländern Europas gibt H e g e r (1984). Gezogen werden damit u. a. Karpfen, eine Cichliden-Art *(Sarotherodon niloticus),* diverse exotische Zierfische, Graskarpfen, Silberkarpfen, Marmorkarpfen und verschiedene heimische Arten. In einigen Fällen wurden diese Fische direkt in die Kühlturmtassen eingesetzt, wobei mitunter der durch Verdunstung des Wassers erhöhte Salzgehalt Probleme verursachte. Im Kühlkreislauf angesiedelte Wirbellose können als Nahrung dienen. Die Fauna der Kühltürme wurde beispielsweise von S c h a r f (1957) untersucht.

Tropische Fische können in den Tassen der Kühltürme, in Kühlteichen und Wassergräben der Kraftwerke und Betriebe sowie in der Nähe der Einleitungsstelle des Warmwassers in ein Gewässer vorkommen. Sie wurden meist dort ausgesetzt, weil das Interesse des Besitzers an den Fischen erlahmte, diese beim Heranwachsen Eigenschaften zeigten, mit denen der Käufer nicht gerechnet hatte (u. a. Großwüchsigkeit, Wühlen, Unverträglichkeit) oder weil umfangreiche Nachzucht nicht absetzbar war. Dementsprechend handelt es sich bei den ausgesetzten Arten meist um Groß-Cichliden

(Cichlidae) und Lebendgebärende Zahnkarpfen (Poeciliidae). Potentiell kommen dafür alle der mehreren Hundert zur Zeit in Europa in Aquarien gehaltenen Zierfischarten infrage. Voraussetzung ist nur eine große Anpassungsfähigkeit, besonders gegen die mitunter relativ hohe Schadstoffakkumulation in Warmwasserkreisläufen. Lebendgebärende Fischarten können sich offenbar besonders gut an die Lebensbedingungen in Warmgewässern anpassen, denn es wurden davon relativ viele Arten eingebürgert, beispielsweise in der Eger/Ungarn *Poecilia sphenops, Poecilia velifera* und *Xiphophorus helleri* (vgl. G l a d e 1966). Nach M e y e r (1986 in litt.) kommt im Kraftwerkskanal bei Lübbenau/DDR neben *Poecilia reticulata* auch *Xiphophorus helleri* vor.

Die wohl am häufigsten in Warmgewässern anzutreffende exotische Fischart ist der Guppy *(Poecilia [Lebistes] reticulata)* (P e t e r s , 1859). Ursprüngliche Heimat des im männlichen Geschlecht bis 3, im weiblichen bis 6 cm langen Guppys ist Guayana, Nordbrasilien, Venezuela, Trinidad, Barbados und die Kleinen Antillen. Die Art wurde wahrscheinlich über die Tropengebiete der ganzen Erde anthropogen verbreitet und nach P e t z o l d (1968) in Indien, Westafrika, auf Madagaskar und Java eingebürgert. Desweiteren nennt P e t z o l d zwei Vorkommen in Thermalquellen in den USA: Barney Hot Springs in Idaho und Preston Town Springs in Südnevada. A r n o l d (1987) nennt in Europa folgende Vorkommen (+ = anthropogene Warmgewässer): Budapest/Ungarn – Stadtteich am Heldenplatz, Quellteiche des Lucacs-Bades und des Römischen Bades, „Japanischer Garten" auf der Margaretheninsel, ferner Tapolca am Balaton und Eger (Fluß), beide ebenfalls in Ungarn; Baile Felix bei Oradea/Rumänien; Kraftwerksgraben bei Lübbenau/DDR*; Absatzteiche eines Braunkohleverarbeitungsbetriebes bei Espenhain/DDR+. In der BRD bestehen nach M e y e r , W i s c h n a t h u. F ö r s t e r (1985) seit mehreren Jahren zwei Wildvorkommen des Guppys (im Saarland und Bach an einem Kraftwerk bei Köln).

Nach P e t z o l d erträgt der Guppy Temperaturen zwischen 10 und 36 °C, in einzelnen Fällen sollen Guppys auch 5 °C kurzzeitig überlebt haben. Aber schon die Beschränkung des natürlichen Areals auf die Tropenzone zeigt, daß der Guppy selbst in den südlichsten Teilen Europas nur in Warmgewässern den Winter überleben kann. Vermehren kann sich die Art im Sommer selbst in den normaltemperierten Gewässern Mitteleuropas.

Auch unter den die Gebirge Mexikos, insbesondere das Becken des Rio Lerma bewohnenden lebendgebärenden Hochlandkärpflingen (Goodeidae), gibt es einige recht temperaturharte Arten. Bei Aquarianern Mitteleuropas am verbreitetsten ist derzeit der Banderolenkärpfling *(Xenotoca eiseni)*, der nach F i t z s i m o n s (1972) 30–50 mm, maximal bis 75 mm Standardlänge erreicht. In Mitteleuropa wird die Art bis Oktober in ungeheizten Freilandbecken gehalten. Ich habe sie wochenlang bei 5–6 °C gehalten und kurzzeitig auf 3 °C abgekühlt. Diese Art wurde in einem anthropogenen Warmgewässer bei Wildbach/DDR eingebürgert, wo auch *Gambusia affinis* vorkommt.

Selbst unter den Labyrinthfischen gibt es relativ kälteresistente Vertreter. So konnte P a e p k e (1986) den Rundschwanzmakropoden (*Macropodus chinensis* Bloch) in Potsdam/DDR im Freiland erfolgreich überwintern.

Sicher wird sich die Zahl der in Warmgewässern Europas eingebürgerten Fischarten in den nächsten Jahren noch wesentlich erhöhen. Es ist möglich, diese Gewässer

Abb. 1. „Bester", etwa 15 cm langer Jungfisch

Abb. 2. Bachsaiblinge. Aufn. W. Fiedler

Abb. 3. *Scardinius (erythrophthalmus) racovitzai* aus dem Petzea-Teich bei Oradea/Rumänien, konservierte Exemplare

Abb. 4. Kraftwerksklärteich bei Espenhain/DDR, Biotop von *Poecilia reticulata*

Abb. 5. Männchen des Banderolenkärpflings *(Xenotoca eiseni)*, eine sehr kälteharte Goodeiden-Art aus dem Hochland von Mexiko

Abb. 6. Banderolenkärpfling *(Xenotoca eiseni)*, hochträchtiges Weibchen

Abb. 7. *Lepomis gibbosus,* Porträt eines adulten Tieres

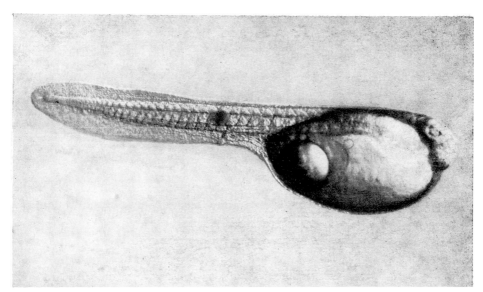

Abb. 8. Etwa 50 bis 60 Stunden alte Larve von *Lepomis gibbosus,* besonders auffällig das große Öltröpfchen

Abb. 9. *Lepomis gibbosus,* etwa 3,5 cm langer Jungfisch. Der Körper ist bei Jungfischen noch relativ langgestreckt

Abb. 10. *Lepomis gibbosus,* etwa 15 cm langes Exemplar aus dem Wipateich bei Langenbach/Erzgeb.

Abb. 11. Der See Lion bei Čičov/ČSSR, Brutbiotop von *Lepomis gibbosus*

Abb. 12. *Lepomis gibbosus*, Röntgenaufnahme des größten bisher in der DDR gefangenen Exemplars (Totallänge 217 mm)

Abb. 13. Schuppen des in der Röntgenaufnahme gezeigten *Lepomis gibbosus* von 217 mm Länge und einem Alter von 8 oder 9 Jahren

Abb. 14. Graben im Auwald der Donauniederung bei Čičov/ČSSR. Neben Junghechten und einem Schwarm Rotfedern waren hier Anfang September nur adulte *Lepomis gibbosus* zu beobachten

Abb. 15. Unter diese Gewölbebrücke eines Auwaldgrabens bei Čičov/ČSSR flüchteten die in der Nähe befindlichen *Lepomis gibbosus* bei Annäherung

Abb. 16. *Lepomis gibbosus*, Jungtier aus dem Stadtteich in Arad/Rumänien mit aus dem After hervorragendem Fremdkörper

Abb. 17. Sich hell von der Umgebung abhebende Laichgrube (Pfeile) von *Lepomis gibbosus* zwischen Gerümpel in einem auflässigen Steinbruch bei Wildenfels/Erzgeb.

Abb. 18. Zwergsonnenbarsch *(Elassoma evergladei)* – oben Männchen, unten Weibchen. Die Art zeigt einen für Sonnenbarsche untypischen deutlichen Geschlechtsdimorphismus

Abb. 19. Scheibenbarsch *(Mesogonistius chaetodon)*, ein bis vor wenigen Jahren im Zierfischhandel noch häufig vertretener Sonnenbarsch

Abb. 20. Pfauenaugen-Sonnenbarsch *(Centrarchus macropterus)*

Abb. 21. Katzenwels *(Ictalurus nebulosus)*, 1+ Jungfische von Mörtitz bei Eilenburg/DDR, 19. 7. 1987

Abb. 22. Gewässer bei Mörtitz, Kr. Eilenburg/DDR, Biotop von *Ictalurus nebulosus*

Abb. 23. *Ictalurus nebulosus,* adultes Exemplar von 20–25 cm Länge

Abb. 24. Gambuse *(Gambusia affinis holbrooki)*, adultes Männchen aus Wildbach/DDR

Abb. 25. Gambuse *(Gambusia affinis holbrooki)*, Weibchen aus Wildbach/DDR

Abb. 26. Schilffreie Stelle am Ufer des Milchsees bei Constanta an der rumänischen Schwarzmeerküste, Lebensraum von *Gambusia affinis holbrooki*

Abb. 27. Warmgewässer bei Wildbach/DDR, Lebensraum von *Gambusia affinis holbrooki* und *Lepomis gibbosus*. Besonders gern halten sich die sonnenbedürftigen Gambusen an den baumfreien Uferabschnitten auf

Abb. 28. *Pseudorasbora parva* aus der Weißen Elster bei Wünschendorf/DDR

Abb. 29. *Umbra pygmaea* aus dem Vorkommen bei Hannover/BRD

für die Produktion tropischer Wasserpflanzen und Zierfische zu nutzen. Wegen ihrer hohen Temperaturansprüche ist eine Akklimatisation dieser Arten in Europa auszuschließen. Besonders die Vorkommen in den anthropogenen Warmgewässern sind sehr instabil und erlöschen mit Einstellung der Warmwassereinleitung. Zur Sicherung der in natürlichen Warmgewässern oft akut vom Aussterben bedrohten endemischen Arten sollte versucht werden, diese auch in anthropogenen Warmgewässern anzusiedeln und jene dafür von tropischen Zierfischen freizuhalten.

3.2. Allochthone Wildfische der normaltemperierten Gewässer

Unter normaltemperierten Gewässern sind solche zu verstehen, die keinen Zufluß von geothermisch oder anthropogen erwärmtem Wasser erhalten und deren durchschnittliche Temperatur deshalb etwa der Jahresmitteltemperatur des Gebietes entspricht. Gewässer, die relativ geringe Mengen bzw. nur schwach erwärmtes Wasser (wie z. B. Abwasser aus Haushalten) aufnehmen, werden hier nicht zu den Warmgewässern gezählt.

Man sollte annehmen, daß aus Nordamerika und Ostasien in Europa eingebürgerte Fischarten in ihrem neuen Verbreitungsgebiet die gleiche Nord-Süd-Ausdehnung erreichen, wie im natürlichen Areal. Tatsächlich aber weisen sie in Europa eine zum Teil erhebliche Verlagerung des Verbreitungsgebietes nach Norden auf, die vielleicht mit dem verhältnismäßig maritimen Klima Europas zu erklären ist. Von den im folgenden vorgestellten Fischfamilien sind allein die Umbridae, Gobiidae und Cyprinidae auch in Europa beheimatet, die anderen vier Familien (Centrarchidae, Ictaluridae, Poeciliidae und Cichlidae) sind hier nicht autochthon.

3.2.1. *Sonnenbarsche (Centrarchidae)*

Die Sonnenbarsche sind eine den Echten Barschen (Percidae) nahestehende Familie der Perciformes. Es sind kleine bis mäßig große, oft hochrückige und seitlich stark abgeflachte Fische. Das Maul ist je nach Ernährungsweise klein bis groß, und Kiefer und Pflugscharbein, oft auch Gaumenbein, tragen kegelförmige bis abgeflachte Zähne. Die Wangen und Kiemendeckel sind beschuppt, und letztere tragen in der oberen Hälfte eine meist mit dunklem Fleck markierte Auslappung, das sogenannte Ohr. Die Augen sind relativ groß. Die Seitenlinie ist fast oder ganz vollständig, nur bei *Elassoma* fehlt sie ganz. Die Rückenflosse besteht aus einem vorderen hartstrahligen Teil mit 6 bis 13 Strahlen und einem weichstrahligen hinteren Teil, welche mehr oder weniger deutlich miteinander verbunden sind. Die Brustflossen stehen mäßig hoch am Körper und die aus einem Hart- und meist 5 Weichstrahlen bestehenden Bauchflossen sind bruststäündig. Die Afterflosse beginnt mit 3 bis 9 Hartstrahlen. Sie ist bei einigen Arten (*Centrarchus* und *Pomoxis*) in Größe und Form der Rückenflosse etwa spiegelgleich. Die Schwanzflosse kann konvex (*Elassoma*) bis unterschiedlich tief ausgeschnitten sein. Ausgesprochener Geschlechtsdimorphismus kommt selten vor, z. B. bei *Elassoma*. Jungtiere sind meist kontrastreicher gefärbt, und mit zunehmendem Alter läßt die Farbintensität nach.

Die Familie umfaßt einige der farbenfreudigsten und attraktivsten Fische Nordamerikas. Sie war früher ausschließlich auf das atlantische Nordamerika zwischen etwa 22° und 52° nördlicher Breite, also auf Südkanada, die östlichen USA und Nordmexiko beschränkt. Die Familie besteht aus 30 Arten in 10 Gattungen, die von den Amerikanern z. B. in Sunfishes *(Lepomis)*, Crappies *(Pomoxis)*, Basses *(Micropterus)* und Pygmy sunfishes *(Elassoma)* unterteilt werden. Sonnenbarsche sind Bewohner vorwiegend der flachen Abschnitte warmer pflanzenreicher Seen, Teiche und langsamer Fließgewässer. Ihre Nahrung besteht vor allem aus Wasserinsekten und deren Larven, bei größeren Exemplaren auch zunehmend aus Kleinfischen. Im Frühjahr besetzen die Männchen der meisten Arten im Flachwasser Territorien und legen dort Gruben an, indem sie den Untergrund von Feinbestandteilen säubern. Bei *Elassoma* werden die Eier dagegen einfach nur über Pflanzen abgelegt. Laichreife Weibchen suchen die Territorien der Männchen auf und laichen in den Gruben ab, indem beide Partner im Kreise schwimmen und unter Zittern die Geschlechtsprodukte abstoßen.

Nach der Eiablage wird das Weibchen vertrieben und das Männchen befächelt die am Sediment klebenden Eier und verteidigt sie durch Bewachung des Territoriums. Die Jungfische werden nach dem Freischwimmen meist noch wenige Tage betreut.

Sonnenbarsche leben als Jungfische in schwarmähnlichen Verbänden, deren Individuenzahl mit dem Wachstum abnimmt, oder sie sind Einzelgänger. In Nordamerika haben viele Arten eine große wirtschaftliche Bedeutung als Speise- und Angelfisch. In Europa haben die eingebürgerten Arten diese Erwartung nicht erfüllt. Als Aquarienfische sind Sonnenbarsche wie alle „Kaltwasserfische" zur Zeit etwas aus der Mode gekommen, zumal sie nur mit Lebendfutter ausreichend zu ernähren sind.

Verschiedene Sonnenbarscharten wurden auf anderen Kontinenten eingebürgert. Etwa 20 Arten sind bisher nach Europa importiert worden, viele als Aquarienfische. Einige wurden hier mehrfach ausgesetzt, einzelne dauerhaft eingebürgert, andere bildeten wenige Jahre existierende Freilandpopulationen, die aber in strengen Wintern restlos vernichtet wurden. Aus klimatischen Gründen sind die 10 Sonnenbarscharten, deren Areal bis nach Kanada reicht *(Ambloplites rupestris, Lepomis auritus, L. cyanellus, L. gibbosus, L. macrochirus, L. megalotis, Micropterus salmoides, M. dolomieu, Pomoxis annularis* und *P. nigromaculatus)* besonders prädistiniert für eine Einbürgerung in Europa. Als eingebürgert können gelten (in Reihenfolge der Bedeutung): *Lepomis gibbosus, Micropterus salmoides, Micropterus dolomieu, Ambloplites rupestris, Lepomis cyanellus* und *Lepomis auritus*. Während *Lepomis gibbosus* in Europa sehr weit verbreitet und stellenweise häufig ist, sind von den zuletzt genannten Arten nur sehr lokale Vorkommen bekannt. Die Arten werden hier ihrer Bedeutung in Europa entsprechend mehr oder weniger ausführlich behandelt und einige aquaristisch wichtige Sonnenbarscharten kurz erwähnt.

3.2.1.1. *Lepomis gibbosus* (Linnaeus, 1758)

S y n o n y m i e. Erstbeschreibung durch L i n n é als *Perca gibbosa;* weitere wichtige Synonyme sind *Pomotis vulgaris* Richardson, 1836 und *Eupomotis gibbosus* Jordan & Evermann, 1896–1900.

E t y m o l o g i e. Lepomis = beschuppter Kiemendeckel; gibbosus = bucklig (nimmt Bezug auf die Hochrückigkeit alter Exemplare).

Trivialnamen. Deutsch: Gemeiner Sonnenbarsch (gemein im Sinne von gewöhnlich, da in Europa die mit Abstand häufigste Sonnenbarschart) oder einfach nur Sonnenbarsch, Sonnenfisch; Englisch: American sunfish; Französisch: crapet-soleil. Nach Kászoni (1981) Russisch: solnecinaia riba; Ungarisch: naphal; Tschechisch: sluneečnie pestrš; Bulgarisch: zlatne ribka, slancieva ribka; Rumänisch: bibanulsoare, sorete, sticlete, sineş (Transsilvanien), peşte-cutreiculori (Banat), caras galben (Moldova), caracudă colorată, costraş american, mina-diavolului, ochean, peşteauriu, soare sorel; in Nordamerika: Pumpkinseed (= dt.: Kürbiskern), Pumpkinseed sunfish, Yellow sunfish, Common sunfish, Sunny, Punky, Sun bass, Pond perch.

Systematische Stellung. Eine kurze Beschreibung der Centrarchidae erfolgte bereits in Kapitel 3.2.1. Die Gattung *Lepomis* Rafinesque (die eigentlichen „Sonnenfische") ist die artenreichste der Familie. Es handelt sich um mehr oder weniger flachgedrückte, hochrückige Fische mit 3 Hartstrahlen in der Afterflosse, 31 bis 54 Seitenlinienschuppen, meist 12 Schwanz(stiel)wirbeln und schwach eingeschnittener Schwanzflosse. Im Gegensatz zur Gattung *Chaenobryttus* sind bei *Lepomis* die Supramaxilla kürzer als die Maxillarbreite. In Mitteleuropa ist allenfalls mit dem Vorkommen der fünf bis in den Süden Kanadas verbreiteten Arten *L. auritus, cyanellus, gibbosus, macrochirus* und *megalotis* in normal temperierten Gewässern zu rechnen, und nur von den drei erstgenannten Arten sind europäische Vorkommen

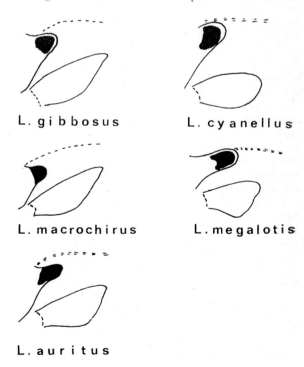

Abb. 30. Feldkennzeichen der kanadischen *Lepomis*-Arten. Nach Scott u. Crossman 1973

bekannt. Die in Abb. 30 gezeigten Feldkennzeichen reichen zur Unterscheidung dieser Arten aus. Für *L. gibbosus*, die mit großem Abstand häufigste Art sind u. a. folgende Merkmale charakteristisch:
- Brustflossen länger als $^1/_3$ der Standardlänge und am Ende spitz
- Ohr am Kiemendeckel relativ kurz, mit großem schwarzem, hell umrandetem Fleck und meist vorhandenem rotem Halbmondfleck an der Spitze.

Sonnenbarsche der Gattung *Lepomis* haben eine relativ starke Neigung zu Artkreuzungen. Die Hybriden sind häufig fruchtbar und bastardieren weiter mit einer der Elternarten oder anderen Hybriden. Besonders häufig sind Kreuzungen des *Lepomis gibbosus* mit *Lepomis macrochirus*. Nach S c o t t u. C r o s s m a n (1973) sind Bastarde zwischen diesen beiden Arten in einigen Seen im Osten Ontarios so verbreitet, daß es oft unmöglich scheint, unverfälschte Typen der reinen Art zu finden. Außer mit *Lepomis macrochirus* sind Naturbastarde mit *L. cyanellus, L. auritus, L. megalotis, L. humilis* und *Chaenobryttus coronarius* bekannt.

Einzelheiten über die Bastarde von *L. gibbosus* sind bei H u b b s u. H u b b s (1931, 1933) nachzulesen. Ihnen lagen insgesamt 295 Exemplare von *L. gibbosus*-Bastarden mit verschiedenen Arten als Untersuchungsmaterial vor. Das waren immerhin 50 % der gesamten von ihnen untersuchten *Lepomis*-Hybriden. Sie stammten aus Michigan und Wisconsin. 86—100 %, durchschnittlich 95 % dieser Kreuzung waren Männchen! Das größte Exemplar der Kreuzung *L. cyanellus* ♂ × *L. gibbosus* ♀ erreichte in nur 9 Monaten eine Länge von 99 mm und begann bereits mit dem Nestbau. Nach 16 Monaten war es schon 122 mm lang. Viele Exemplare der zahlreichen Kreuzung von *L. gibbosus* × *L. cyanellus* begannen bereits im Alter von einem Jahr mit dem Besetzen eines Territoriums und Nestbau. Nach Ansicht des Verfassers läßt dieses Auftreten eines Heterosiseffekts auf nahe Verwandtschaft beider Arten schließen. Schnellwüchsige Artbastarde könnten eventuell in der Teilwirtschaft genutzt werden. Auffällig ist auch die Dominanz der Männchen unter den Hybriden. Ihre Fruchtbarkeit ist geringer als die reinerbiger Männchen. Da die Bastardmännchen aber sehr zahlreich und schnellwüchsig sind, werden sie sicher die Fortpflanzungschancen für artreine Männchen sehr einschränken. Durch ihre geringere Fruchtbarkeit und geringeren Weibchenanteil in der Nachkommenschaft könnte die Bastardierung die Rolle eines Feindfaktors spielen. Sie schützt vor Übervermehrung, Verbuttung und Degeneration. Der Aufbau beständiger Mischpopulationen dürfte durch das einseitige Geschlechterverhältnis verhindert werden.

Unterarten von *Lepomis gibbosus* sind trotz des großen Areals nicht bekannt. Die heute in Europa verbreiteten Exemplare stammen offenbar zumindest aus zwei Quellen: von den 1877 durch M. B e g g aus Kanada nach Paris importierten (aus deren Nachzucht auch die ersten nach Berneuchen eingeführten Exemplare stammen) und den 1891 aus der Umgebung von New York durch B o r n e eingeführten Fischen. Nach B o r n e (1892) züchtete E. B e r t r a n d von 23 aus Nordamerika bezogenen Sonnenbarschen in einem Teich bei Versailles im Jahre 1887 mehr als 500 und 1888 mehrere tausend Jungfische. B o r n e bezog direkt von ihm, aber auch über Aquarienhändler in Deutschland „eine Anzahl" von Exemplaren. Er hat mit beiden Stämmen gezüchtet und sie wahrscheinlich auch vermischt. Wahrscheinlich existieren aber auch noch reine Ableger beider Stämme, die sich sicher morphologisch unterscheiden. Sie dürften auch der Herkunft entsprechend unterschiedliche Kälteresistenz aufweisen.

Körperbau und Färbung. Seinem Namen (*gibbosus* = bucklig) und dem Lebensraum (strömungsarme bis -freie Gewässer) entsprechend handelt es sich um einen im Alter zunehmend hochrückigen, dann beinahe scheibenförmigen Fisch, der nur in der Jugend typische Barschgestalt hat. Nach Scott u. Crossman (1973) sind kanadische Tiere gewöhnlich 7–9 inches (178–229 mm) lang. Die größte Höhe von 27,8–42,5 % der Totallänge erreicht der Körper am 5. oder 6. Rückenflossenstrahl. Der Schwanzstiel ist länger als hoch. Seine Länge beträgt 10,7–15,1 % der Totallänge. Die Länge des relativ niedrigen Kopfes beträgt 26,1–31,5 % der Totallänge. Die Augen sind mäßig groß (Durchmesser 21,7–36,1 % der Kopflänge) und befinden sich vor und über dem Zentrum des Kopfes. Die Schnauzenlänge beträgt 19,5 bis 29,0 % der Kopflänge. Das endständige Maul ist nur wenig schräg gestellt und relativ klein. Die Maxillaren sind kurz (27,3–36,0 % der Kopflänge) und reichen bis zum hinteren Nasenloch bzw. vorderen Rand des Auges. Die zahlreichen kurzen, nadelförmigen Zähne stehen in bürstenförmigen Flecken auf den Kiefern.

Die in Tabelle 2 zusammengestellten morphologischen und meristischen Daten (nach Tandon 1976, 1977 und Bănărescu 1964) kennzeichnen europäische Populationen aus Rumänien, Ungarn und Italien. Die Tabellenwerte sind denen bei Scott u. Crossman nicht unmittelbar vergleichbar, weil die europäischen Autoren die Maße offenbar auf Standardlänge beziehen und die nordamerikanischen auf Totallänge. Nach Tandon (1977) beträgt bei den von ihm untersuchten *L. gibbosus* die Totallänge das 1,28fache der Standardlänge. Tandon hebt hervor, daß die Exemplare aus Italien durch langgestreckteren Körper und eine geringere Anzahl von Seitenlinienschuppen im Vergleich zu den Exemplaren aus Ungarn und

Tabelle 2. Maße und meristische Daten von *Lepomis gibbosus* in Europa

	Tandon 1977 Italien	Tandon 1976 Ungarn	Banarescu (1964) Rumänien
In % der Körperlänge			
maximale Körperhöhe	41–49	39–52	44–50
Kopflänge	33–38	33–38	31–39
Schwanzstiellänge	20–24	19–26	18,5–25
Schwanzstielhöhe	16–20	17–21	13,5–16,5
Brustflossenlänge	28–35	26–36	27–34,5
Bauchflossenlänge	21–26	21–27	20,5–26
In % der Kopflänge			
Augendurchmesser	23–30	23–33	20–25
Präorbitaldistanz	25–32	24–30	23–29
In % der maximalen Körperhöhe			
Körperbreite	38–48	38–48	30–39
Anzahl Seitenlinienschuppen	32–38	35–42	35–45
Anzahl Rückenflossenstrahlen	X/11–13	X/10–12	IX–X/9–12
Anzahl Afterflossenstrahlen	III/9–12	III/9–11	III/9–11

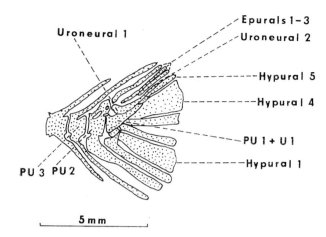

Abb. 31. *Lepomis gibbosus*, Caudalskelett. Nach Lauder 1982

Rumänien gekennzeichnet sind. Im Vergleich mit nordamerikanischen Populationen stellte er bei europäischen generell die Tendenz zu größerer Kopflänge und Präorbitaldistanz sowie geringerer Körperhöhe fest. Es ist jedoch kaum möglich, daß sich in Europa innerhalb nur eines Jahrhunderts genetisch manifestierte morphologische Eigenheiten herausgebildet haben, vielmehr gibt das Vergleichsmaterial sicher nicht die gesamte Variationsbreite der Art in Nordamerika wieder.

Weitere artcharakteristische Merkmale von *Lepomis gibbosus* sind: kurze Kiemenbögen, oben mehr als 8, unten 4. Die beiden Rückenflossen sind fast übergangslos vereint, ihre Basislänge beträgt 45,5–49,6 % der Totallänge. Ihr hinterer, weicher Teil steht nahezu symmetrisch zum Weichteil der Afterflosse. Bei kanadischen Exemplaren hat die Rückenflosse nach Scott u. Crossman (1973) 10, seltener 11 Hartstrahlen und 10 bis 12, meist 11 Weichstrahlen (nach Tandon X/10 bis 13, Bănărescu IX bis X/9 bis 12, Arnold unveröff. X/11; der letzte Stachelstrahl der Rückenflosse hat mehr als ⅔ der Länge des zweiten Stachels. Die Schwanzflosse ist etwas verlängert, schwach eingeschnitten und an den Ecken abgerundet. Eine sehr detaillierte Studie von Lauder (1982) ist der Struktur und Funktion des Schwanzes von *Lepomis gibbosus* gewidmet. Die Länge der Basis der Afterflosse beträgt 22,8 bis 25,7 % der Totallänge. Sie hat 3 Hart- und 8 bis 11 (meist 9) Weichstrahlen (Tandon III/9 bis 12, Bănărescu III/9 bis 11, Arnold III/9 bis 10). Die Brustflossen enthalten 12 bis 14, meist 13 (Arnold 12 bis 13) Weichstrahlen und sind bei *L. gibbosus* in charakteristischer Weise lang ausgezogen (20,5–30,0 % der Totallänge). Die Bauchflossen bestehen aus 1 Hart- und 5 Weichstrahlen (Arnold I/5 bis 6). Die Seitenlinie ist komplett und stark geschwungen. Die mittlere Längsreihe besteht aus 35 bis 47 Schuppen (Tandon 32 bis 42, Bănărescu 35 bis 45). Die Zahl der Wirbel beträgt 29, seltener 28. Erwachsene *Lepomis gibbosus* können über 25 cm Länge und fast 500 g Gewicht erreichen.

Die Färbung der Körperseiten und des Rückens ist goldbraun bis oliv, die unteren Körperseiten sind goldglänzend bis grünlich, mit unregelmäßigen welligen untereinander verbundenen blaugrünen Linien; Bauchseiten und Brust bronzefarben bis rötlichorange, vor allem zur Laichzeit die Brust kräftig orange; Körperseiten und Kopf mit unregelmäßigen Ketten kleiner orangeroter bis roter Flecke und blaugrünen Reflexen; bei Jungtieren Körperseiten mit unregelmäßigen dunklen Querbändern; Kiemendeckel und Kopfseiten mit wurmförmig gekrümmten blauen Bändern, die oft quervernetzt sind, zwischen roten Linien. Dieses Muster ist individuencharakteristisch, und ich habe es bereits anstatt individueller Markierung (die bei Fischen problematisch ist) mittels Fotos zur Wiedererkennung erfolgreich verwendet. Diese Methode wurde vorher bereits zur Wiedererkennung von Amphibien, speziell *Salamandra salamandra*, angewendet.

Die nahezu augengroßen „Ohren" tragen einen zentralen großen schwarzen Fleck, der hell umrandet ist. An der Spitze des Ohres befindet sich meist ein kleiner halbmondförmiger, intensiv roter Fleck. Er kann beim gleichen Tier auf einer Seite vorhanden sein und auf der anderen fehlen. Einige Autoren sehen in seiner Präsenz ein männliches Geschlechtsmerkmal, was aber nicht zutrifft, obwohl dieser Fleck bei Weibchen wahrscheinlich häufiger fehlt.

Die Flossen sind nahezu farblos, nur die Spitzen der Dorsalstacheln dunkel, mitunter auch die Membranen (besonders der Rücken- und Afterflosse) schwarz gesäumt oder mit schwachen wolkigen Flecken.

Die Membranen der zweiten, weichstrahligen Dorsale und des basisnahen Teils der Schwanzflosse tragen mitunter diffuse kleine orangerote bis olive Flecke. Insbesondere zur Laichzeit haben die unpaarigen Flossen und Bauchflossen einen pastellweißen Randsaum. Die Weibchen sind meist blasser, die Vertikalstreifung ist bei ihnen deutlicher und die Bauchflossen sind weniger spitz ausgezogen. Die vor allem in der Laichzeit prächtige Färbung ist stark von Kondition und Wohlbefinden abhängig. Bei Jungfischen fehlen vor allem Orange- und Rottöne; die dunklen Querbinden treten stärker hervor.

V e r b r e i t u n g. Das autochthone Verbreitungsgebiet von *L. gibbosus* befindet sich in Nordamerika auf den Territorien der Staaten USA und Kanada. Es erstreckt sich etwa zwischen 51° (Einzugsgebiet des Nelson River oberhalb des Lake Winnipeg) und 32° (USA-Staaten South Carolina und Georgia) nördlicher Breite, sowie etwa 66° (St. John/New Brunswick) bis zirka 100° (Missouri in South Dakota) westlicher Länge. Genauer verläuft die Grenze des autochthonen Areals nach S c o t t u. C r o s s m a n (1973) wie folgt:
- im Osten entlang der Atlantikküste vom südlichen New Brunswick/Kanada bis in die USA-Staaten South Carolina und Georgia
- im Süden östlich der Appalachen bis in das nördliche Georgia; westlich der Appalachen aber nur bis in das nördliche Missouri
- im Westen etwa östlich des Missouri, South Dakota, Minnesota und Südosten Manitobas
- im Norden oberes Einzugsgebiet des Nelson River im Süden von Ontario und Manitoba, dann südlicher (die Stadt Sault Sainte Marie), Norden des Nipissing-Lake bis Ottawa-River, Quebec: St. Lawrence River und Nebenflüsse, Champlain Lake, östliche Townships und über den USA-Staat Maine bis in das südliche New Brunswick.

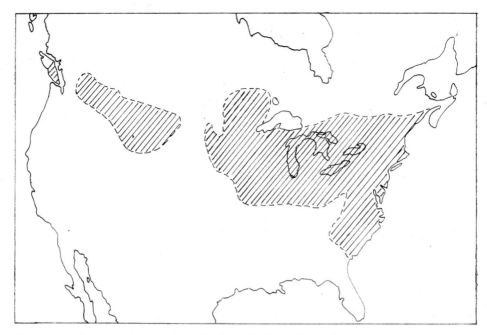

Abb. 32. Verbreitung von *Lepomis gibbosus* in Nordamerika. Nach S c o t t u. C r o s s m a n 1973

Außerdem wurde die Art in Nordamerika in einigen Gebieten eingebürgert. Dieses allochthone Areal in Nordamerika umfaßt nach S c o t t u. C r o s s m a n in den USA die Staaten (Nord-)Kalifornien, Oregon, Washington an der Pazifikküste, Wyoming und Montana, wahrscheinlich auch Idaho und andere Staaten auf der pazifischen Seite der Rocky Mountains. In Kanada wurde *L. gibbosus* in Quebec nördlich des autochthonen Areals, weiterhin in British Columbia (Columbia River-Einzugsgebiet: in den USA im Columbia River ausgesetzt und wahrscheinlich von da nach Kanada eingewandert) und im Süden der Vancouver-Insel eingebürgert. In Kalifornien wurde *L. gibbosus* nach C u r t i s (1949) (zit. bei B a l o n 1959) erstmals im Jahre 1939 gefunden.

Auch andere *Lepomis*-Arten wurden in Nordamerika außerhalb ihres natürlichen Areals angesiedelt, beispielsweise *Lepomis fasciatus* nach P e t z o l d (1969) und *Lepomis macrochirus* nach P r o k e š et al. (1984) in Kuba, die letztgenannte Art nach B a l o n (1959) sogar in Afrika.

In Europa bildet offenbar das Donau-Einzugsgebiet den Schwerpunkt des Verbreitungsgebietes von *Lepomis gibbosus,* wo er mit großer Konstanz, Bestandsdichte und Individuenkonzentration auftritt. In Österreich ist er nach W e b e r (15. 6. 1984 in litt.) „sehr häufig in der Umgebung von Wien, besonders in der Alten Donau, im Heustadlwasser, in den Laaberger Ziegelteichen und im Schloßteich Laxenburg.

Außerdem wird er ab und zu im östlichen Teil von Niederösterreich und im Burgenland angetroffen."

In der ČSSR findet man ihn beispielsweise in den 2–3 ha großen stillgelegten Kiesgruben nahe dem Dorfe Chlába, gut 1 km von der Mündung des Flusses Ipel' in die Donau (B a r u š u. K u x 1984). Hier kommt u. a. auch der aus Ostasien eingebürgerte Cyprinide *Pseudorasbora parva* vor. Beim Aufsuchen dieses Fundortes 1984 konnte ich zwar *P. parva* und andere Fischarten zahlreich, jedoch keine *L. gibbosus* nachweisen, wogegen bei meiner folgenden Kontrolle der Gewässer am 30. 6. 1988 wiederum *L. gibbosus* häufig und *P. parva* selten war. Nach B a l o n (1959) ist der Sonnenbarsch auch in bzw. an den Flüssen Hron, Kleine Donau, Nitza, Morava, Donau und im See Lion bei der Ortschaft Čičov zu finden. Den Lion (ein toter Arm der Donau?) habe ich Anfang September 1983 ebenfalls besucht und dort, sowie in den angrenzenden Auwaldgräben zahlreiche *L. gibbosus* gefunden, weiterhin am 1. 7. 1988 in mehreren Kiesgruben bei Čičov.

In Ungarn kommt die Art z. B. an folgenden Orten vor:
– Teich in Harkany, nahe der jugoslavischen Grenze, im Einzugsgebiet der Drava (F r a n k 1983 in litt.)
– Balaton-See (mehrere mündliche Mitteilungen)
– Quellteich im Bad von Tata und Kiesgrube 12 km von Miskolc
– Theiß und Kraszna (K a s z o n i 1981)
– nach T ó t h (1960): „Sonnenfische sind in allen stillen Gewässern oder toten Armen der Donau (in Ungarn, d. Verf.) anzutreffen."

Zur Verbreitung in Rumänien gibt B ă n ă r e s c u (1964, 29. 7. 1984 in litt.) eine gute Übersicht. Die Art ist dort in stehenden und langsam fließenden Gewässern weit verbreitet, aber nirgends sehr häufig. Sie soll sich seit etwa 1910 in Rumänien befinden. Im Donau-Einzugsgebiet insgesamt stammen wahrscheinlich die ersten Nachweise aus Ungarn. Im Flachsee Greaca, einem inzwischen nicht mehr vorhandenen Überschwemmungsgebiet der Donau südlich Bukarest wurde 1918 das erste Exemplar nachgewiesen. 1934 bis 1940 fand B ă n ă r e s c u die Art in der Umgebung von Timişoara schon häufig. 1942 wurde sie auch aus dem Lacul Tăbăcăria, einem Strandsee bei Constanta, gemeldet. Etwa um 1945 nahm *L. gibbosus* ohne erkennbaren Grund wieder ab. Sein Anteil an der Fischpopulation der Fundgewässer beträgt gegenwärtig meist nur 2–3 %. Die Abundanz schwankt von Jahr zu Jahr stark. In Siebenbürgen scheint *L. gibbosus* zu fehlen. In der Donau fand man ihn an der Einmündung des Cerna-Flusses bei Orşova und zwischen Baziaş und Turnu Severin (jetzt Stausee Eisernes Tor). Im Argeş-Fluß kommt er etwa bis 25 km vor Piteşti vor. C o n s t a n t i n e s c u (1981) beschreibt ein Vorkommen aus den Fundata-See. Ich habe *L. gibbosus* im August 1984 in einem kleinen Teich mit Beton-Steilufern im Stadtzentrum von Arad, in Gesellschaft von *Pseudorasbora parva,* gefunden.

In der BRD kommt *L. gibbosus* nach L a d i g e s (1957) beispielsweise zahlreich in den Nebenarmen des Oberrheines vor. Im Raum Frankfurt/Main ist er nach L e l e k (11. 7. 1984 in litt.) in unterschiedlicher Dichte fast überall anzutreffen, in Rhein, Main und Donau, sowie in deren Altwässern. In der Nähe von Großstädten, besonders in Parkteichen, tritt er gehäuft auf.

In Italien kommt *L. gibbosus* beispielsweise im Reno-Fluß und im Bracciano-See (T a n d o n 1977) sowie im Lago di Piano gemeinsam mit Forellenbarschen *(Mi-*

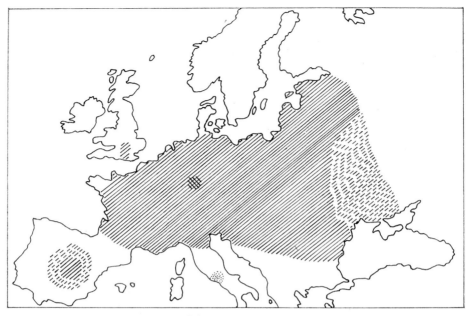

▨ Lepomis gibbosus ▧ unsicheres Verbreitungsgebiet
▦ Lepomis auritus
▩ Lepomis cyanellus

Abb. 33. Verbreitung von *Lepomis auritus*, *L. cyanellus* und *L. gibbosus* in Europa. Zusammengest. nach versch. Autoren

cropterus salmoides) vor (Kinzelbach u. Krupp 1982), in Frankreich in Bewässerungsgräben am Centre Ecologique de la Camargue (Kinzelbach u. Krupp 1982).

Mithin sind Vorkommen von *Lepomis gibbosus* in Europa zumindest aus folgenden Ländern bekannt: DDR, BRD, ČSSR, Ungarn, Rumänien, Jugoslavien, Bulgarien, Frankreich, Schweiz, Österreich, Italien, Spanien (de Sostoa et al. 1984), Balon 1959, Constantinescu 1981), westliche UdSSR (Roman 1953). Das von Maitland (1977) und Müller (1983) in Karten dargestellte Verbreitungsgebiet umfaßt Europa, außer die Iberische Halbinsel, außer Italien einschließlich Mittelmeerinseln, ohne Irland und Skandinavien, ohne den südlichen Balkan und im Osten nur etwa bis zum 30. Längengrad. Die Nord-Süd-Ausdehnung des europäischen Areals ist mit 40° bis 60° nördlicher Breite um etwa 10 Grad gegenüber dem autochthonen Areal in Amerika nach Norden verschoben.

In der DDR beschränkt sich nach dem bisherigen Kenntnisstand das Vorkommen

Abb. 34. Fundorte von *Lepomis gibbosus* in der DDR. Orig.

auf die Südhälfte des Landes. Obwohl sich das gesamte Territorium nördlich des natürlichen Areals befindet, ist diese Verbreitung hier keinesfalls klimatisch bedingt, weil *L. gibbosus* am Erzgebirgsnordrand (bei Aue/Schneeberg) seine Höhenverbreitungsgrenze nahe 500 m über dem Meeresspiegel hat, also in Gebieten, die klimatisch ungünstiger sind als die Nordbezirke der DDR. Es befindet sich je ein Vorkommen in den Bezirken Dresden, Erfurt, Frankfurt, Gera, Suhl (?) und Halle. Schwerpunkte bilden die Bezirke Leipzig (4 Fundorte), Cottbus (8 Fundorte) und Karl-Marx-Stadt (11 Fundorte). Ballungsgebiete gibt es bei Zwickau, Cottbus und südöstlich von Leipzig. Die meisten Fundorte befinden sich im Einzugsgebiet der Flüsse Mulde, Spree, Oder und Weiße Elster. Diese Verteilung ist sehr wahrscheinlich durch die anthropogene Verbreitung historisch bedingt.

B i o t o p a n s p r ü c h e. Sonnenbarsche sind Süßwasserfische. Es werden nur einzelne Arten selten auch in schwachem Brackwasser angetroffen. Sie bevorzugen klare stehende, pflanzenreiche Gewässer. Die Hochrückigkeit und starke seitliche Abplattung des Körpers ist ein bei den Centrarchidae sehr verbreitetes, für die Gattung *Lepomis* ein kennzeichnendes und bei *Lepomis gibbosus* besonders deutlich ausgeprägtes Merkmal. Der Körper wird mit fortschreitendem Alter immer hochrückiger.

Diese Körperform eignet sich wenig für ein Leben in Fließgewässern, bietet dafür aber besonders günstige Voraussetzungen für die Bewegung in dichten Pflanzenbeständen, vor allem zwischen Schilfstengeln. Zugleich könnte man in dieser Körperform auch einen Schutz vor Predatoren sehen, da sie bei diesen eine relativ weite Maulöffnung voraussetzt.

Alle mir aus eigener Anschauung bekannten Wohngewässer dieser Art sind mit einer Ausnahme stehende Gewässer. Lediglich in Auwald-Gräben der Donau-Niederung bei Čičov/ČSSR fand ich *L. gibbosus* bei Strömungsgeschwindigkeiten von 2–3 cm/s, mit Weißfischen und Junghechten vergesellschaftet. In den Gräben befanden sich nur adulte Exemplare, die wahrscheinlich hier kurze Wanderungen zur Besiedlung neuer Brutgewässer unternehmen. Von 32 Wohngewässern dieser Art in Mitteleuropa beispielsweise sind 11 Teiche, 4 Seen, 4 landwirtschaftliche und industrielle Kleinspeicher, 3 Altwässer bzw. tote Arme, 3 Flüsse (ohne genaue Angaben der Autoren; eventuell beim Ablassen von Staugewässern abgedriftete Fische), 3 stillgelegte Kiesgruben, 2 Talsperren, 1 Steinbruch, 1 Kanal (ohne Fließbewegung und Schiffahrt) und 1 Warmgewässer mit Kühlwasserzufluß.

In Teichen kann sich *L. gibbosus* nur bei relativ extensiver Bewirtschaftung über Jahre behaupten. Ähnliches trifft für Kleinspeicher und andere Staugewässer zu. Im Gegensatz zu Vorkommen in nicht ablaßbaren Gewässern, wie Seen, Kiesgruben, tote Flußarme usw., können sich solche in vorübergehend ungenutzten Staugewässern nur wenige Jahre halten. *L. gibbosus* ist somit weitgehend auf anthropogene Verschleppung angewiesen, wobei die attraktive Färbung der Art eine wichtige Rolle spielt. In kleineren Gewässern können bereits wenige Exemplare zur Bestandsbegründung ausreichen.

Von den meisten Autoren wird betont, daß *L. gibbosus* klare, pflanzenreiche Gewässer benötigt. Auch sandiger Boden und Flachufer werden für die Anlage von Laichgruben als notwendig vorausgesetzt. Dies trifft jedoch nicht immer zu. Beispielsweise fand ich die Art in einem kleinen Parkteich im Zentrum von Arad im Norden Rumäniens, der im Sommer durch Phytoplankton-Massenentwicklung eine Sichttiefe von weniger als 0,5 m hatte, völlig frei von höheren Wasserpflanzen war und betonierte Steilufer hatte. Hier erfolgte die Anlage der Nester wahrscheinlich auf den in das Wasser führenden Treppenstufen. P a e p k e (1983) berichtet über Nester des Dreistachligen Stichlings *(Gasterosteus aculeatus)* auf den Köpfen von bis 2,5 m langen Pfählen mit 30 cm Durchmesser, die vom Wasserstand um 10–20 cm überragt wurden. Auch ein Ablaichen an vertikalen Betonwänden wäre denkbar, weil der Laich klebfähig und das Anlegen von Gruben nur Folgeerscheinung des Herstellens eines putzfähigen Untergrundes, jedoch nicht Bedingung ist. Unklar bleibt dann nur, wie die Larven vor dem Freischwimmen gegen Absinken geschützt werden.

Von großer Wichtigkeit für *L. gibbosus* ist eine ungehinderte Sonneneinstrahlung auf das Gewässer. Häufig ist dann zu beobachten, wie sich die Fische sonnen, indem sie in Oberflächennähe eine Körperhaltung mit Breitseite im rechten Winkel zum Einfall der Sonnenstrahlen einnehmen. Vor allem im zeitigen Frühjahr suchen sie die sich schneller erwärmenden ufernahen Bereiche auf, selbst wenn die Gewässermitte noch vereist ist. Erwachsene *L. gibbosus* schwimmen zumeist einzeln oder in kleinen Gruppen von 5 bis 10 Fischen oft recht unterschiedlicher Größe. Jungfische von etwa 15–30 mm Totallänge findet man in Mitteleuropa ab Mitte Juli massenhaft in Lücken dichter Vegetation, vorzugsweise *Elodea*-Bestände, in die sie bei Gefahr flüchten. Beim Durchkeschern dieser Pflanzenbestände kann man sie leicht in großen Mengen erbeuten. Vergesellschaftet ist *Lepomis gibbosus* in Gewässern Mitteleuropas u. a. häufig mit *Rhodeus sericeus amarus, Rutilus rutilus, Scardinius erythrophthalmus, Carassius carassius, Gobio gobio, Perca fluviatilis, Cyprinus carpio, Leucaspius delineatus, Pseudorasbora parva, Esox lucius* und anderen Fischarten.

Die obere letale Temperatur (24-Stunden-Test) gibt H a t h a w a y (1927) für *Lepomis gibbosus* mit 34 °C an (*Micropterus salmoides* 32,2 °C und für die unserem Flußbarsch sehr ähnliche *Perca flavescens* 29,6 °C). Nach B l a c k (1953) (zit. bei S c o t t u. C r o s s m a n) beträgt sie für bei 18 °C akklimatisierte *L. gibbosus* 28,0 °C und für bei 24,0 °C akklimatisierte 30,2 °C. Die Ansprüche an die Wasserqualität scheinen relativ unspezifisch zu sein. *L. gibbosus* bevorzugt wie die meisten Sonnenbarsche mittelhartes bis hartes, neutrales bis schwach basisches Wasser. Zur Frage der Salzverträglichkeit ist die Annahme von B ă n ă r e s c u (29. 11. 1984 in litt.) bemerkenswert, daß *L. gibbosus* in den Tăbăcăria-See bei Constanta über das Schwarze Meer eingedrungen sei. Die Salzkonzentration beträgt im Schwarzen Meer normalerweise 1,8 %, aber die Frühjahrshochwässer der Donau bewirken lokale Verbrackung der Küstenregion. Die Entfernung zwischen Gheorge-Mündungsarm der Donau und diesem See beträgt immerhin 100 km.

Zur Prüfung der Salzverträglichkeit habe ich 4 Jungfische von 35 mm Totallänge in einem Monat an Seewasser von 1,67 % Salzgehalt gewöhnt. Dann wurden die Fische sofort in Süßwasser mittlerer Härte umgesetzt und 3 Fische der gleichen Größe ebenfalls übergangslos aus Süßwasser in Salzwasser von 1,67 % gebracht. Alle Fische überlebten dieses Experiment! Die größeren Anpassungsschwierigkeiten (Schaukeln, Flossenklemmen, Atmungsbeschleunigung) hatten erwartungsgemäß die aus Süß- in Salzwasser gebrachten Fische. Befruchteter Laich, den ich in Brackwasser von 0,48 %, 0,85 % und 1,07 % Salzgehalt brachte, schlüpfte zu einem geringen Teil, aber alle Embryonen starben ab. Demnach ist also ein zeitweiliger Aufenthalt von *L. gibbosus* in Ostsee- oder sogar Schwarzmeerwasser durchaus denkbar.

N a h r u n g. Schon das relativ kleine, endständige Maul läßt vermuten, daß *L. gibbosus* sich vor allem von kleinen benthischen Organismen ernährt. Diese werden von Pflanzen und vom Boden aufgelesen. Aquarien- und Freilandbeobachtungen zeigten, daß sie dabei ruckartig dicht über dem Substrat schwimmen, häufig die relativ großen Augen bewegen und oft, meist von oben, nach der Beute stoßen. Die nach S c o t t u. C r o s s m a n (1973) bis dahin einzige publizierte Studie über die Nahrung von *L. gibbosus* in Kanada (R e i d 1930: im Welch Lake/New Brunswick) ergab in Reihenfolge der Bedeutung folgende Nahrungszusammensetzung: Libellenlarven (Odonata), Ameisen (!), Salamanderlarven (wahrscheinlich Molchlarven, d. Verf.), Maifliegen-Nymphen, Mückenlarven (Nematocera), Rundwürmer, Schnecken (Gastropoda), Ruderwanzen, Larven verschiedener anderer Insektengruppen. Die Nahrung besteht also hier hauptsächlich aus Insektenlarven und erst in zweiter Linie aus anderen Wirbellosen. Die Nahrungszusammensetzung ist insbesondere abhängig von Jahreszeit und Größe der Fische. Wirbeltiere, speziell kleine Fische und Amphibienlarven, können bei Alttieren in Kanada ebenfalls zeitweise wichtig sein.

Die Ernährung ist in europäischen Gewässern nicht grundsätzlich anders, wie die folgenden Untersuchungsergebnisse des Verfassers belegen:

I. See Lion bei Čičov/ČSSR; 18 Exemplare von 50–71 mm Standardlänge, gefangen am 30. 8. 1983 zwischen 8 und 9 Uhr (Beschreibung des Fundortes bei B a l o n 1959): Mägen noch leer oder schwach gefüllt, da die morgendliche Freßperiode offenbar erst begonnen hatte. Die mit Resten der Nahrungsaufnahme des Vortages prall gefüllten Därme enthielten reichlich Chitinteile, darunter Odonatenlarven (Lestidae Gen. sp.), eine Kleinmuschel (*Pisidium* sp.) von 2 mm Durchmesser, 2 Schneckengehäuse (*Armiger* sp.?) von 1–2 mm Durchmesser, von ihrem Darminhalt grün gefärbte Mückenlarven, Larven von Wasserkäfern, ein Pflanzenstengelstück von 1 mm Durchmesser und mehr als 1 cm Länge, Trümmer der Gehäuse von 1 bis 2 größeren Schnecken (Plötzenschnecke?), die *L. gibbosus* selbst nicht zerbeißen kann, also wahrscheinlich von schneckenfressenden Cypriniden abgejagte Beute.

II. Wipateich bei Langenbach/Erzgebirge (A r n o l d 1985 c); 1 Exemplar, Totallänge 116 mm: Magen prall gefüllt mit 2 plattgedrückten Trichopteren-Köchern 8 × 1,5–2 mm und 13 × 2–3,5 mm aus Sandkörnchen, konisch und leicht gebogen (*Leptocerus* sp.?), weiterhin Reste von 2 bis 3 Trichopterenlarven und Pflanzenteile, die vielleicht ebenfalls Reste von Köchern waren.

Aus diesem Gewässer und solchen der näheren Umgebung wurden noch zahlreiche weitere Exemplare untersucht. Im Verdauungstrakt fanden sich dabei niemals Reste von Wirbeltieren, weder Kaulquappen *(Bufo bufo, Rana temporaria)*, noch Molchlarven *(Triturus vulgaris)* oder Brut der zahlreichen hier lebenden Fischarten. Am beständigsten und meist auch zahlreichsten in der Nahrung waren etwa 1 mm dicke, 5–7 mm lange weißliche Mückenlarven, deren Darminhalt häufig grün durchscheint. Daneben waren die zahlreichsten Beutetiere Larven von Kleinlibellen (Odonata, Zygoptera), Larven aquatischer Coleoptera und Köcherfliegenlarven (Trichoptera) mit Gehäuse, vereinzelt auch kleine Mollusken. Anflugnahrung und Zooplankton spielen kaum eine Rolle, letzteres höchstens bei Jungfischen. Besonders interessant ist die regelmäßige Aufnahme von Köcherfliegenlarven mit Gehäuse. Dies wurde beispielsweise auch bei der Bachforelle *(Salmo trutta fario)* beobachtet. Die Larven verlassen wahrscheinlich im Fischmagen noch aktiv den Köcher. *L. gibbosus* ist also weitgehend spezialisiert auf gut getarnte, sich nur wenig und meist ruckartig bewegende Beutetiere, was ein gutes Sehvermögen sowie die Fähigkeit voraussetzt, kleine Objekte nach geringster Bewegung aus größerer Entfernung zu fixieren. Im Aquarium wird auch Nahrung angenommen, die in der Natur kaum eine Rolle spielt, z. B. Daphnien, *Cyclops* und Dipteren *(Drosophila)*. Beim Angeln erwiesen sich Regenwürmer als besonders geeigneter Köder.

Den Mechanismus der Nahrungsaufnahme bei *Lepomis gibbosus, L. auritus* und *L. macrochirus* untersuchte L a u d e r (1980) in einer umfangreichen Studie. Dazu wurden Filmaufnahmen mit 200 Bildern pro Sekunde ausgewertet.

Die Verdauungsgeschwindigkeit ist wie bei allen wechselwarmen Tieren vor allem von der Umgebungstemperatur abhängig. Ein *L. gibbosus* von etwa 90 mm Totallänge, den ich für Röntgenaufnahmen mit Kontrastmittel fütterte, hatte dieses nach 15 Stunden, als die Aufnahme erfolgte, bereits vollständig wieder ausgeschieden (bei 27 °C).

F e i n d e. Nach S c o t t u. C r o s s m a n (1973) bilden die jungen *L. gibbosus* einen wichtigen Teil der Nahrung der meisten Raubfische und zum Teil auch großer Fische der eigenen Art. Sie werden insbesondere von den Basses (Barsche und Sonnenbarsche verschiedener Gattungen), Walleye *(Stizostedion vitreum)*, Yellow perch *(Perca flavescens)*, Northern pike *(Esox lucius)* und Muskellunge *(Esox masquinongy)* aufgenommen. Es ist anzunehmen, daß auch in Europa Hecht *(Esox lucius)*, Flußbarsch *(Perca fluviatilis)*, Zander *(Stizostedion lucioperca)*, Wels *(Silurus glanis)* und fischfressende Wasservögel die wichtigsten Freßfeinde adulter *L. gibbosus* sind.

Nach C r o s s u. M a c M i l l a n (1981) sind der Laich und die noch nicht schwimmfähigen Larven in der Laichgrube trotz Verteidigung durch das Männchen den Angriffen zahlreicher Freßfeinde ausgesetzt. Als bodenorientierte Predatoren traten vor allem die Schnecke *Viviparus georgianus* und Katzenwelse der Gattung *Ictalurus* auf, wogegen Angriffe im freien Wasser, speziell auf die Nester von *Lepomis macrochirus*, vor allem durch *L. gibbosus* beiderlei Geschlechts, Hybriden von *L. macrochirus* x *L. gibbosus* und junge Schwarzbarsche *(Micropterus dolomieu)* mit 20–35 mm Totallänge erfolgten. Dagegen wurden *Ambloplites rupestris*, *Perca flavescens* und diverse Minnows (Karpfenfische) zwar in den Kolonien der brutpflegenden *L. macrochirus*-Männchen beobachtet, doch konnte nicht nachgewiesen werden, daß sie Brut jener Art fressen. Die pflegenden Männchen selbst vergriffen sich kaum an der Brut der Nestnachbarn. In Kolonien stehende Nester sind besser geschützt, als Einzelstandorte. *L. gibbosus*, der in Konkurrenz mit *L. macrochirus* nistet, ist dabei viel ungeselliger. Aufgrund morphologischer und Verhaltensanpassungen in der Nahrungsaufnahme (vgl. auch L a u d e r 1980) ist *L. gibbosus* im Gegensatz zu *L. macrochirus* fähig, den Laich bedrohende Schnecken vom Nest zu entfernen und den Bullheads *(Ictalurus* sp.) zu widerstehen. Dieser Unterschied zwischen *L. macrochirus* und *gibbosus* kann von großer Bedeutung sein, wurden doch nach G r o s s u. M a c M i l l a n (1981) über 50 % der geschätzten Predation an Nestinhalt der *L. macrochirus* durch die Schnecken verursacht.

Zumindest in Mitteleuropa, an der klimatisch bedingten Verbreitungsgrenze, treten

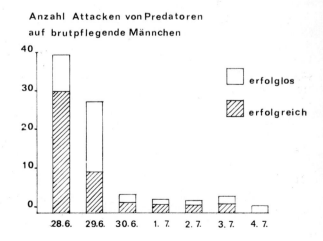

Abb. 35. Täglicher Predationsdruck bei gerade schwimmfähig gewordener Brut von *Lepomis macrochirus* in den 7 Tagen bis zur Beendigung der Brutpflege; durchschnittliche tägliche Zahl der Attacken von Predatoren und deren Erfolg in einer Nesterkolonie. Die Daten wurden von 4,5 h täglicher Beobachtungszeit auf 16,5 h Tageslänge extrapoliert. Nach G r o s s u. M a c M i l l a n 1981

Tabelle 3. Maße (in mm) von *Urocleidus similis* und *U. dispar*. Aus Roman 1953

	Urocleidus similis		*Urocleidus dispar*	
	Müller	Roman	Müller	Roman
äußere Körperlänge	0,3	0,46	0,5	0,57
Saugscheibe	0,07	–	–	–
dorsale Häkchen	0,05	0,046	0,08	0,071
ventrale Häkchen	0,06	0,046	0,04	0,040
dorsale Verbindungsröhre	–	0,025	–	0,031
ventrale Verbindungsröhre	–	0,021	–	0,021
äußere Häkchen	–	–	–	0,016
Cirrus	0,026	0,034	0,025	0,031

in strengen Wintern regelmäßig erhebliche Überwinterungsverluste auf (z. B. Wipateich/Erzgebirge 350 m ü. NN, Arnold 1982). Es sind vor allem ältere Exemplare betroffen, die mit Beginn des Abtauens der Eisdecke, meist noch in sehr gut erhaltenem Zustand, tot an der Oberfläche treiben.

Parasiten. Eine Liste der an *L. gibbosus* in Nordamerika festgestellten Parasiten veröffentlichte Hoffman (1967) (zit. bei Scott u. Crossman 1973). Es sind 5 Protozoen-Arten, 60 Trematoden, 8 Cestoden, 14 Nematoden, 7 Acanthocephaliden, 3 Blutegel, 6 Mollusken, 6 Crustaceen und 1 Zungenwurm. Ein regelmäßig an dieser Fischart sichtbarer Parasit ist der „Black-spot", das Ruhestadium eines Trematoden, dessen Endwirt ein Eisvogel ist. Black-spot heißt die Art, weil sie kleine schwarze Flecken auf den Flossen erzeugt.

Es ist anzunehmen, daß höchstens ein kleiner Teil dieser Parasitenarten mit den importierten *L. gibbosus* nach Europa verschleppt wurden und viele dieser Parasiten sich hier ohnehin nicht entwickeln können, weil bestimmte Voraussetzungen, z. B. Zwischen- oder Endwirte fehlen. Lediglich Roman (1953) berichtet über Funde monogenetischer Trematoden an *L. gibbosus,* welche wahrscheinlich aus Nordamerika mit den Fischen eingeschleppt wurden. Das Material dazu wurde Juli bis September 1951 und Mai bis August 1952 im rumänischen Donaudelta gesammelt. Es handelt sich um *Urocleidus similis* (Müller, 1936) und *Urocleidus dispar* (Müller, 1936) aus der Familie Dactylogyridae. Ihre Maße sind aus Tabelle 3 ersichtlich.

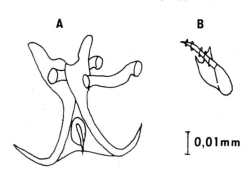

Abb. 36. *Urocleidus similis*. A Haftapparat, B Kopulationsapparat. Nach Roman 1953

An anderen in der Donau lebenden Fischarten konnten diese Parasiten nicht festgestellt werden. Sie wurden hier übersehen oder sind tatsächlich sehr wirtsspezifisch. Infizierungsversuche an anderen Fischen wurden leider nicht durchgeführt. V o j t e k (1958) wies *Urocleidus similis* und *U. dispar* erstmals für das Gebiet der ČSSR an den Kiemen von *Lepomis gibbosus* aus der Umgebung von Komarno/ Donau nach. Die Entdeckung beider Arten an *Lepomis gibbosus* in Europa war insofern bemerkenswert, als die meisten bei R o m a n zitierten Autoren annahmen, die Art habe bei der Akklimatisation alle Parasiten verloren und erwarb dann eine neue Parasitenfauna aus bodenständigen, wenig wirtsspezifischen Arten. Als solche wurden beispielsweise *Diplostomum spathaceum* Rud., *D. clavatum* Nord., *Coitocoecum scrjabini* Iwanicky und *Hepaticola petruschewskii* Schulman genannt. Ein von mir am 4. 4. 1982 im Wipateich bei Langenbach gefangenes Exemplar von 26 mm Totallänge trug eine Karpfenlaus an der Schwanzflosse.

F o r t p f l a n z u n g. Nach R e i d (1930) (zit. bei S c o t t u. C r o s s m a n 1973) dauert die Laichzeit in New Brunswick/Kanada von Frühlingsende bis Sommersanfang, obwohl die Nester bis 11. Juli besetzt gefunden wurden. In der Georgion Bay erfolgt das Laichen sogar bis Ende August. Die Nester werden von den Männchen im Flachwasser in 150–305 mm Tiefe angelegt. Der Nestbau beginnt, wenn sich die Temperatur 20 °C nähert. Die Nester sind flach und haben einen Durchmesser von 10 bis 40 cm, meist etwa die zweifache Körperlänge des betreffenden Männchens. Der Untergrund kann lehmig bis sandig sein oder auch aus Kies oder Felsen bestehen. Die Männchen graben nur, bis sie einen harten, putzfähigen Untergrund finden. Oft werden dabei freigelegte Wurzeln zur Befestigung des Laiches genutzt.

B a l o n (1959) fand im See Lion an der Donau die ersten Nester am 25. Mai. Nach meinen Beobachtungen in Gewässern des unteren Erzgebirges/DDR (300–350 m ü. NN) beginnt das Besetzen der Gruben Anfang bis Mitte Juni, die erste Grube fand ich am 26. 5. 1985. Erste Paarungen und laichgefüllte Gruben sind dort ab Mitte Juni zu beobachten. Die Gruben liegen hier zumeist in 15–35 cm Tiefe, sind rund bis länglichoval und haben 20–35, maximal 42 cm Durchmesser. Die Entfernung vom Ufer wird von der Wassertiefe bestimmt (A r n o l d 1982). Die Gruben können sowohl zwischen dichten Wasserpflanzenbeständen (meist *Elodea*) als auch an fast vegetationsfreien Ufern liegen. Häufig werden die Nordufer der Gewässer bevorzugt. Männchen, deren Grube weder Laich noch Embryonen enthält, haben nur eine lockere Bindung an diese und flüchten bei Annäherung eines Menschen schon bei größerer Entfernung, solche mit belegter Grube lassen ihn mitunter bis auf einen Meter herankommen. Fische, auch viel größere, werden dagegen in Nestnähe meist angegriffen. B a l o n (1959) beobachtete beispielsweise den Angriff auf eine fünfmal größere Rotfeder *(Scardinius erythrophthalmus)*. Mitunter verläßt ein Männchen seine Nestgrube, um in größerer Entfernung eine neue zu errichten. Wie G r o s s u. M a c M i l l a n (1981) feststellten, ist *L. gibbosus* im Gegensatz zu *L. macrochirus* kein Koloniclaicher. Die Nester liegen einzeln oder in losen Verbänden. In Gewässern des unteren Erzgebirges fand ich die Nestgruben meist am Ufer aufgereiht in Abständen von meist mehr als 1,5 m, minimal 0,6 m. Die Männchen benachbarter Gruben attackieren einander häufig. Temperaturmessungen in 20 Gruben am 18. 7. 1982 um 15.30 Uhr (Lufttemperatur 22,4 °C, bewölkt) ergaben 23,9–25,8 °C

(Durchschnitt 24,6 °C). An einem regnerischen Tag (18. 6.) laichte ein Paar sogar bei 16,3 °C in der Nestgrube ab.

Die Weibchen streifen zur Laichzeit in kleinen Gruppen umher, und laichreife Exemplare suchen die Reviere der Männchen auf. Beispielsweise beobachtete ich am 21. 6. 1982 gegen 16 Uhr ein Paar beim Laichen. Das Männchen fiel durch blasse Färbung mit grünlichem Schwanzstiel auf, wogegen das Weibchen eine dunkle, wolkige Zeichnung trug. Das Weibchen wurde sehr grob behandelt und in den Laichpausen oft heftig attackiert. Schwamm es in die Grube, ging die Verfolgung schnell in ein immer enger werdendes Kreisschwimmen über. Das Weibchen (?) neigte sich bei der Abgabe der Geschlechtsprodukte schräg mit der Bauchseite zum Partner hin. Die Eier sind glasklar, haben reichlich 1 mm Durchmesser und kleben sofort am Boden fest.

Auch B a l o n (1959) beschreibt einen Laichvorgang vom 20. 7. ausführlich. Er dauerte von 10 bis 15 Uhr. Das Nest befand sich in 57 cm Tiefe. Dem Laichen ging ein etwa 30 min dauerndes Vorspiel voran, bei dem das Weibchen immer wieder verfolgt wurde, unterbrochen durch Angriffe auf vorüberschwimmende Fische, welche sich in dem angegebenen Zeitraum 25mal ereigneten. Im Gegensatz zu allen anderen Nestern im Gewässer bestand dieses aus einem über Lehmgrund zusammengetragenen Pflanzenhäufchen. Das unterstreicht die Flexibilität der Art im Fortpflanzungsverhalten. Nach dem Kreiseschwimmen im Nest lag am Ende das Männchen auf dem Weibchen. Beide Fische lagen 5–10 s stark zitternd seitlich aufeinander und trennten sich mit einem Sprung. Nach längerer Laichpause wiederholte sich dieser Vorgang.

Die Eizahl hängt von der Größe des Weibchens ab. Nach U l r e y et al. (1938) (zit. bei S c o t t u. C r o s s m a n) bringen 2- bis 5jährige Weibchen mit 61–92 mm Länge 600 bis 2 923 Eier. Andere Autoren schätzten die Eizahl bis 5 000. C a r b i n e (1939) zählte in den Nestern 1 509 bis 14 639 Eier, im Durchschnitt 8 074 Eier. Dabei ist aber zu beachten, daß mehrere Weibchen in ein Nest ablaichen können. Ich fand bei Untersuchung eines Nestes etwa 800 Eier. Davon verpilzten knapp 1 %. Die größte Gelegedichte betrug 47,5 Eier pro cm^2, im Zentrum der Laichgrube war sie mit 11,2 Eiern pro cm^2 viel niedriger, was wohl durch die Kreisbewegung bei der Eiablage bedingt ist. Insgesamt bedeckte das Gelege eine Fläche von 120 cm^2, außerhalb derselben befanden sich nur einzelne Eier.

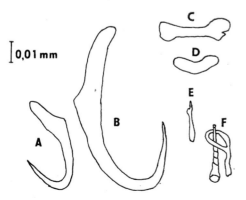

Abb. 37. *Urocleidus dispar*. A ventrales, B dorsales Mittelhäkchen, C dorsale, D ventrale Verbindungslamelle; E Randhäkchen; F Kopulationsapparat. Nach R o m a n 1953

Die Männchen stehen häufig fächelnd über dem Laich bzw. den noch nicht schwimmfähigen Larven. Der Schlupf erfolgt bei 28 °C nach 3 Tagen, bei 20–25 °C nach 6 Tagen. Die Jungfische werden nach dem Freischwimmen noch wenige Tage betreut.

W e b e r (15. 6. 1984 in litt.) führte in Österreich Versuche zum Rückfindevermögen der Männchen zu ihrem Nest durch. Sie wurden am Nest gefangen, markiert und in verschiedenen Entfernungen wieder ausgesetzt. Aus bis 100 m Entfernung fanden die Fische mit großer Sicherheit zum Nest zurück, bei noch größerer Distanz nahm die Zahl der rückkehrenden Männchen jedoch rasch ab.

Weiterhin verdient eine bei Sonnenbarschen der Gattung *Lepomis* und bei einigen Salmoniden beobachtete, erst vor wenigen Jahren unter der Bezeichnung „Cuckoldry" (Cuckoo = Kuckuck) beschriebene Fortpflanzungsstrategie besondere Erwähnung. Dieses „Kuckucks-Verhalten" wird (hier speziell am Beispiel von *Lepomis gibbosus* und *L. macrochirus*) wie folgt charakterisiert (G r o s s 1979, 1982, 1984, 1985 und G r o s s u. C h a r n o v 1980): Nur ein Teil der Männchen, die „Pfleger" (Parentals) legen Nester an, laichen dort mit den Weibchen ab und bewachen die Nester. Daneben gibt es zwei Verhaltenstypen der „Ehebrecher" (Cuckolder), die sich ohne Nestbau und Brutpflege erfolgreich fortpflanzen. Einer davon, die „Schleicher" (Sneakers) lauern zwischen Pflanzen getarnt in der Nähe der Nester, schleichen sich

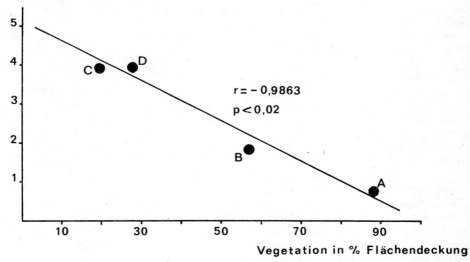

Abb. 38. Cuckoldrie bei *Lepomis* in Abhängigkeit von der Deckung der Nester: „Optimal" aus der Sicht der Cuckolder ist ihre Zahl an einem Nistplatz dann, wenn ihre Erfolgsrate maximal ist. Diese optimale Zahl variiert zwischen den einzelnen Kolonien in Abhängigkeit vom Deckungsgrad der Nester (Punkte A–D ermittelt an 4 Kolonien von *Lepomis macrochirus* im Opinicon-See/Ontario). Nach C r o s s 1984

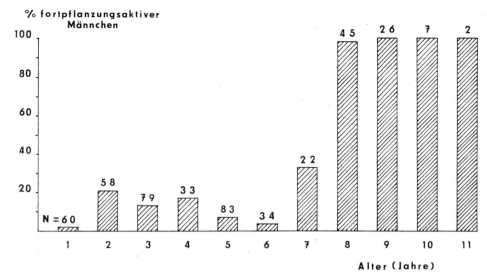

Abb. 39. Anteil geschlechtlich aktiver Männchen in den verschiedenen Altersgruppen bei *Lepomis macrochirus* im Lake Opinicon/Ontario. Der Anteil fortpflanzungsaktiver Männchen ist in der Altersgruppe 1+ sehr gering, steigt im Folgejahr auf 21 %, sinkt bis zur Altersgruppe 6+ wieder auf 3 % ab und steigt dann über 32 % bei 7+ auf praktisch 100 % ab 8+ an. Die Männchen der Altersgruppen 10 und 11 spielen allerdings aufgrund der geringen Individuenzahl eine nur geringe Rolle. Nach G r o s s 1982

beim Ablaichen eines Paares an den Nestrand und geben im richtigen Moment ihren Samen ab. Dagegen ahmen die „Satelliten" (Satellites) in Färbung und Verhalten Weibchen nach und beteiligen sich an der Paarung, indem sie dem „Pfleger"-Männchen vortäuschen, es würde mit zwei Weibchen ablaichen.

Zukünftige „Pfleger"-Männchen bleiben einige Jahre lang unfruchtbar (im Opinicon-See/Ontario pflanzen sie sich erst mit 7 Jahren fort), bis sie groß genug sind, ein Revier zu behaupten. „Schleicher" und „Satelliten" werden viel früher geschlechtsreif (im Opinicon-See mit etwa 2 Jahren) und sind entsprechend kleiner. Aus „Schleichern" werden später „Satelliten", wenn sie die Größe laichfähiger Weibchen erreicht haben. Wenn „Schleicher" geschlechtsreif geworden sind, wachsen sie um etwa 30 % langsamer als die noch nicht geschlechtsreifen „Pfleger" gleichen Alters. Ihre Sterblichkeit ist um so viel höher, daß nur etwa 15 % von ihnen das Alter von 7 Jahren erreichen, in dem durchschnittlich „Pfleger" erst geschlechtsreif werden. Durch ihre schwächere Konstitution sind sie kaum in der Lage, sich gegen „Pfleger" in der Behauptung eines Reviers erfolgreich durchzusetzen. Ansich müßte man erwarten, daß die „Ehebrecher" ausselektiert werden, weil sie keine Brutpflege betreiben.

Sinn und Vorteil dieser Fortpflanzungsstrategie scheinen noch weitgehend unklar zu sein. Sieben Jahre ist für einen Sonnenbarsch ein verhältnismäßig hohes Alter, und der geringe Prozentsatz der „Pfleger", welcher dieses hohe Alter erreicht, könnte nur 2 bis 3 Jahre fortpflanzungsaktiv sein. Es gibt nach meiner Kenntnis bisher keine konkreten Anzeichen dafür, daß Cuckoldrie auch bei europäischen Sonnenbarsch-Populationen vorkommt. Die Untersuchungen von T a n d o n (1976, 1977) und C o n s t a n t i n e s c u (1981) lassen in den Wachstumskurven der Männchen keine entsprechenden Differenzen erkennen. Auch sonst sprechen Beobachtungen, zumindest an einigen genauer untersuchten Populationen, gegen das Auftreten von Cuckoldrie. Sie kommt vielleicht nur unter bestimmten Bedingungen vor, z. B. wenn bei einer zu hohen Bestandsdichte schwächere Männchen kein Revier beanspruchen können. Vielleicht wurde diese Fortpflanzungsweise bisher nur in großen Gewässern mit hoher Bestandsdichte beobachtet. Wie bekanntlich bei einem Kreis mit zunehmendem Durchmesser der Umfang im Verhältnis zum Flächeninhalt immer kleiner wird, so gilt das auch grundsätzlich für Gewässer. In großen Gewässern steht demzufolge einer großen Population nur ein verhältnismäßig kurzes Ufer für die Nestanlage zur Verfügung, was vielleicht noch auf einige wellengeschützte Uferabschnitte eingeschränkt ist. Dazu ist folgende Beobachtung vom 1. 7. 1988 in einer erst kürzlich auflässigen Kiesgrube bei Čičov nachzutragen. Um 13.30 Uhr betrug die Lufttemperatur dort 29 °C, und in den Laichgruben hatte das Wasser 25,8 °C. Die sehr steilen Unterwasserböschungen der Kiesgrube ließen nur an wenigen schmalen Uferstreifen die Anlage von Laichgruben zu, weshalb ich hier die extreme Konzentration von bis 17,12 Gruben pro Quadratmeter fand. Der Durchmesser der einzelnen Gruben betrug 13–23 cm, durchschnittlich 17,92 cm, der Abstand zwischen ihnen im Mittel 7 bis 8 cm, minimal 3 cm. Die Gruben lagen terrassenförmig gestaffelt in Tiefen von 4–37 cm (in einem Fall sogar 46 cm), durchschnittlich etwa 10–20 cm. Natürlich war nicht jede Grube ständig besetzt, doch können Gruben bei dieser Dichte in lockerem Substrat nicht lange bestehen, wenn sie nicht ständig unterhalten werden. (Das schließt nicht den Betrieb mehrerer Gruben durch ein Männchen aus.) Einige Gruben enthielten Laich.

Unter diesen extremen Bedingungen sehr geringen Laichplatzangebots kann *L. gibbosus* also wie *L. macrochirus* oder der im späteren Text beschriebene *L. cyanellus* zum „Koloniebrüter" werden.

Gegen 14.00 Uhr beobachtete ich einen Ablaichvorgang in dieser *L. gibbosus*-Kolonie. Beide Partner hatten schätzungsweise weniger als 10 cm Totallänge; das Weibchen war etwas kleiner. Es fiel durch Laichfülle des Bauches und deutlich hervortretende dunkle Querbinden auf. Das Paar kreiste in der Laichgrube (meist im Uhrzeigersinn), das Weibchen dabei immer auf der Innenbahn und bei der Laichabgabe oft fast waagerecht liegend. Häufig drangen andere *L. gibbosus* in die Grube ein und wurden vom Männchen sofort vertrieben, währenddessen das Weibchen annähernd in der gleichen Position in der Grube verharrte. Nach Rückkehr des Männchens wurde das Ablaichen in der unterbrochenen Phase fortgesetzt. Ein Cuckoldry – verdächtiges Verhalten konnte ich auch in dem Fall nicht feststellen. Alle *L. gibbosus* der Kolonie waren relativ klein (zwei- bis viersömmrig?).

Auf jeden Fall verdient diese Problematik bei europäischen *L. gibbosus*-Populationen in Zukunft besondere Aufmerksamkeit.

I n d i v i d u a l e n t w i c k l u n g. Die Embryonalentwicklung europäischer *L. gibbosus* wurde ausführlich von B a l o n (1959) beschrieben. Die im Lion-See/ČSSR gefangenen Elterntiere wurden abgestreift und der Laich künstlich besamt. Während der Entwicklung schwankte die Wassertemperatur zwischen 19,0 und 24,7 °C. Der Totaldurchmesser der Eier betrug 1 mm, der ihres Öltröpfchens 0,37–0,40 mm. Die äußere Eihülle ist 0,02–0,03 mm dick und dicht lamelliert. 15 min nach der Befruchtung bildet sich an der Halbkugel des animalen Poles eine dünne Plasmaschicht. 60 min nach der Befruchtung ist die Plasmakonzentrierung beendet. Nach 1.15 Std. ist der Blastodiskus in zwei, nach 1.45 Std. in vier Zellen geteilt. Weitere Teilungen sind nach 2.10 Std. und 2.40 Std. erfolgt (16-Zellen-Stadium). 8.30 Std. nach Befruchtung bildet sich die Blastula und bedeckt die ganze animale Eihalbkugel. Die Differenzierung der Keimblätter erfolgt 10–20 Std. nach Befruchtung. Im Alter von 22 Std. sind Kopf und Körper des Embryos bereits zu erkennen. Der Embryo ist 1,7 mm lang, Augen und Wirbelsäule beginnen sich zu bilden. Mit 36 Std. ist der Embryo 2,1 mm lang und dreht sich bereits im Ei. Der Schwanz ist vom Dottersack losgelöst und es erscheint der schwach pulsierende Anfang des Herzens. Nach 39.25 Std. beginnen sich die Blutgefäße zu formen und das Herz schlägt 104mal pro Minute. Etwa 44 Std. nach der Befruchtung erfolgt der Schlupf, indem die Eihülle am Kopf aufreißt. (Weitere Altersangaben beziehen sich ebenfalls auf den Befruchtungs-, nicht den Schlupfzeitpunkt.) Nach dem Schlupf ist die Praelarve 3,1 mm lang. Die Herzschlagfrequenz beträgt 146 pro Minute. Der Körper ist bis auf das kanariengelbe Öltröpfchen noch glasig durchsichtig. Mit 60.45 Std. ist die Praelarve 3,84 mm lang und die Anlage der Brustflossen wird sichtbar. Die Larven machen Sprünge und lassen sich wieder passiv zu Boden sinken. 132 Std. nach der Befruchtung ist die Larve 4,5 mm lang, die Kiemenbögen formen sich und der Dottersack schrumpft erheblich. Nach 157 Std. ist die Schwimmblase gefüllt und die Kiemenatmung hat begonnen. Die Larve ist 5,2 mm lang und beginnt Nahrung aufzunehmen. Bis zu 11 Tage nach dem Schlupf werden die Jungfische vom Männchen bewacht, dann schwärmen sie in die Umgebung aus.

Die Jungfische von *L. gibbosus* wachsen relativ langsam und erreichen in Ohio bis Oktober 0,8–3,2 inches (20–81 mm) Totallänge (S c o t t u. C r o s s m a n 1973). Nach eigenen Erfahrungen an Gewässern des unteren Erzgebirges hängt die Ent-

Abb. 40. Ei von *Lepomis gibbosus*, 22 Stunden nach der Befruchtung zu Beginn der Organogenese. Der Embryo ist in 3 Segmente gegliedert, die Anlage des Kopfes erkennbar. Nach B a l o n 1959

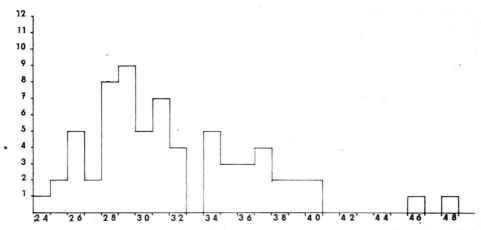

Abb. 41. Längenfrequenzdiagramm (Totallänge) für Jungfische von *Lepomis gibbosus* 13. 6. 1982 Wipateich bei Langenbach/Erzgeb. Orig.

wicklung sehr von der Witterung des jeweiligen Jahres ab. Sind Frühlingsende und Sommersanfang kalt und regnerisch, wird der Brutbeginn um Wochen verzögert. Folgt dem ein günstiger Spätsommer, kann sich das Laichen bis weit in den August erstrecken. Im Wipateich bei Langenbach waren beispielsweise von 180 Ende März 1981 gefangenen *L. gibbosus* die kleinsten zwei Exemplare von 34 mm Totallänge. Mehrere Hundert am 18. 10. 1981 im gleichen Gewässer aus *Elodea*-Beständen gekäscherte Jungfische hatten 22–27 mm, durchschnittlich 25,8 mm Totallänge. Einige am 4. 4. 1982 wiederum im gleichen Gewässer gefangene Jungfische waren ebenfalls 22–27 mm, durchschnittlich 24,9 mm lang – demnach erfolgte von Ende Oktober bis Anfang April praktisch kein Längenwachstum. Nach dem Verlassen der Laichgrube halten sich die Jungfische zunächst im Flachwasser auf und ziehen sich dann in die meist vorhandenen dichten Pflanzenbestände (z. B. *Elodea canadensis*) zurück. Hier findet man vor allem Exemplare von etwa 20-30 mm Totallänge in großer Zahl und kann sie beim Durchkeschern der Pflanzen leicht fangen. Größere Exemplare suchen dann mehr das freie, tiefere Wasser auf. Im Herbst gehen die schützenden Pflanzenbestände zurück. Die Jungfische sind dann verstärkt der Nachstellung durch Raubfische ausgesetzt, deren Nahrungsbedarf mit der Temperatur jedoch ebenfalls sinkt.

Die Geschlechtsreife wird im nördlichen Teil des autochthonen Areals normalerweise mit zwei Jahren erreicht. Die Gewichte von *L. gibbosus* liegen im Simcoe-See/Ontario zwischen 1–2 Unzen (28,3–56,7 g) bei dreijährigen und 8–12 Unzen (226,7 bis 340,1 g) bei siebenjährigen Fischen. Bei großer Populationsdichte tritt wie beim Flußbarsch *(Perca fluviatilis)* Verbuttung ein und die Maximallänge übertrifft dann kaum noch 4–5 inches (102–127 mm). Als Maximum erreicht die Art in Ontario über 10 inches (254 mm), 17 Unzen (482 g) und ein Alter von 8 bis 10 Jahren (S c o t t u. C r o s s m a n 1973). In Ohio liegt der Fangrekord bei 8,8 inches (224 mm) und 11 Unzen (312 g) (T r a u t m a n 1957).

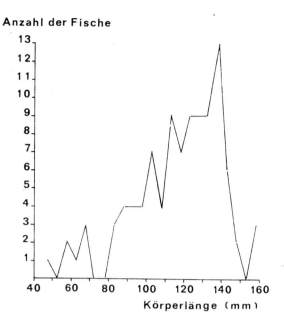

Abb. 42. *Lepomis gibbosus*, Längenfrequenzdiagramm (Totallänge) der Population im See Lion bei Čičov/ČSSR. Nach B a l o n 1959

Aus Europa liegen diesbezüglich weit weniger Untersuchungsergebnisse vor. Schon allein deshalb sind niedrige Spitzenwerte zu erwarten. So hatte beispielsweise das wahrscheinlich bisher größte in DDR-Gewässern gefangene Exemplar nur 217 mm Totallänge (170 mm Standardlänge) und etwa 200 g Gewicht (A r n o l d 1985). Dieses Tier war 7 oder 8 Jahre alt.

Tabelle 4. Wachstum von *Lepomis gibbosus* in Nordamerika. Nach S c o t t u. C r o s s m a n 1973

Alter (Jahre)	Totallänge (in mm)		
	Welch Lake (New Brunswick)	verschiedene Seen in Ontario	Michigan Pond
0+	25	—	51
1+	74	89	74
2+	89	107—152	104
3+	105	120—183	124
4+	111	122—208	145
5+	116	160—203	157
6+	120	178—221	173
7+	125	190—229	185
8+	—	221—231	198
9+	—	216—241	—

Tabelle 5. Zusammenstellung des Längenwachstums von *Lepomis gibbosus* (Standardlänge in mm) nach verschiedenen Autoren

Fundort	Quelle	Alter						
		0+	1+	2+	3+	4+	5+	6+
Crystal Lake, Michigan, USA	Hubbs u. Hubbs 1933	25	43	—	—	—	—	—
Wiards Pond, Michigan, USA	Hubbs u. Hubbs 1931	23	44	—	—	—	—	—
Houghton Lake, Michigan, USA	Creaser 1926	30	60	95	133	158	172	180
Minnesota, USA	Eddy u. Carlander 1942	38	87	109	138	162	204	—
Ohio, USA	Roach 1950	38	76	112	140	157	—	—
Clear Lake, Iowa	Di Costanzo 1957	46	86	111	—	—	—	—
Ungarn	Tandon 1976	32	50	66	76	80	—	—
Italien	Tandon 1977	34	53	57	—	—	—	—
Bulgarien	Papadopol u. Ignat 1965	—	—	83♂	108♂	—	—	—
		—	—	96♀	111♀	—	—	—
Fundata-See, Rumänien	Constantinescu 1981	46♂	78♀	108♂	—	—	—	—
		—	77♀	—	—	—	—	—
Lion-See, ČSSR	Balon 1959	—	—	102♂	—	—	—	—
		—	—	107♀	—	—	—	—

Tandon (1976, 1977) untersuchte das Wachstum ein- bis fünfjähriger *L. gibbosus* aus Ungarn und Italien anhand des Schuppenwachstums. Dieses beginnt, wenn der Jungfisch 19 mm Standardlänge erreicht hat. Jährlich wird ein Wachstumsring (Annulus) gebildet, d. h. eine im Sommer gebildete breite Zone schnellen Wachstums wechselt mit einer schmalen, im Winter entstandenen Zone ab. Die Wachstumsangaben bei Tandon sind in Tabelle 5 zusammengestellt, ebenso die Angaben einiger anderer bei Tandon zitierter Autoren. Derartige Vergleiche sind jedoch mit Vorsicht zu handhaben. Sie können Fehler enthalten, wie beispielsweise Verwechslung von Total- und Standardlänge. Die Vergleichbarkeit der Daten wird auch dadurch eingeschränkt, daß das Material zu unterschiedlichen Jahreszeiten gewonnen wurde (z. B. Bănărescu Ende Mai, Tandon im Juli). Manche Autoren geben volle Wachstumsjahre (also etwa von Juli bis Juli), andere das Ende der Wachstumsperiode (= etwa Mitte bis Ende Oktober?) an. Tandon (1977) hat versucht, anhand des Jahresringzuwachses jeweils bis Ende einer Wachtumsperiode zurückzurechnen. Er kommt zu dem Ergebnis, daß *L. gibbosus* in Europa langsamer wächst als in den USA, wobei diese Aussage auf Gebiete etwa gleicher Breitenlage zu beziehen ist.

Wie die Tabelle ferner zeigt, wachsen die Weibchen etwas schneller als Männchen. Die Daten liefern jedoch keinerlei Hinweis auf Vorhandensein von Cuckoldrie nach

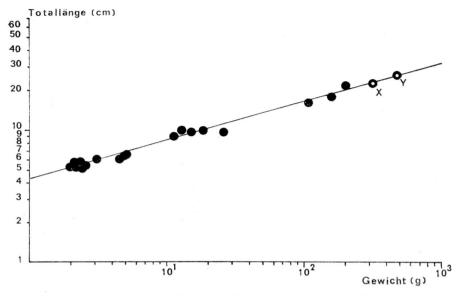

Abb. 43. Beziehung zwischen Totallänge und Körpermasse bei *Lepomis gibbosus*: 18 Exemplare aus DDR-Gewässern sowie X nach T r a u t m a n n 1957 und Y nach S c o t t u. C r o s s m a n 1973. Orig.

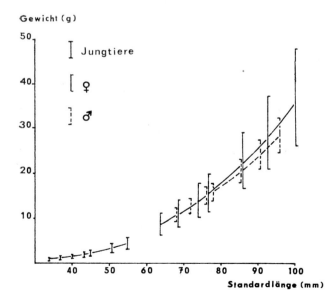

Abb. 44. Beziehung zwischen Gewicht und Standardlänge bei *Lepomis gibbosus* aus dem Fundata-See/Rumänien. Nach C o n s t a n t i n e s c u 1981

Gross (1979, 1982, 1984, 1985), denn die beispielsweise von Papadopol u. Ignat (1965) und Constantinescu (1981) festgestellten Wachstumsunterschiede sind bei Männchen nicht größer als bei den Weibchen. Ebenso vermehrten sich 20 dreijährige *L. gibbosus,* die ich in ein Gewässer einsetzte noch im selben Jahr. Stünden „Pfleger"-Männchen erst im siebenten Lebensjahr zur Verfügung, wäre das nicht möglich gewesen, denn ohne Brutpflege würde der Nachwuchs absterben (Gross 1982).

Die Beziehung zwischen Standard- bzw. Totallänge und Gewicht veranschaulichen die Zeichnungen in Abb. 43 und 44. In der Darstellung auf doppeltlogarithmischem Netz ergibt sie eine Gerade, nach der ein *L. gibbosus* über 4 cm lang werden muß, um die 1 g-Grenze zu überschreiten und theoretisch 32 cm lang sein müßte, um 1 kg Gewicht zu erreichen. Die erreichbare Grenze des Gewichts dürfte allerdings etwa 500 g liegen, was etwa 26 cm Totallänge entspricht. Wie Abb. 44 zeigt, fand auch Constantinescu (1981), daß Weibchen bei gleicher Standardlänge wie die Männchen durchschnittlich schwerer sind, wobei die Schwankungsbreite bei den Weibchen aber sehr viel größer ist, so daß die leichtesten Exemplare gleicher Länge auch in jedem Fall Weibchen waren. Dies ist wahrscheinlich durch das größere Gewicht der weiblichen Geschlechtsprodukte und eventuell auch durch die zeitweilig zu deren Bildung notwendige gesteigerte Nahrungsaufnahme bedingt.

Das maximale Alter in Freiheit lebender *L. gibbosus* beträgt nach Scott u. Crossman (1973) in Ontario 8–10 Jahre. In Europa sind mir keine diesbezüglichen Untersuchungen bekannt. Balon (1959) geht auf diese Problematik nicht konkret ein: „Was die Länge und das Alter anbelangt, weichen unsere Sonnenbarsche von denen in der Urheimat nicht ab." Das größte und älteste Exemplar, das ich bisher erhielt (Göhlensee bei Eisenhüttenstadt/DDR) war 7–8 Jahre alt. Im Aquarium kann *L. gibbosus* unter günstigen Bedingungen sicher über 10 Jahre alt werden.

Bedeutung für den Menschen. In Nordamerika hat der Pumpkinseed *(L. gibbosus)* aufgrund seiner geringen Größe nur lokal einige wirtschaftliche Bedeutung, so in einigen Gebieten von Ontario und Quebec. Er wird dort gewöhnlich in den Untiefen der Seen mit Ringnetzen (hoopnets) gefangen. Die Fänge des Pumkinseed und des Bluegill *(Lepomis macrochirus)* werden in Ontario zusammen als „Sonnenfische" verkauft, also wird keine separate Fangstatistik dieser Arten geführt. 1966 betrug der Gesamtfang in Ontario 253 015 pounds (also rund 115 Tonnen) mit einem Wert von etwa 29 000 kanadischen Dollar. Die wichtigsten Erzeuger sind in der Reihenfolge ihrer Bedeutung der Ontario-See, die „southern inland lakes", der St. Clair-See und der Eriesee.

Das Fleisch von *Lepomis gibbosus* ist weiß und schmackhaft. Es gibt in Nordamerika (wie auch in Europa) für diese Fischart keine Fanglimits, Schonzeiten oder Mindestmaße. Für die Angler gilt er vor allem als ein Fisch der Anfänger und Kinder, denn er beißt leicht an und kämpft gut.

Diese Einschätzung der Bedeutung trifft grundsätzlich auch für Europa zu. Im See Lion bei Čičov fangen die Fischer diesen Sonnenbarsch in Zugnetzen und „Säkken" (Reusen, d. Verf.) (Balon 1959). Nach Busnita (1967) wurden angeblich allein in den Bräila-Armen der Donau (Rumänien) 1963 500 000 kg Sonnenbarsche gefangen(!).

T ó t h (1960) lieferte Angaben über den Fang im ungarischen Donauabschnitt von 1950 bis 1958. Leider wurden *Lepomis gibbosus* und der Katzenwels *(Ictalurus nebulosus)* dabei nur als Summe angegeben. Der Durchschnittsfang an Sonnenbarschen plus Katzenwels betrug in diesem Zeitraum im angegebenen Donauabschnitt durchschnittlich 76 173 kg pro Jahr (genaue Jahreswerte siehe Kapitel 3.2.2.1.), was immerhin 11,3 % des gesamten Fischfanges in diesem Donauabschnitt ausmacht!

Als Angelobjekt hat *L. gibbosus* in Europa eine geringe Bedeutung. Er wird zumeist mit Senknetz gefangen oder auf Wurmköder geangelt. Mitunter findet er als Köderfisch zum Raubfischangeln Verwendung, gilt dafür aber als nicht sonderlich geeignet. In der DDR war bis 1984 der Angelrekord bei dieser Art ein Exemplar von 18 cm Länge und 155 g Gewicht. Durch ein am 30. 8. 1984 im Göhlensee bei Eisenhüttenstadt gefangenes Exemplar stieg er auf 217 mm und 200 g. Dieser sprunghafte Anstieg zeigt, daß hier durchaus noch größere und schwerere Exemplare zu erwarten sind.

Die aquaristische Bedeutung dieses Sonnenbarsches ist ebenfalls gering, obwohl es adulte Exemplare hinsichtlich Farbenpracht und Reichhaltigkeit des Verhaltensinventars durchaus mit tropischen Cichliden aufnehmen können. Nur wenige Züchter vermehren die Art in Teichanlagen für den Absatz in zoologischen Fachhandlungen. Hier werden zumeist im Herbst vor allem 0-, seltener 1-sömmrige Jungtiere angeboten, die aber nicht besonders gut abzusetzen sind, da sie von der Farbenpracht der Alttiere noch wenig ahnen lassen.

Wesentlich größere Bedeutung wird den Sonnenbarschen als Predatoren und Nahrungskonkurrenten heimischer Tierarten zugeschrieben. Das gilt auch für andere Arten der Gattung *Lepomis* in verschiedenen Ländern. So soll nach P e t z o l d (1969) der in Kuba eingebürgerte *Lepomis fasciatus* den endemischen Kubabuntbarsch *(Cichlasoma tetracantus)* bereits aus einigen Gebieten verdrängt haben. Auch P r o - k e s et al. (1984) berichten von einer „Bedrängung" des Kubabuntbarsches durch eingebürgerte *Lepomis macrochirus*, *Micropterus salmoides* und verschiedene Tilapidae.

Hinsichtlich der Fischfauna Europas sind diesbezüglich keine konkreten Hinweise bekannt. In zwei mir gut bekannten Gewässern kam es durch die Einbürgerung von *L. gibbosus* in keinem Fall zum Verschwinden einer dort lebenden Fischart *(Leucaspius delineatus, Phoxinus phoxinus, Carassius auratus, Gobio gobio, Noemacheilus barbatulus)*. Dagegen messen F l i n d t u. H e m m e r (1969) sowie K a d e l (1975) eingebürgerten Sonnenbarschen *(Lepomis cyanellus* bei Frankfurt a. M.) eine wohl übertriebene, nur durch Laborversuche gestützte (vgl. Kapitel 3.2.1.2.) Bedeutung als Predatoren von Amphibienlarven bei. Eventuell wichtig für die heimische Fischfauna ist die nach R o m a n (1953) vielleicht mit *L. gibbosus* erfolgte Einschleppung der Parasiten *Urocleidus similis* und *U. dispar*.

3.2.1.2. *Weitere, vorübergehend oder lokal in Europa eingebürgerte Sonnenbarsche*

D i e G a t t u n g M i c r o p t e r u s L a c é p è d e. Es handelt sich um langgestreckte, seitlich zusammengedrückte Fische mit tief gespaltenem, vorstreckbarem Maul. Kopf und Ansatz der Rückenflosse sind beschuppt, zwischen erster und zweiter Rückenflosse (D_1, D_2) befindet sich ein tiefer Einschnitt und am Anfang der D_2 steht noch ein Hartstrahl. Sie gehören zu den wirtschaftlich wichtigsten Fischen der Süßgewässer Nordamerikas und sind sehr beliebte Angelfische. Es werden folgende Arten unterschieden:

Micropterus dolomieu L a c é p è d e	Smallmouth bass
Micropterus coosae H u b b s & B a i l e y	Redeye bass
Micropterus notius B a i l e y & H u b b s	Suwannee bass
Micropterus punctulatus (R a f i n e s q u e)	Spotted bass
Micropterus salmoides (L a c é p è d e)	Largemouth bass
Micropterus treculi (N a i l l a n t & B o c o u r t)	Texas bass

Nach Europa wurden *M. salmoides* und angeblich *M. dolomieu* eingeführt. Es erfolgte jedoch 1940 eine Revision der Gattung durch H u b b s und B a i l e y mit Beschreibung von zwei neuen Arten *(M. coosae* und *M. notius)*, die *M. dolomieu* sehr ähnlich sind. Es ist daher nicht auszuschließen, daß die Ende des 19. Jahrhunderts als *M. dolomieu* nach Europa gebrachten Exemplare einer der erst 1940 beschriebenen Arten angehören.

Micropterus salmoides unterscheidet sich von den anderen Arten der Gattung in einigen Merkmalen so, daß H u b b s 1926 für ihn sogar eine eigene Gattung *Aplites* aufstellte. Die folgende Übersicht verdeutlicht wesentliche Unterschiede.

M. salmoides: Hinterende des Unterkiefers reicht bis hinter das Auge; Membranen der Rücken- und Afterflosse immer ohne Schuppen; Rückenflosse tief eingeschnitten und am letzten Stachelstrahl weniger als die Hälfte des längsten hoch.

restliche *Micropterus*-Arten: Hinterende des Unterkiefers reicht höchstens bis zur Augenmitte; Membranen der weichstrahligen Abschnitte der Rücken- und Afterflosse an der Basis mit kleinen Schuppen; Rückenflosse wenig eingeschnitten, am letzten Hartstrahl höher, als die Hälfte des längsten Hartstrahles.

Micropterus salmoides (Lacépède, 1802)

S y n o n y m i e. L a c é p è d e beschrieb die Art als *Labrus salmoides*. Weitere wichtige Synonyme sind *Huro s., Grystes s., Aplites s.*

E t y m o l g i e. Micropterus = kleinflossig, salmoides = lachsähnlich.

T r i v i a l n a m e n. Deutsch: Forellenbarsch, Französisch: achigan à grande bouche, häufigste Namen im englischsprachigen Teil Nordamerikas: Large mouthed bass, Black bass, Green bass, Bass.

K ö r p e r b a u u n d F ä r b u n g. Der Forellenbarsch wird nach S c o t t u. C r o s s m a n (1973) in Kanada meist 8–15 inches (203–381 mm) lang. Seine größte Körperhöhe beträgt 20,9–29,7 % der Totallänge, die Kopflänge 26,6–31,7 % der Totallänge, der Augendurchmesser 12,8–20,5 % der Kopflänge und die Schnauzenlänge 25–28 % der Kopflänge. Die Dorsale hat IX bis X Hart- und 12 bis 14 Weichstrahlen, Anale III/10-12, Ventralen I/5 (–6), Pectoralen 13–15 (nach S c h i n d l e r (1968) 14–16. Die Schuppen sind größer als beim Schwarzbarsch; mittlere Längsreihe 60–68 Schuppen (nach S c h i n d l e r 65–70); über der Seitenlinie 7–8 Schuppenreihen, darunter 17–20; Wirbelzahl 30–32.

Rücken und Kopf sind glänzend grün bis oliv; Seiten grünlich silberglänzend bis goldgrün; längs der Körpermitte meist ein unregelmäßiger schwarzer Zickzackstreifen, der von Spitze Oberkiefer bis in den vorderen Teil der Schwanzflosse reicht und bei alten Tieren unterbrochen oder bis zur Unkenntlichkeit verblaßt sein kann. Der Bauch ist milchigweiß bis gelb; Maul innen milchigweiß; Augen bräunlich; Rücken- und Schwanzflosse undurchsichtig grünlich bis oliv; After- und Bauchflossen grünlich bis oliv mit etwas Weiß.

Die Männchen sind während der Fortpflanzungszeit insgesamt dunkler gefärbt. Exemplare aus dunklen oder trüben Gewässern sind blaßgrün, solche aus klaren pflanzenreichen Gewässern dunkler. Die Entwicklung der Jugendfärbung von fünf *Micropterus*-Arten, darunter auch *M. salmoides* und *M. dolomieu*, wird von R a m - s e y u. S m i t h e r m a n (1971) ausführlich beschrieben.

Verbreitung und Einbürgerung. Das autochthone Areal erstreckt sich von den Großen Seen im Süden Kanadas über das Mississippi-Einzugsgebiet bis zum Golf von Mexiko, einschließlich der atlantischen Küsten und Florida, im Südwesten bis Texas und den Norden Mexikos, im Nordwesten bis North Dakota. Der Forellenbarsch wurde darüber hinaus in vielen Teilen Nordamerikas, insbesondere in den pazifischen Fluß-Einzugsgebieten, eingebürgert. Außerhalb des Kontinents wurde die Art nach S c o t t u. C r o s s m a n (1973) in England, Schottland, Deutschland (im Original „Germany" – BRD und DDR?), Frankreich, Südafrika, Honkong, Brasilien und auf den Philippinen eingebürgert. Nach Europa gelangte sie erstmals im Frühjahr 1883 durch M. v. d. B o r n e. Er erhielt 45 2–3 cm lange Jungfische

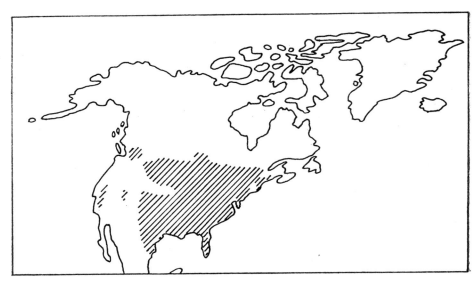

Abb. 45. Verbreitung von *Micropterus salmoides* in Nordamerika. Nach S c o t t u. C r o s s m a n 1973

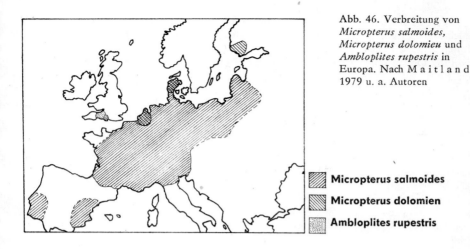

Abb. 46. Verbreitung von *Micropterus salmoides*, *Micropterus dolomieu* und *Ambloplites rupestris* in Europa. Nach M a i t l a n d 1979 u. a. Autoren

Micropterus salmoides
Micropterus dolomien
Ambloplites rupestris

aus dem Greenwood lake bei New York, von denen er 10 bis zur Geschlechtsreife bringen konnte. Sie brachten reichlich Nachzucht und diese wurde „an zahlreiche Fischzüchter in Deutschland, Österreich-Ungarn, der Schweiz, Belgien, Holland, Frankreich, England, Schweden, Norwegen, Rußland und Italien versandt." (v. D e b s c h i t z in: B o r n e 1906). Nach der Verbreitungskarte bei M a i t l a n d (1977) kommt der Forellenbarsch in Europa derzeit im südlichen Portugal und Spanien, in Frankreich, Belgien, den Niederlanden, der Schweiz, im nördlichen Italien, in Dänemark, Österreich, der DDR, BRD, in Polen und der UdSSR (baltische Unionsrepubliken, Kubanmündung, bei Gorki) vor. Solche generalisierenden Verbreitungskarten für Europa sind aber besonders bei den *Micropterus*-Arten mit großer Skepsis zu betrachten, wie das Beispiel der DDR zeigt, wo aktuelle Nachweise seit Jahrzehnten fehlen, die Art aber weiterhin in Bestimmungswerken für die heimische Wirbeltierfauna und in Angelführern verzeichnet ist.

Nach L a d i g e s u. V o g t (1979) soll der Forellenbarsch in Seen des deutschen und österreichischen Alpengebietes ausgesetzt, aber nur im Wörthersee/Kärnten eingebürgert worden sein. Nach den gleichen Autoren soll die Einbürgerung auch im Abrausee/UdSSR erfolgreich verlaufen sein. Nach de S o s t o a et al. (1984) kommt die Art in Spanien noch vor. Laut T ó t h (1960) war sie in den fünfziger Jahren in der ungarischen Donaustrecke relativ selten und nur unterhalb Budapest anzutreffen. Immerhin schien die Art in den fünfziger Jahren in der mittleren Donau so selten zu sein, daß M i š i k (1958) ein im Februar 1957 bei Šturovo gefangenes Exemplar der ausführlichen Beschreibung für würdig erachtete. K i n z e l b a c h u. K r u p p (1982) nennen die Art für den Lago di Piano/Italien. In der ČSSR wurde am Fischereiinstitut Vodnany/Südböhmen die Eignung des Forellenbarsches als Beifisch der extensiven Karpfenproduktion untersucht (M ü l l e r, 1982 mündl.).

Bastarde von *M. salmoides* sind aus der Natur nicht bekannt, gelingen aber unter Laborbedingungen (H e s t e r 1970).

Fortpflanzungsbiologie und Individualentwicklung. Die Laichzeit währt von Frühlingsanfang bis Mitte Sommer (manchmal bis August), mit Höhepunkt Anfang bis Mitte Juni. Nach S c h i n d l e r (1968) reicht sie von März bis Juli. Das Ablaichen findet bei 62–65 °F (16,7–18,3 °C) statt. Die Männchen legen Laichgruben von 60–100 cm Durchmesser und 1–8 inches (2,5–20,3 cm) Tiefe im 1–4 feet (30,5–122,0 cm) tiefen Wasser an. Oft enthalten die Nester die freigelegten Wurzeln der entfernten Wasserpflanzen. Die Entfernung zwischen den Nestern beträgt im Normalfall mindestens 30 feet (9,15 m). Im Alter zwischen 5 und 12 Jahren laichen die Weibchen jährlich. Sie können ihre Eier auf die Nester mehrerer Männchen verteilen. Die Eizahl pro Weibchen beträgt 2 000 bis über 100 000, pro pound (= 453,6 g) Körpergewicht 2 000 bis 7 000. Nach B o r n e (1906) hat ein 1,25 kg schwerer Forellenbarsch etwa 17 000 Eier. Diese sind gelblich, klebrig und 1,5–1,7 mm im Durchmesser. Die Eier fallen oft neben das Nest, und ein erheblicher Teil des Laiches verdirbt oder fällt Predatoren zum Opfer. Die Larven schlüpfen nach 3 bis 5 Tagen. Sie sind dann 3 mm lang und noch glasig durchsichtig. Das Schlupfergebnis/Nest liegt bei 751 bis 11 457, durchschnittlich 5 000 bis 7 000 Larven (S c o t t u. C r o s s m a n 1973). Nach weiteren 6 bis 7 Tagen, mit 5,9–6,3 mm Länge, beginnen sie frei zu schwimmen. Die Verluste

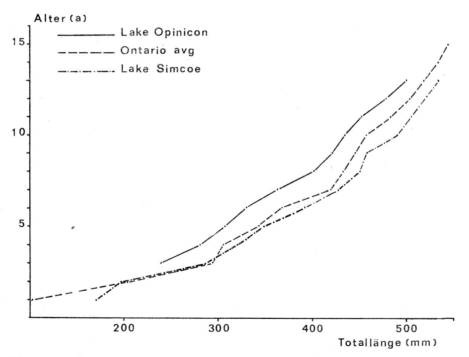

Abb. 47. Beziehung zwischen Totallänge und Alter bei *Micropterus salmoides* in Nordamerika. Gezeichnet nach Angaben bei S c o t t u. C r o s s m a n 1973

Oben: *Ictalurus nebulosus* (juv.) – *Pseudorasbora parva*, Mitte: Schwarm von *Gambusia affinis holbrooki* – *Umbra pygmaea*, unten: *Lepomis gibbosus* (juv.) – *Mesogonistius chaetodon* (juv.). Alle Aufnahmen A. Arnold

unter den Jungfischen sind hoch und nur etwa 5 bis 10 Exemplare einer Brut erreichen 10 inches (254 mm) Länge. In Ohio erreichen die Jungfische nach T r a u t - m a n (1957) im Oktober 2–5 inches (51–127 mm) Länge. L e w i s (zit. bei S c o t t u. C r o s s m a n) fand für die Art folgende Länge-Gewicht-Beziehung: log W (pounds) = −3.8384 + 3.4859 log Totallänge (inches).

Das schwerste in Kanada bekannt gewordene Exemplar wog 14 pounds und 2 ounces (6 405 g), jedoch wiegen hier die am häufigsten geangelten Stücke nur 2–3 pounds (907–1 360 g) und solche von 6–8 pounds (2 721–3 628 g) sind schon preiswürdig. Als Angelrekord gilt ein Exemplar von 32,5 inches (827 mm) und 22 pounds und 4 ounces (10 089 g) aus dem Montgomery Lake 1932. Nach S c h i n d - l e r (1968) erreicht der Forellenbarsch in Europa selten über 2 Pfund (= 1 kg), im Wörthersee bis 6 Pfund. Nach B o r n e (1906) wird er „im kalten Norden 3–4 kg, im warmen Süden 10–12,5 kg schwer". Die größten Exemplare werden bei der Unterart *M. salmoides floridanus* gefunden. In Kanada werden Männchen im 3. bis 4. Jahr, Weibchen im 4. bis 5. Jahr geschlechtsreif. Die Weibchen wachsen schneller und werden größer als die Männchen.

Ö k o l o g i e. Der Forellenbarsch bevorzugt durchwärmte Flachwasserbereiche von Seen, seltener strömungsarmer Flüsse und anderer stehender Gewässer. Als Vorzugstemperatur unter Naturbedingungen wurden 26,6–27,7 °C ermittelt. Die obere Letaltemperatur betrug bei an 20–21 °C adaptierten Forellenbarschen 28,9 °C, bei an 30 °C adaptierten 36,4 °C (Die Werte beziehen sich sicher auf kanadische *M. salmoides*. Sie dürften insbesondere bei der Unterart *M. s. floridanus* höher liegen, d. Verf.). Im Experiment soll die Art minimale Sauerstoffgehalte bis 1,5 mg/l ertragen haben; Temperaturangaben dazu fehlen allerdings.

Junge Forellenbarsche ernähren sich anfangs von Plankton und gehen mit zunehmender Größe auf Larven von Wasserinsekten, Crustaceen, Fische und seltener Amphibien als Nahrung über. Zur Bildung von 1 kg Körpergewicht müssen etwa 4 kg Nahrung aufgenommen werden.

An *M. salmoides* wurden in Nordamerika bisher 103 Arten von Parasiten gefunden (S c o t t u. C r o s s m a n 1973): 13 Protozoen, 45 Trematoden, 11 Cestoden, 14 Nematoden, 5 Acanthocephalen, 4 Blutegel, 1 Mollusk, 10 Crustaceen.

In Nordamerika hat der Forellenbarsch große wirtschaftliche und angelsportliche Bedeutung. Ganz anders in Europa, wo er diesbezüglich praktisch bedeutungslos ist. Die Art wurde von B o r n e vor allem als Sportfisch und für die Teichwirtschaft als Nebenfisch der Karpfenwirtschaft zur Vertilgung von Wildfischen, Amphibien und sonstigen Nahrungskonkurrenten und Lästlingen empfohlen.

Micropterus dolomieu Lacépède, 1802

E t y m o l o g i e. Micropterus = kleinflossig, dolomieu(i) = nach M. D o l o m i e u , einem Mineralogen und Freund von L a c é p è d e , nach dem auch das Mineral Dolomit benannt wurde.

T r i v i a l n a m e n. Deutsch: Schwarzbarsch, Französisch: achigan à petite bouche, häufigste Namen im englischsprachigen Teil Nordamerikas: Smallmouth (kleinmäuliger) black bass, Black bass, Brown bass, Green bass (die letzte Bezeichnung wird auch für *M. salmoides* verwendet).

Körperbau und Färbung. Der Schwarzbarsch erreicht in Kanada nach Scott u. Crossman (1973) meist 8–15 inches (203–381 mm) Totallänge. Der in einer Anglerzeitschrift genannte Fangrekord liegt bei 27 inches (686 mm) und 11 pounds und 15 ounces (5 413 g), erbeutet im Jahre 1955. Das maximale Alter in der Natur liegt bei etwa 15 Jahren. Die größte Körperhöhe beträgt 20,3–28,2 % der Totallänge; die Kopflänge 26,6–30,5 % der Totallänge. Dorsale X/12–15; Anale III/10–12; Ventralen I/5; Pectoralen 13–15; Seitenlinie vollständig; mittlere Längsreihe aus 68 bis 78 Schuppen bestehend; über der Seitenlinie 11–13 Schuppenreihen, darunter 19–23; Wirbelzahl 31–32 (Angaben nach Scott u. Crossman für kanadische Exemplare).

Die Färbung ist je nach Größe und Wohlbefinden sehr variabel. Kopf und Rücken sind braun mit Goldglanz, bis olivgrün, die Seiten goldgelb, der Bauch milchigweiß bis mattgelb. Adulte Exemplare zeigen 8 bis 15 unregelmäßige dunkle Querbinden, Jungtiere diffuse wolkige Flecken unter der Seitenlinie. Die Flossen sind mit Ausnahme der Brustflossen undurchsichtig bräunlich.

Verbreitung und Einbürgerung. *M. dolomieu* bewohnte in Nordamerika ursprünglich das Gebiet der Großen Seen, das St. Lawrence-Strom-System (außer Nipigonsee), die Einzugsgebiete von Ohio, Tennessee und der oberen Mississippi-Zuflüsse. Nach Scott u. Crossman wurde *M. dolomieu* seit Ende des 19. Jahrhunderts in weiten Teilen Nordamerikas, besonders in den atlantischen angesiedelt, weiterhin in „England, Europa, Rußland und Afrika" eingebürgert. Die Ersteinfuhr der Art nach Europa erfolgte im Februar 1883 gemeinsam mit *M. salmoides*. Sieben fingerlange *M. dolomieu* gelangten aus dem Greenwood lake bei New York nach Berneuchen. Drei Exemplare kamen bis zur Geschlechtsreife im Jahre 1884, als die Nachzucht gelang. Zur gegenwärtigen Verbreitung zeichnet Maitland (1977) in Verbreitungskarten den Norden Frankreichs, Dänemark und Südfinnland ein. Aktuelle Nachweise der Art aus Europa sind dem Verfasser nicht bekannt – alle überprüfbaren Hinweise gehen auf zeitweilige Vorkommen zum Anfang des 20. Jahrhunderts zurück. Bereits v. Debschitz (in Borne 1906) berichtete über diese Art: „Als Max von dem Borne die vierte Auflage dieses Buches schrieb, waren die beiden Barsche noch nicht vollkommen bekannt. Es hat sich seitdem gefunden, daß der Schwarzbarsch für unsere Gewässer ein weniger geeigneter Fisch ist. Der Forellenbarsch hat sich dagegen so manche Freunde unter den Teichwirten erworben."

Fortpflanzungsbiologie, Ökologie. *Micropterus dolomieu* bewohnt insbesondere Seen und strömungsarme Flußabschnitte, wo er im Frühjahr zur Fortpflanzung das Flachwasser aufsucht und sich später oft in größere Tiefen zurückzieht. Er wird in Europa mit dem dritten Sommer laichfähig und laicht meist einige Tage vor dem Karpfen (Borne 1906).

In Kanada erstreckt sich die Laichzeit von Ende Mai bis Anfang Juli. Die Männchen legen Nestgruben von 18–30 cm Durchmesser in 60–600 cm Tiefe an. Sie bleiben dem Nistplatz oft über mehrere Jahre treu. Der Nestbau findet bei 55–68 °F (12,8–20,0 °C) und die Zeitigung des Laiches meist bei 61–65 °F (16.1–18,3 °C) Wassertemperatur statt. Ein Weibchen hat pro pound Körpergewicht (1 pound = 453,6 g) etwa 7 000 Eier und insgesamt zwischen 5 000 und 14 000 Eier. Bis 40 % der Nester werden von den Männchen verlassen und viele Eier gehen durch Temperatur- und Wasserstandsschwankungen, Predatoren und Mikroorganismen verloren. Die Larven schlüpfen 4 bis 10 Tage nach der Eiablage und sind dann 5,6 bis 5,9 mm lang. Nach weiteren 5 bis 7 Tagen verlassen sie das Nest und werden vom Männchen noch einige Tage bewacht. Sie wachsen sehr rasch, sind z. B. im Nipissing-See nahe der nördlichen Verbreitungsgrenze im Juli schon bis 36,6 mm lang und beim herbstlichen Temperaturabfall 2–4 inches (51–102 mm). Im Erie-See wurde ein Längenzuwachs von 0,8–0,9 mm pro Tag bei den Jungfischen festgestellt. Nach Rowan (zit. bei Scott u. Crossman 1973) lautet die Länge-Gewichts-Beziehung für den Schwarzbarsch log W (g) = − 3.1176 + 3.0699 log L (Standardlänge in mm).

Nach Scott u. Crossman beginnt *M. dolomieu* mit der Nahrungsaufnahme, wenn die Wassertemperatur über 8,5 °C steigt. Neuere Untersuchungen haben jedoch ergeben, daß die meisten Süßwasserfische bei noch tieferen Temperaturen auch im Winter geringe Nahrungsmengen aufnehmen. Nach Scott u. Crossman besteht diese vor allem aus Insektenlarven, Krebstieren und kleinen Fischen. Die Vorzugstemperatur von *M. dolomieu* liegt bei 20–21 °C, maximal bis 28 °C, die obere Letaltemperatur bei etwa 35 °C.

An *M. dolomieu* wurden in Nordamerika 114 Arten von Parasiten nachgewiesen. (Scott u. Crossman 1973). Die Art ist in Nordamerika ein bedeutender Speise- und Angelfisch.

Ambloplites rupestris (Rafinesque 1817)

Etymologie. Ambloplites = stumpf bewaffnet, rupestris = zwischen Felsen lebend.

Trivialnamen. Deutsch: Steinbarsch, Felsenbarsch, Französisch: crapet de roche, häufigste Namen im englischsprachigen Teil Nordamerikas: Rock bass, Northern rock bass, Redeye bass, Goggle eye.

Körperbau und Färbung. *Ambloplites rupestris* ist von allen anderen in Europa eingebürgerten Sonnenbarschen gut dadurch zu unterscheiden, daß seine Afterflosse 5 bis 7 kräftige Hartstrahlen trägt, die der anderen Arten aber stets nur 3. Erwachsene *A. rupestris* sind etwa 15–25 cm lang, das Maximum liegt nach Maitland (1977) bei 34 cm und 1,7 kg. Nach Scott u. Crossman (1973) beträgt die größte Körperhöhe kanadischer Exemplare 31,8–36,7 % der Totallänge. Die ohne Einkerbung ineinander übergehenden Rückenflossen haben 10 bis 11 Hart- und 10 bis 12 Weichstrahlen, die Afterflosse 5 bis 7 Hart- und 9 bis 11 Weichstrahlen. Die Seitenlinie ist vollständig, die mittlere Längsreihe besteht aus 37 bis 51 Schuppen (nach Sterba 1959: 39 bis 43) und die Wirbelzahl beträgt 29 bis 30. Das Maul ist relativ groß, die Körperfärbung graubraun bis graugrün mit nur angedeuteten, sehr unregelmäßigen hellen Querbinden und 7 bis 9 waagerechten Reihen schwarzer Flecke unter der Seitenlinie. Durch das Auge geht ein fast senkrechter schwarzer Streifen; Iris intensiv rot („redeye"), Pupille schwarz.

Verbreitung und Einbürgerung. Nordamerika von Manitoba bis Quebec, das Mississippi-Einzugsgebiet bis zur Mündung in Louisiana, eingebürgert in Colorado und Wyoming.

Nach S t a n s c h (1914) wurde die Art erstmals im Jahre 1877 durch M. B e g g aus Kanada nach Paris gebracht, wo die Fische ohne Nachzucht eingingen. B o r n e (1906) erhielt am 12. 3. 1887 zwanzig 2,5–3 cm lange *A. rupestris* aus Virginia und erzielte mit 12 bis zur Geschlechtsreife aufgezogenen Exemplaren reichlich Nachzucht. Nach M a i t l a n d (1977) kommt *A. rupestris* in Europa nur noch in einem kleinen Gebiet im Südwesten von England vor.

In Virginia/USA (Roanoke und James River) kommt eine nahe verwandte Art, der Eastern rockbass (*Ambloplites cavifrons* Cope) vor. Er hat 10 bis 12 Schuppenreihen über der Seitenlinie, *A. rupestris* nur 7 bis 9.

Fortpflanzungsbiologie, Ökologie: *A. rupestris* laicht in Kanada im Juni. Wie bei den meisten Sonnenbarschen erfolgt die Eiablage in einer vom Männchen angelegten Grube. Beim Ablaichen beträgt die Temperatur in den Gruben 60–70 °F (15,6–21,1 °C). Es können mehrere Weibchen in einem Nest ablaichen, und ein Weibchen kann seine Eier auf mehrere Nester verteilen. Ein Weibchen hat je nach Größe 3 000 bis 11 000 Eier. Die Eientwicklung dauert 3 bis 4 Tage. Zum Beginn des Freischwimmens enthalten die Nester durchschnittlich etwa 800 Jungfische. In Ohio waren die Jungfische im Oktober bereits auf 20–51 mm herangewachsen. In Michigan zeigten sie beispielsweise folgendes Wachstum: 1+ (einsömmrig) 8 cm, 2+ 11 cm, 3+ 13 cm, 4+ 15,5 cm, 5+ 18,5 cm, 6+ 20 cm, 7+ 22,5 cm, 8+ 23 cm, 9+ 25 cm, 10+ 27 cm. Der Angelrekord liegt bei 13,4 inches (340 mm) und 3 pound und 10 ounces (1 644 g). Im Aquarium wurde ein maximales Alter von 18 Jahren nachgewiesen, in der Natur dürfte das Höchstalter etwa 12 Jahre betragen.

Der Steinbarsch bewohnt die flachen Bereiche stehender Gewässer und langsam fließender Flüsse mit klarem Wasser und steinigem Grund. Die Nahrung besteht bei Jungfischen vorwiegend aus Chironomidenlarven. Ältere Fische nehmen vor allem Ephemeroptera, Odonata, Trichoptera und andere Larven von Wasserinsekten sowie Amphipoda, Cladocera, Isopoda und Jungfische, auch der eigenen Art, auf.

Der Steinbarsch ist in Nordamerika ein beliebter Sportfisch. In den Fangstatistiken der Fischerei wird er zumeist nicht von den wirtschaftlich wichtigeren Crappies (Gattung *Pomoxis*) getrennt, so daß kaum Angaben vorliegen (S c o t t u. C r o s s m a n 1973). Für die Teichwirtschaft ist die Art zu langsamwüchsig und als Aquarienfisch zu groß.

Lepomis cyanellus Rafinesque, 1819

Synonymie und Bastardierung. In der Literatur oft auch als *Apotis cyanellus* (Rafinesque) bezeichnet! Naturbastarde wurden mit folgenden Arten festgestellt: *Lepomis gibbosus, L. macrochirus, L. megalotis, L. auritus* und *L. humilis*.

Etymologie. Lepomis = Kiemendeckel beschuppt, cyanellus = blaugrün

Trivialnamen. Deutsch: Grüner Sonnenbarsch, Grünblauer Sonnenfisch, Grasbarsch, Französisch: crapet vert, häufigste Namen im englischsprachigen Teil Nordamerikas: Green sunfish, Geen perch.

Körperbau und Färbung. Diese gattungstypische Art ist mit *Lepomis gibbosus* nahe verwandt. Bei ihr geht die erste Rückenflosse noch flüssiger in die zweite über als bei *L. gibbosus*, die D_2 ist noch spitzer ausgezogen. D_1 9–11, meist 10 Hartstrahlen, D_2 10–12, meist 10 bis 11 Weichstrahlen; Schwanzflosse wie bei *L. gibbosus* schwach eingeschnitten und Ecken abgerundet; Anale III/9; Ventralen I/5, beginnen unter dem 1. Strahl der Dorsale; Pectoralen nicht wie bei *L. gibbosus* verlängert und spitz ausgezogen, sondern nur 17,9–21,2 % der Totallänge, meist mit 13, seltener 12 Strahlen. Augendurchmesser 18,6–31,3 % der Kopflänge; Schuppen relativ klein; Seitenlinie vollständig; mittlere Längsreihe aus 40 bis 50 Schuppen bestehend; über der Seitenlinie 8 bis 10 Schuppenreihen; Wirbelzahl 28 oder 29. Grundfarbe braun- bis olivgrün, mit Smaragdglanz; Körper oben dunkler und an den Seiten mit 7 bis 12 unregelmäßigen dunklen, nach unten sich auflösenden Querbinden; Bauch gelb bis weiß; Kopf mit smaragdgrünen Flecken und manchmal hellen Radiuslinien; Kiemendeckelanhang („Ohr") mit zentralem schwarzem Fleck, der hell umrandet ist, ohne roten Spitzenfleck und länger und eckiger, als bei *L. gibbosus*.

Verbreitung und Einbürgerung. Autochthones Areal von *L. cyanellus* ist Nordamerika, etwa zwischen 74. und 108. Längengrad und 30° bis 50° nördlicher Breite. Es erstreckt sich im Nordosten von der Stadt New York bis Georgia und Alabama, im Südwesten bis Texas und das nordöstliche Mexiko, von dort weiter bis New Mexico, Wyoming, das östliche Norddakota, im Norden bis Michigan und im Südwesten von Ontario bis in den südlichsten Teil des Einzugsgebietes der Hudson Bay. In den US-Bundesstaaten Kalifornien und Utah wurde *L. cyanellus* eingebürgert. Nach Stansch (1914) wurde die Art 1906 von H. Stüve/Hamburg erstmals nach Europa importiert und von P. Schäme/Dresden nachgezüchtet. Laut Sterba (1959) ist sie gegenwärtig in Mitteleuropa nicht mehr vorhanden. Nach Maitland (1977) wurde *L. cyanellus* „in Westdeutschland eingebürgert" und nach Ladiges u. Vogt (1979) „jetzt in der Umgebung von Frankfurt/M. . . . in beachtlichen Beständen festgestellt". Eine briefliche Anfrage bei Prof. W. Ladiges (29. 5. 1984 in litt.) ergab, daß ihm diese Vorkommen nur über Dritte bekannt war. Dr. A. Lelek (11. 7. 1984 in litt.) teilte zu dieser Problematik mit: „Das Vorkommen von *Lepomis cyanellus* konnte in den letzten 10 Jahren in der Umgebung von Frankfurt weder gemeldet noch belegt werden. Die andere, häufigere Art, *Lepomis gibbosus,* ist in unterschiedlicher Dichte beinahe überall verbreitet...". Krupp (1982) verwendete für seine in der BRD durchgeführten Untersuchungen zum Freßverhalten von *Gambusia affinis* u. a. „*Lepomis cyanella*" ohne Fundortangabe. Nach Flindt u. Hemmer (1969) kommt *L. cyanellus* in stillgelegten Kiesgruben des Rhein-Main-Gebietes, speziell 1965 bis 1968 in einer ehemaligen Kiesgrube bei Bauschheim (Kr. Groß-Gerau), vor. Das in dieser Arbeit abgebildete Tier scheint, soweit dieses Foto eine Artdiagnose zuläßt, tatsächlich ein *L. cyanellus* zu sein.

Fortpflanzungsbiologie, Ökologie. Nach Scott u. Crossman (1973) laicht *L. cyanellus* in Kanada von Ende Mai bis Ende August, vorzugsweise bei 20–28 °C Wassertemperatur. Die Männchen legen in Kolonien eine oder mehrere Gruben an und stimulieren sich dabei gegenseitig. Die Kolonien befinden sich in sehr flachem Wasser von nur 4–25 cm Tiefe an durch Felsen, Bäume oder Grasbüschel geschützten Stellen. Nach Stansch (1914) schreitet *L. cyanellus* auch in Aquarien ab 50 × 25 × 25 cm leicht zur Fortpflanzung. Die Eizahl beträgt bis 500 (im Aquarium), der Schlupf erfolgt nach 3 bis 5 Tagen. Die Jungfische wachsen schnell und erreichen beispielsweise in Ohio bis Oktober 0,8–2,5 Inches (20–64 mm) Totallänge (vgl. auch Tabelle 6). Als Maximum nennt Trautman (1957) für Ohio 10,8 inches (274 mm) und 14,5 ounces (411 g) Gewicht. In Kansas liegt der Rekord sogar bei 12 inches (305 mm), sowie 2 pounds und 2 ounces (964 g). In Ontario erreicht *L. cyanellus* normalerweise bis 8 inches (203 mm) und mit etwa 3 inches (76 mm) wird er fortpflanzungsfähig. Die Lebenserwartung in der Natur liegt bei etwa 7 bis 9 Jahren. *L. cyanellus* ist ein Bewohner flacher Seenabschnitte, Stauseen, Teiche, Weiher und schwach fließender Gewässer. Er scheint die Wassertrübung durch Eutrophierung besser zu ertragen, als die anderen kanadischen Sonnenbarscharten.

Die Nahrung besteht insbesondere aus Insektenlarven, Mollusken und kleinen Fischen. Beispielsweise werden Culiciden-Larven im Wahlversuch gegenüber Chironomiden-Larven oder Daphnien als Nahrung bevorzugt (vgl. Abb. 65). Die Nahrungsaufnahme ist etwa bei 25 °C am höchsten (vgl. Abb. 66). Flindt u. Hemmer (1969) beschreiben Aquarienversuche, bei denen *L. cyanellus* mit Frosch- und Krötenlarven (Kaulquappen) gefüttert wurden. Ein Sonnenbarsch mittlerer Größe fraß innerhalb 30 min 55 Krötenlarven *(Bufo viridis* und *Bufo calamita)* von etwa 20–24 mm Länge, in einem anderen Versuch binnen 10 min 30 Larven. Diese Aquarienversuche sind allerdings noch kein Beleg dafür, daß Krötenquappen auch in der Natur gefressen werden, wenn artgemäße Nahrung, vor allem Insektenlarven, zur Verfügung steht. Über einen seltenen Fall des Nahrungserwerbs berichten Robert u. Hettler (1959). Im Eingangsbereich einer Höhle hängende Fledermäuse (Mexican free-tail bat, *Tadaria mexicana*) fielen nach dem Anleuchten ins Wasser und einige *Lepomis cyanellus* stürzten sich sofort auf sie. Einer der größten *L. cyanellus*

Tabelle 6. Wachstum von *Lepomis cyanellus* in Michigan. Nach Hubbs u. Cooper 1935

Alter	Standardlänge	
	Inches	mm
0+	0,8	19
1+	1,7	43
2+	2,5	63
3+	3,4	86
4+	4,0	102
5+	4,9	125
6+	5,2	132
7+	6,0	152

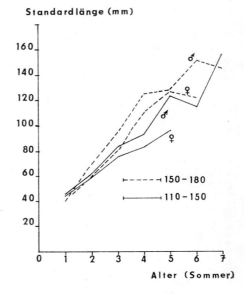

Abb. 48. Wachstumskurven beider Geschlechter von *Lepomis cyanellus* in Gewässern des USA-Bundesstaates Michigan unter verschiedenen klimatischen Bedingungen (Wachstumsperiode 110–150 bzw. 150–180 Tage). Nach Hubbs u. Cooper 1935

hatte eine Fledermaus verschluckt, deren zuckender Flügel noch aus dem Maul hervorragte.

An *L. cyanellus* wurden in Nordamerika 52 Parasitenarten nachgewiesen: 4 Protozoen, 29 Trematoden, 5 Cestoden, 7 Nematoden, 2 Acanthocephalen, 1 Blutegel und 4 Crustaceen.

Dieser Sonnenbarsch hat in einigen Teilen der USA als Speisefisch eine gewisse Bedeutung, da sein Fleisch sehr schmackhaft ist.

Lepomis auritus (Linnaeus, 1758)

S y n o n y m i e u n d B a s t a r d i e r u n g. Wichtige Synonyme sind *Labrus auritus*, *Pomotis appendix* und *Eupomotis auritus*. Naturbastarde mit *Chaenobryttus coronarius*, *Lepomis gibbosus*, *L. cyanellus* und *L. macrochirus* wurden bekannt. *Lepomis auritus* wird häufig mit dem sehr ähnlichen *L. megalotis* verwechselt.

E t y m o l o g i e. Lepomis = Kiemendeckel beschuppt, auritus = mit Ohrlappen.

T r i v i a l n a m e n. Deutsch: Großohriger Sonnenfisch, Ohrenbarsch, Mondfisch, Französisch: crapet rouge, häufigste Namen im englischsprachigen Teil Nordamerikas: Redbreast sunfish, Yellowbelly sunfish, Longear sunfish, Longears.

K ö r p e r b a u u n d F ä r b u n g. Körper relativ hochrückig (bei kanadischen Exemplaren am Beginn der Rückenflosse 32,2–39,9 % der Totallänge) und meist 5–7 inches (127–178 mm) lang; Kopflänge 28,2–30,3 % der Totallänge. Die beiden Dorsalen gehen fast ohne Eintiefung ineinander über, D_1 X–XI, D_2 10–12; Schwanzflosse schwach eingeschnitten und an den Ecken abgerundet; Anale III (–IV)/9–10, Ventralen I/5, Pectoralen (13–) 14 und 15,5–19,7 % der Totallänge lang; Augendurchmesser 20,4–26,9 % der Kopflänge; Seitenlinie vollständig; 43 bis 49 Seitenlinienschuppen; 29 bis 30 Wirbel (Angaben nach S c o t t u. C r o s s m a n 1973). Die Grundfarbe des Körpers ist schmutzig erdbraun, goldbraun bis oliv, am Rücken dunkler, Seiten mit Blauglanz und kleinen roten Flecken, Kehle und Bauch orange und besonders zur Laichzeit rot; auf der Körperseite meist acht dunkle Querbinden; unpaarige Flossen bräunlichgelb mit heller Umsäumung; Kopf mit vom Auge zum Kiemendeckelrand verlaufenden blauen Linien; Pupille schwarz, Iris rot; „Ohr" fast ganz schwarz, ohne hellen Rand.

V e r b r e i t u n g   u n d   E i n b ü r g e r u n g. Autochthones Areal ist das östliche Nordamerika, östlich der Appalachen, von New Brunswick im Norden bis in das zentrale Florida, wahrscheinlich im US-Bundesstaat Mississippi fehlend; dafür in Texas und Oklahoma eingebürgert. Nach Europa wurde die Art erstmals 1895 durch P. M a t t e /Lankwitz importiert (S t a n s c h 1914). Nach M a i t l a n d (1977) ist sie in Italien in einem kleinen Gebiet bei Rom eingebürgert.

F o r t p f l a n z u n g s b i o l o g i e ,   Ö k o l o g i e. Die Fortpflanzung ist der der bereits beschriebenen *Lepomis*-Arten ähnlich. Die Laichzeit erstreckt sich von Ende Juni bis Anfang August, bei 17–28 °C wird abgelaicht. Die Nestgruben haben 24 bis 40 inches (61,0–101,6 cm) Durchmesser und befinden sich in 6–18 inches (152 bis 457 mm) Tiefe. In New Brunswick erreicht *L. auritus* 5–7 inches (127–178 mm), maximal 8 inches (203 mm); in Connecticut werden 9,4 inches (239 mm) und 11 ounces (312 g) als Maximum angegeben. (S c o t t u. C r o s s m a n 1973).

L. auritus lebt wie alle Sonnenbarsche in stehenden oder stillen Abschnitten langsam fließender Gewässer, wobei er solche mit steinigem Boden bevorzugt. Seine Nahrung besteht aus Wasserinsekten und deren Larven, Mollusken und anderen benthischen Organismen, zu einem geringen Teil auch aus Kleinfischen.

Es wurden an *L. auritus* in Nordamerika 2 Trematoden, 1 Nematode, 1 Acanthocephale, 1 Blutegel und 1 Crustacee als Parasiten gefunden (H o f f m a n 1967).

Die wirtschaftliche Bedeutung dieses Sonnenbarsches in Nordamerika ist geringer als die der meisten anderen *Lepomis*-Arten.

Die folgende Art wurde in Europa in Teichwirtschaften gezüchtet, ist hier aber wieder verschwunden.

P o m o x i s   n i g r o m a c u l a t u s (Lesueur, 1829): Kalikobarsch, Schollenbarsch; Englisch: Black crappie, Calico bass, Strawberry bass, Speckled bass, Grass bass, Moonfish, Shiner; Französisch: marigane noire.

Die zweite Art der Gattung, *Pomoxis annularis* Rafinesque 1818, der White crappie, wurde wahrscheinlich noch nicht nach Europa importiert.

Nach S t a n s c h (1914) wurde *P. nigromaculatus* erstmals 1891 durch B o r n e nach Europa gebracht, doch gelang ihm keine Nachzucht; erneut 1895 durch M a t t e importiert und nachgezogen; später wurde Nachzucht aus der Teichwirtschaft B o r n e s zum Verkauf angeboten. *P. nigromaculatus* wird meist 18–26, maximal 49 cm lang und 5 pounds (2 268 g) schwer. Heimat: Südliches Kanada von Manitoba bis

Quebec, Mississippi-Einzugsgebiet zwischen Nebraska, Pennsylvania und dem östlichen Texas, Küstengebiet zwischen New York und Florida; in vielen anderen Gebieten Nordamerikas eingebürgert. In Mitteleuropa winterhart.

P. nigromaculatus wird in Kanada mit 2 bis 4 Jahren geschlechtsreif. Die Eiablage erfolgt wie bei anderen Sonnenbarschen in Laichgruben. Die Jungfische durchleben ein relativ langdauerndes planktonartiges Stadium. Dazu D e b s c h i t z (in B o r n e 1906): „Die Brut ist so fein, daß kein Gitter sie aufhält, daß sie aber auch nicht mit dem Gazekescher ohne große Verluste herausgefangen werden kann. Sie muß infolge des letzteren Umstandes bis zum Herbste in dem Teich bleiben, in dem sie geboren ist, oder man muß sie in einen unterhalb des Laichteiches gelegenen Streckteich abschwimmen lassen. Im ersten Sommer wird der Kalikobarsch bis 8 cm, im zweiten bis 15 cm lang."

In der Natur wird ein maximales Alter von 8 bis 10 Jahren erreicht. Die Art ist in Nordamerika ein wichtiger Speisefisch.

Weiterhin wurden und werden folgende Sonnenbarscharten in Europa in Aquarien gehalten und mehrfach ausgesetzt. Ihre zeitweilig existierenden Populationen wurden in strengen Wintern stets restlos vernichtet. *Enneacanthus obesus* (Girard, 1854): Diamantbarsch, Englisch: Banded sunfish; Heimat: Oststaaten der USA vom südöstlichen New Hampshire bis Florida; nach S t a n s c h (1914) 1895 erstmals eingeführt; mehrfach ausgesetzt (S t e r b a 1959), relativ winterhart. Der Körper trägt 5 bis 8 breite dunkle Vertikalstreifen und auf dem Schwanzstiel 19 bis 22 Schuppenreihen. Der Kiemendeckelfleck hat einen größeren Durchmesser als die Pupille.

Die zweite Art der Gattung, *Enneacanthus gloriosus* (Holbrook 1855) (engl. Bluespotted sunfish), ist *E. obesus* so ähnlich, daß sie oft mit ihr verwechselt wird. Ihre Ersteinfuhr nach Europa läßt sich daher auch nicht exakt datieren. Die Art ist in den Oststaaten der USA von New York bis Florida beheimatet. Ihr Körper weist schwache Längsstreifen und am Schwanzstiel 15 bis 19 (meist 16 bis 18) Schuppenreihen auf. Der Kiemendeckelfleck erreicht etwa 2/3 des Pupillendurchmessers.

Centrarchus macropterus (Lacèpéde, 1802): Pfauenaugen-Sonnenbarsch, Englisch: Flier, Round sunfish, Longfinned sunfish, Round bass. Die von C u v i e r aufgestellte Gattung ist monotypisch. Erstmals 1906 eingeführt (S t a n s c h 1914) und seither in Aquarien gehalten. Heimat: Mississippi-Einzugsgebiet von Virginia bis Illinois und Indiana, südwärts bis in das östliche Texas; wird bis 20 cm lang und mit etwa 8 cm laichreif. *Mesogonistius chaetodon* (Baird, 1854): Scheibenbarsch, Englisch: Blackbanded sunfish; Gattung monotypisch; nach S t a n s c h (1914) erstmals 1897 importiert und seither am häufigsten in Aquarien gehaltener Sonnenbarsch. Heimat: New Jersey, Maryland und bei New York; pro Laichakt etwa 200 bis 800 Eier; nach einem Jahr mit 5–6 cm geschlechtsreif.

Hinzu kommen 5 Arten der Gattung *Elassoma*. Sie unterscheiden sich von anderen Sonnenbarschen durch geringe Körpergröße, Fehlen der Seitenlinie und einen deutlichen Geschlechtsdimorphismus:

Elassoma evergladei Jordan, 1884: Zwergsonnenbarsch, Englisch: Everglades pygmy sunfish.

sunfish. Diese Art wurde erstmals 1925 nach Mitteleuropa importiert und in Aquarien und Gartenteichen gezüchtet. Heimat: Nordkarolina bis Florida; H e e s e (1975) fand bei Daytona/Florida die Normalform sowie eine attraktive Farbvariante und gibt eine Habitatbeschreibung.

Die Zahl der abgelegten Eier pro Weibchen beträgt 50 bis 90. Die bei 15–25 °C nach 2 bis 6 Tagen schlüpfenden Jungfische sind bei günstigen Wachstumsbedingungen nach 3 bis 4 Monaten fortpflanzungsfähig (P a l u t z k i 1955, F r e y 1966). *E. evergladei* kann Temperaturen nahe dem Gefrierpunkt längere Zeit ertragen, den Winter in normal temperierten Gewässern Mitteleuropas aber nicht überstehen. In einem anthropogenen Warmgewässer im Erzgebirge/Bez. Karl-Marx-Stadt wurde von Aquarianern eine kleine Population angesiedelt, ist aber wahrscheinlich 1988 (nach wenigen Jahren) bereits wieder erloschen.

Elassoma zonatum Jordan, 1877: Gestreifter Zwergsonnenbarsch, Englisch: Banded pygmy sunfish.

Nach S t e r b a (1959) wurde er bereits nach Europa importiert, ist aber wieder verschwunden. (Zur Biologie der Art vgl. W a l s h u. B u r r (1984)

Elassoma okefenokee Böhlke, 1956 Okefenokee-Zwergsonnenbarsch, Englisch: Okefenokee pygmy sunfish.

Endemit der Okefenokee-Sümpfe, Georgia/USA; 1980 in die BRD importiert und nachgezüchtet (D a u l 1982).

3.2.2. Katzenwelse (Ictaluridae)

Die Katzenwelse (Ictaluridae) sind eine je nach Autorenauffassung aus 5 oder 6 Gattungen *(Ictalurus, Noturus, Pylodictis, Satan, Schilbeodes* und *Trogloglanis)* bestehende Familie der Welsartigen (Siluriformes) mit etwa 35 rezenten Arten. Ihr autochthones Areal beschränkt sich auf die subtropische und gemäßigte Zone Nordamerikas. Im Gebiet der USA kommen 23 Arten vor, in Kanada 7 und weitere im Nordosten von Mexiko.

Katzenwelse sind schuppenlose, langgestreckte, fast drehrunde Fische mit abgeplattetem Schwanzstiel, breitem Maul und 8 Barteln. Der erste Strahl der Rücken- und Brustflossen ist als Stachel ausgebildet. Die Seitenlinie ist gut sichtbar, aber nicht immer vollständig. Katzenwelse werden 10–70 cm lang.

Nach Europa wurden Vertreter der Gattung *Ictalurus* importiert und zum Teil eingebürgert. Von den anderen Gattungen der Familie ist *Ictalurus* wie folgt zu unterscheiden:

- *Satan* und *Trogloglanis* sind augen- und pigmentlos
- bei *Noturus* und *Schilbeodes* berührt die Fettflosse die Schwanzflosse
- bei *Pylodictis* ist das Band der Praemaxillarzähne U-förmig gebogen, bei *Ictalurus* dagegen gerade.

Die Gattung *Ictalurus* Rafinesque (Trivialnamen in Nordamerika Channel catfishes und Bullheads) besteht aus 11 Arten, von denen in den USA *I. punctatus* (Channel catfish), *I. lupus* (Headwater channel catfish), *I. pricei* (Pacific channel catfish), *I. catus* (White catfish), *I. furcatus* (Blue catfish), *I. platycephalus* (Flathead bullhead), *I. natalis* (Yellow bullhead), *I. melas* (Black bullhead) und *I. nebulosus*

(Brown bullhead) vorkommen, in Kanada dagegen nur *I. natalis*, *I. punctatus*, *I. melas* und *I. nebulosus*. Die beiden letztgenannten Arten sind in Europa eingebürgert worden.

Die Körperform der Arten der Gattung *Ictalurus* ist relativ einheitlich und familientypisch. Die Schwanzflosse kann abgerundet und ohne Einschnitt, aber auch tief eingeschnitten, wie bei *I. furcatus*, sein. Die „Catfishes" und „Bullheads" sind in Nordamerika hochgeschätzte Speisefische. Ihr weißes, festes Fleisch macht sie zu einem gefragten Artikel der kommerziellen Flußfischerei, so daß die Nachfrage mitunter größer als das Aufkommen ist. Nach B a r n i c k o l u. S t a r r e t t (1951) machen Catfishes und Bullheads (Gattung *Ictalurus*) zusammen etwa $1/5$ bis $1/6$ des Fischfanges im Mississippi aus, die Catfishes 15–25 % und die Bullheads 1–5 %. Auch bei den Anglern in Nordamerika erfreuen sich die Katzenwelse großer Beliebtheit. Im Mississippi von Iowa bis Missouri sind die mit Abstand wichtigsten *Ictalurus*-Arten *I. punctatus*, *I. platycephalus* und *I. furcatus* (Channel-, Flathead- und Blue catfish). An Bullheads werden dort 3 Arten gefangen, unter denen *I. melas* mit 5,6 % des Fanges absolut dominiert, wogegen *I. nebulosus* sehr selten auftritt. Im Frühjahr werden zum Fang häufig Korbreusen zur Anlockung der Männchen mit laichreifen Weibchen beködert.

Resultierend aus der großen Bedeutung in Nordamerika hat man versucht, Katzenwelse auch in Europa als Speisefische zu nutzen. Ein Grund für den bisher geringen Erfolg scheinen europäische Verzehrgewohnheiten zu sein, die Katzenwelse offenbar wenig attraktiv erscheinen lassen. Die beiden eingebürgerten Arten erwiesen sich außerdem als zu langsamwüchsig. Nach M i h a l i k (1982) wird gegenwärtig in einigen europäischen Ländern versucht, den Marmorwels *(Ictalurus punctatus marmoratus)* als Nutzfisch in die Binnenfischereibetriebe einzuführen.

B o r n e (1891) versuchte auch eine weitere Katzenwelsart einzuführen, was aber offensichtlich mißlang. Es ist nicht sicher, ob es sich bei der „Fleckenwels oder Gabelschwanz *(Amiurus caudafurcatus)*" genannten Art um *Ictalurus furcatus* gehandelt hat. B o r n e schreibt dazu: „Mr. Fred M a t h e r sandte mir ... im Dezember 1888 eine Anzahl Fleckenwelse aus dem Ohioflusse, von denen 18 wohlbehalten in Berneuchen anlangten und im Frühjahr 1891 noch 16 Fische lebten. Sie haben noch nicht gelaicht, obgleich sie schon 1890 fortpflanzungsfähig waren."

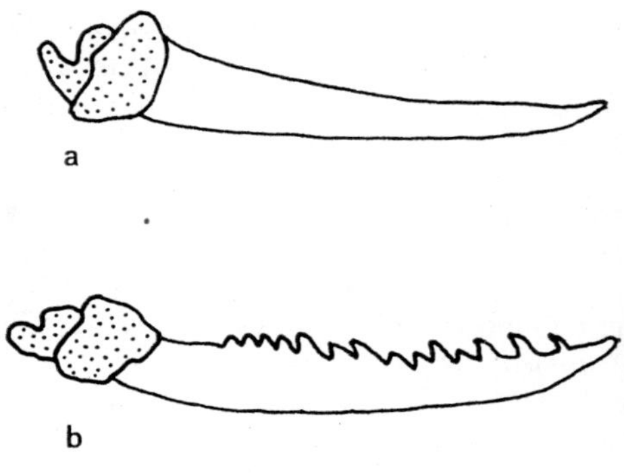

Abb. 49. Dorn in der linken Brustflosse.
A *Ictalurus melas*, B *Ictalurus nebulosus*.
Nach S c o t t u. C r o s s m a n 1973

Die beiden in Europa eingebürgerten *Ictalurus*-Arten sind wie folgt zu unterscheiden:
- Rückenflossenmembranen hell; Afterflosse meist mit 21 bis 24 Strahlen; an hinteren Brustflossendornen deutliche Fäden; Brustflossendornen innen stark gesägt . . . . *Ictalurus nebulosus*
- Rückenflossenmembranen dunkel; Afterflosse meist mit 17 bis 21 Strahlen; Fäden an hinteren Brustflossendornen schwach entwickelt oder fehlend; Brustflossendornen innen ungesägt . . . . *Ictalurus melas*

3.2.2.1. *Ictalurus nebulosus* (Lesueur, 1819)

S y n o n y m i e : Erstbeschreibung als *Pimelodus nebulosus* (locus typicus: Delaware river bei Philadelphia); weitere wichtige Synonyme: *Silurus coenosus, Pimelodus vulgaris, Pimelodus felis, Pimelodus catus, Ameiurus vulgaris, Ameiurus lacustris*. In der deutschsprachigen Literatur war die Art bis vor wenigen Jahren unter dem Namen *Ameiurus* oder *Amiurus nebulosus* bekannt.

E t y m o l o g i e. Ictalurus = Katzenfisch; Ameiurus, Amiurus = mit nicht eingekerbter Schwanzflosse (durch Irrtum entstanden, denn bei einzelnen Arten kann die Schwanzflosse sogar tief eingekerbt sein); nebulosus = mit wolkiger, dunkler Zeichnung.

T r i v i a l n a m e n. Deutsch: Katzenfisch, Katzenwels, Zwergwels; Französisch: barbotte brune; im englischsprachigen Teil Nordamerikas: Northern brown bullhead, Brown bullhead, Marbled bullhead, Common bullhead, Brown oder Common catfish, Mudcat, Hornpout, Minister.

S y s t e m a t i s c h e S t e l l u n g. Die verwandtschaftliche Stellung zu den anderen Arten der Gattung wurde bereits in der Familienbeschreibung kurz dargestellt. *Ictalurus nebulosus* ist die in Nordamerika am weitesten nach Norden vordringende Art der Familie.

Bastardierung ist bei Katzenwelsen offenbar selten. Naturbastarde sind von *I. nebulosus* lediglich mit dem besonders im Jugendstadium sehr ähnlichen *Ictalurus melas* bekannt. Beide Arten kommen aber nur selten im gleichen Lebensraum vor. In Kanada wurden Bastarde zwischen beiden Arten beispielsweise im Erie-See gefunden (S c o t t u. C r o s s m a n 1973).

Von *I. nebulosus* sind zwei Unterarten bekannt. Die nördliche, *I. nebulosus nebulosus*, bewohnt das Gebiet nördlich des US-Bundesstaates Virginia und des Ohio-Flusses und einer bis North Dakota verlaufenden Linie (H u b b s u. L a g l e r 1958). Südlich davon lebt die Unterart *I. nebulosus marmoratus* (H o l b r o o k , 1855), die größer und schnellwüchsiger ist. Die größten Exemplare der Art wurden aus Florida bekannt (C a r l a n d e r 1969). Die in Europa eingebürgerten *I. nebulosus* gehören zur Nominatform. Diese zeigt nach S c o t t u. C r o s s m a n (1973) in Kanada den Trend, im Westen des Landes weniger Wirbel (34–35) als im Osten und Ontario (36–39) sowie im südwestlichen Ontario mehr Weichstrahlen in der Brustflosse (8–9) als im Nordosten (7–8) zu haben. Dies muß allerdings noch durch mehr Untersuchungsmaterial untermauert werden und berechtigt nicht zur Abspaltung einer neuen Unterart.

Körperbau und Färbung. Der Körper von *I. nebulosus* ist gattungstypisch geformt, massig, rund und kopflastig, im hinteren Teil seitlich abgeflacht. Die folgenden Größenangaben nach S c o t t u. C r o s s m a n (1973) betreffen *I. nebulosus nebulosus* aus Kanada, von New Brunswick bis Ontario, bei meristischen Angaben auch Individuen aus British Columbia. Die größte Körperhöhe, am Beginn der Dorsale (30,4 bis 34,3 % der Totallänge von der Schnauzenspitze entfernt), beträgt 17,7–26,3 % der Totallänge (TL); die Schwanzstielhöhe beträgt 8,1–9,9 % der TL; der massige Kopf ist 22,6–26,3 % der TL lang, sehr breit und oben flach gerundet bis geringfügig konkav; Augen klein (10,0–18,7 % der Kopflänge) und etwas hervorstehend, Pupille schwarz, Iris silber- bis goldglänzend. Die Länge des breiten Maules beträgt 35,6 bis 44,2 % der Kopflänge. Es ist endständig und der Oberkiefer etwas länger als der Unterkiefer. Die paarigen Nasenlöcher sind weit voneinander entfernt. Von den 4 Bartelpaaren sind die Maxillarbarteln die längsten. Sie reichen bis zum Kiemendeckelrand oder Beginn der Brustflossen. Die Barteln werden starr nach vorn gestreckt getragen, doch ihre Enden sind meist in Bewegung.

Von den Flossen tragen Dorsale und Pectoralen je einen vorderen Hartstrahl, der in senkrechter Position arretiert werden kann und bei Predatoren oder beim Menschen oft zu unangenehmen Verletzungen führt. Die Fettflosse ist relativ lang (10,7 bis 14,7 % der TL) und fleischig. Die Dorsale hat I/6, seltener I/7 Strahlen; die am Ende schwach gerundete bis geringfügig konkave Caudale hat 22, seltener 23 Weichstrahlen. Die Anale ist an der Basis 17,5–20,7 % der TL lang, etwa halb so hoch und an der Kante gerundet. Sie hat 18 bis 21 Weichstrahlen (ohne 2 rudimentäre Strahlen), nach anderen Autoren, z. B. F r a n k e (1985) sind es 21 bis 22 Strahlen. Die kurzen, in Afternähe stehenden Ventralen reichen mit den Spitzen fast bis zum Beginn der Anale und haben 8 Weichstrahlen. Die relativ hoch am Körper angesetzten Pectoralen tragen vorn einen kräftigen, stark gesägten Hartstrahl und 7 bis 9, meist 8 Weichstrahlen. Die Haut ist nackt und drüsenreich, die Seitenlinie vollständig und völlig gerade in Körpermitte verlaufend. Das Peritoneum ist silbern bis grau gefärbt und kaum gefleckt. Wirbelzahl 34–39 + Webersches Organ.

In Kanada erreicht *I. nebulosus* normalerweise 8–14 inches (203–356 mm) Länge. Nach L a n g l o i s (1936, zit. bei S c o t t u. C r o s s m a n 1973) variiert das Gewicht von 0,8–16,9 inches (22–431 mm) langen Exemplaren zwischen 0,01–38,75 ounces (0,3–1 100 g) und lag bei den am meisten gefangenen zwischen 8,3 und 12,9 ounces (235–365 g), was einer Totallänge von 9,9–11,8 inches (252–301 mm) entspricht. T r a u t m a n (1957) nennt als Maximalwert für Ohio 18,8 inches (478 mm) und 3 pounds und 14 ounces (1 757 g). Nach C a r l a n d e r (1969) wird *I. nebulosus marmoratus* in Florida nach Angaben von Anglern 20,9 inches (532 mm) lang und 6–8 pounds (2 721–3 628 g) schwer. Europäische Autoren geben für *I. n. nebulosus* meist 40 cm, für *I. n. marmoratus* 45 cm als maximal mögliche Größe an. Diese wird jedoch in Mitteleuropa selten erreicht. Nach C r e u t z (1963) sind in der Niederlausitz bereits Exemplare von 20–25 cm „große Stücke". Hier haben Katzenwelse mit 19 cm 145 g, mit 20 cm 165 g, mit 21 cm 175 g und mit 22 cm 186 g Gewicht. Gemäß Liste der DDR-Rekordfische der Zeitschrift „Deutscher Angelsport" hielt den Rekord ein 1981 gefangenes Exemplar von 36 cm und 1,250 kg Gewicht, das 1986 durch ein Exemplar von 41,5 cm und 1,550 kg abgelöst wurde.

Die Färbung der Oberseite einschließlich des Kopfes ist braun bis grau, vor allem bei Jungtieren blauschwarz bis schwarzgrau, nach dem Bauch zu schwach aufgehellt, dieser selbst ist blaßgelblich bis schmutzigweiß; Flossen wie der Körper gefärbt, aber matter und mitunter grünlichbraun; Barteln dunkelbraun bis fast schwarz, die Kinnbarteln mit heller Basis. Der Körper von *I. nebulosus marmoratus* ist heller, dunkelbraun bis grünlichbraun. Darüber liegt eine kontrastreiche Marmorierung, die auch auf Schwanz- und Afterflosse übergreift.

Besonders bemerkenswert sind die sinnesphysiologischen Leistungen der Katzenwelse, die vor allem an *Ictalurus nebulosus* untersucht wurden. *I. nebulosus* kann verschiedene Geräusche gut unterscheiden. P o g g e n d o r f (1952) ermittelte als absolute Hörschwelle 60–10 000 Herz. Die Schallempfindlichkeit der Hörorgane des Zwergwelses ist im optimalen Frequenzbereich (etwa 800 Hz) gleich der des Menschen und eines Vogels (Dompfaff, 3200 Hz), dagegen ist die Schallempfindlichkeit bei tieferen Frequenzen wesentlich kleiner als bei Mensch und Vogel. Nach R o t h (1969) ermöglichen in der Haut dieses Welses verstreute „small pit organs" ihm sogar die Wahrnehmung schwacher elektrischer Ströme. Sie können auch ein konstantes Gleichstromfeld wahrnehmen, ebenso dessen Polarität, wenn sie sich in ihm bewegen. Beispielsweise wurden die 5 cm langen Versuchstiere einem inhomogenen Gleichstromfeld (Stromdichte $\leq$ 0,0006 µA/mm², Stromdichtegradient $\leq$ 0,0003 µA/mm²/mm) ausgesetzt und nahmen es wahr. Die „small pit organs" reagieren nur auf Strom, der entlang der Längsachse ihres Ampullenkanals, also senkrecht zur Hautoberfläche fließt. In Flüssen wurden nach R o t h (1969) Gleichstromfelder gemessen, deren Verlauf im Querprofil an den Ufern starke Sprünge aufwies. Es wäre also möglich, daß diese Fähigkeit der Orientierung in Fließgewässern dient.

Der Geruchs- und Geschmackssinn hat bei der Nahrungsauffindung sicher eine überragende Bedeutung. Wie man sich bei der Fütterung im Aquarium leicht überzeugen kann, ist zur Auslösung des Suchverhaltens eine Berührung des Nahrungsbrockens mit den Barteln nicht erforderlich.

V e r b r e i t u n g u n d E i n b ü r g e r u n g. Das natürliche Verbreitungsgebiet von *I. nebulosus* beschränkt sich auf die Süßgewässer (selten Brackwasser-Gewässer) des östlichen und zentralen Nordamerika. Nach S c o t t u. C r o s s m a n (1973) erstreckt sich dieses Areal von den maritimen Provinzen Kanadas nach Süden bis einschließlich Florida, und zwar an der Küste des Golfes von Mexiko westwärts nur bis in das zentrale Alabama. Weiter verläuft die westliche Arealgrenze durch den Norden des Bundesstaates Mississippi, durch Arkansas, schließt Oklahoma ein und schwenkt im Süden von Missouri zurück an den Mississippi, dann flußaufwärts bis North Dakota, wo die Art selten ist, durch den Süden des kanadischen Saskatchewan, Manitoba und eine kleine Südwestecke von Ontario, spart den Lake Superior aus, schließt die anderen großen Seen ein und steigt an der Küste bis New Brunswick und Nova Scotia empor. Südlich des Saskatchewan-Flusses erreicht das Areal etwa bei 53° n. B. den nördlichsten Punkt und in der Südspitze der Halbinsel Florida mit 25° n. B. den südlichsten Punkt.

Außerdem wurde *I. nebulosus* in Nordamerika außerhalb des natürlichen Areals in Californien und Idaho, im unteren Fraser River in British Columbia und in einigen Seen des Südens der Vancouver-Inseln eingebürgert.

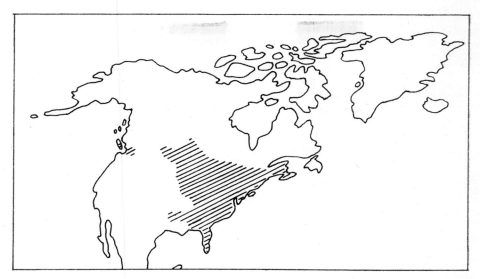

Abb. 50. Verbreitung von *Ictalurus nebulosus* in Nordamerika. Nach S c o t t u. C r o s s m a n 1973

Als erster in Europa bekam der bekannte Fischzüchter C a r b o n n i e r in Paris 1871 (?) einige *I. nebulosus*, die aber durch ein Versehen in die Seine entkommen konnten. Wenige Jahre später, nach D e b s c h i t z (in B o r n e 1906) im Sommer 1885, erhielt M. v. d. B o r n e durch S. F. B a i r d / Washingthon 50 junge *I. nebulosus*, die mit einem Schnelldampfer nach Europa gebracht wurden. Schon 1891 konnte B o r n e bekanntgeben, daß für die Einbürgerung der Art gute Voraussetzungen geschaffen wurden: „Von 1887 bis 1890 habe ich 2 225 einsömmrige Zwergwelse gezüchtet, 300 in einen See eingesetzt, 10 laichfähige und 665 einsömmrige Fische an andere Fischzüchter und an Aquarianer weitergegeben, und besitze jetzt 325 Zwergwelse, die größtenteils laichfähig sind." Nach S t a n s c h (1914) wurde *I. nebulosus* nochmals 1893 von P. M a t t e / Lankwitz nach Mitteleuropa eingeführt. Es ist jedoch anzunehmen, daß die heutigen Wildbestände in zahlreichen Ländern Europas vor allem auf Nachzucht des Importes von B o r n e zurückgehen.

Ictalurus nebulosus ist heute eine der verbreitetsten und häufigsten allochthonen Wildfischarten Europas, besiedelt aber wie alle eingebürgerten Arten ein stark zersplittertes Areal, dem eine generalisierende Kartendarstellung kaum gerecht wird. M a i t l a n d (1977) stellt ein geschlossenes Verbreitungsgebiet dar, das nach Westen hin nur die Iberische Halbinsel und eine kleine Nordwestspitze von Frankreich (zwischen Brest und Rennes) ausläßt. Weiterhin fehlt er nach M a i t l a n d auf den Britischen Inseln, in Italien südlich des Arno und auf den Mittelmeerinseln. Im Osten fehlt er bereits in Jugoslawien und Rumänien, dringt höchstens in Randgebiete der UdSSR (z. B. Litauen) vor und fehlt mit Ausnahme des finnischen Seengebietes auch in Skandinavien. M ü l l e r (1983) bezieht in seiner Kartendarstellung Groß-

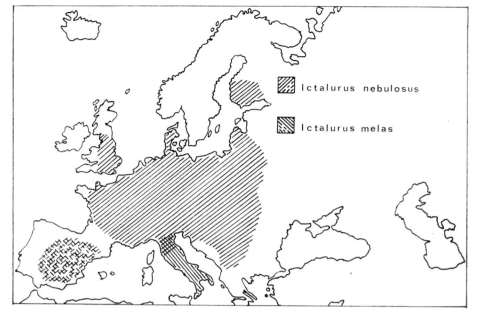

Abb. 51. Verbreitung von *Ictalurus nebulosus* und *Ictalurus melas* in Europa. Zusammengest. nach versch. Autoren

britannien bis etwa Newcastle und das nördliche Jugoslawien mit in das Verbreitungsgebiet ein. Nach D e S o s t o a et al. (1984) kommt *I. nebulosus* wie *I. melas* auch in Spanien vor. Ebenso ist wahrscheinlich, daß *I. nebulosus* noch wesentlich weiter nach Osten, in das Gebiet der UdSSR vordringt.

Im folgenden einige Beispiele zur Verbreitung in Europa: Nach B u s n i t a (1967) wird *I. nebulosus* in der Donau zwischen den Kilometern 1100 und 1600 gefischt, ist aber im rumänischen Donausektor unbekannt. Laut T ó t h (1960) hat sich der um die Jahrhundertwende eingebürgerte Katzenwels im ungarischen Donauabschnitt gut akklimatisiert. Allerdings kommt er von Gönyü (bei Györ) aufwärts (Stromkilometer 1791) weder im Hauptstrom, noch in Nebengewässern vor. Zwischen Gönyü und Paks (Stromkilometer 1791–1530) trifft man nur einige Exemplare, besonders an Zuflüssen. Massenhaft tritt die Art nur unterhalb von Paks in den Nebengewässern von Mohács und Baja auf. Besonders zahlreich und stark verbuttet ist er im Seitenkanal des Franz-Kanals bei Sugovica. In der ČSSR kommt er in der Nähe des Lion-Sees bei Čičov, also noch wenig oberhalb von Gönyü, vor (B a l o n 1959).

Für das Bundesland Niedersachsen der BRD führt G a u m e r t (1981) die Art für 71 5,5×5,5 km-Fundortquadranten (Nachweise seit 1976) an. Die Fundorte konzentrieren sich vor allem auf die Aller, aber auch Weser und Elbe und deren Niederungen.

Abb. 52. Fundorte von *Ictalurus nebulosus* in der DDR seit 1972. Orig.

Ictalurus nebulosus kommt in Europa etwa bis 63° nördlicher Breite (Südfinnland) vor, also 10 Breitengrade weiter nördlich, als in Kanada. Die Südgrenze des gegenwärtigen Areals liegt in Europa etwa bei 42–43° n. B., wogegen *I. nebulosus nebulosus* in Nordamerika etwa bis 37° n. B. und die Unterart *I. nebulosus marmoratus* sogar bis 25° n. B. nach Süden vorkommt.

Für die DDR veröffentlichte C r e u t z (1963) eine erste regionale Zusammenfassung der Vorkommen in der Oberlausitz. Die ersten Katzenwelse sollen hier etwa 1896 durch Herrn von W i t z l e b e n bei Altdöbern ausgesetzt worden sein. C r e u t z nennt insgesamt 15 Vorkommen, die sich auf die Umgebung der Orte Jahmen und Wessel konzentrieren oder sich in Nähe der Fließgewässer Schwarzer und Weißer Schöps, Große und Kleine Spree, Löbauer Wasser und Schwarzwasser zwischen Bautzen und Spremberg befinden. Viele seiner Fundorte stammen allerdings aus der Zeit vor 1945 und dürften zum Großteil durch Bekämpfungsmaßnahmen, Braunkohletagebau usw. verschwunden sein. Die mir zusätzlich bis 1986 in der DDR bekannt gewordenen Fundorte (fast ausschließlich Nachweise nach 1975) gehen auf Mitteilungen in der Zeitschrift „Deutscher Angelsport", sowie briefliche Mitteilungen insbesondere von R. D o n a t / Schlabendorf, P. F r o m m / Krensitz, H.

H r n č i r i c k / Halberstadt und H. L ä n g e r t / Pulsnitz zurück, wofür ich den Genannten herzlich danke. Nach diesen Daten ist die Lausitz noch immer das wichtigste Verbreitungsgebiet in der DDR, was 14 Fundorte im Bezirk Cottbus belegen. Es folgen die Bezirke Leipzig mit 8 Fundorten, Dresden mit 6, Halle mit 5, Potsdam mit 3 und Rostock mit 2 Fundorten.

Da eine exakte ichthyofaunistische Kartierung in der DDR erst begonnen hat, ist mit weiteren Vorkommenskonzentrationen zu rechnen. Das gilt nach Z u p p k e (14. 2. 1988 in litt.) vor allem für das Mittelelbegebiet und das Gebiet der unteren Mulde, wo der Katzenwels von der Binnenfischerei „zentnerweise" gefangen und auch auf den Markt gebracht wird. Diese Vorkommen gehen wahrscheinlich auf die bei B a u c h (1958) genannte Aussetzung von 100 000 Katzenwelsen im Jahre 1904 zurück.

Konzentrationen der Vorkommen in der DDR befinden sich in der Nähe der Flüsse Spree, Dahme, Schwarze Elster, Elbe, Vereinigte Mulde und nur je 1 Fundort an der Saale und Weißen Elster. Zwei Nachweise betreffen die Umgebung von Straßberg/Harz (1964/65). Im Norden der DDR soll *I. nebulosus* nach W i n k l e r u. B a s t (1981) vor 1954 in der Unterwarnow vorgekommen sein. Ein Fund im Stechlinsee ist durch Titelfoto auf „Deutscher Angelsport" 2/1972 belegt. Mit einer größeren Zahl weiterer Fundorte ist zu rechnen.

B i o t o p a n s p r ü c h e. Nach S c o t t u. C r o s s m a n (1973) ist *Ictalurus nebulosus* ein Süßwasserfisch, der nur selten auch im Brackwasser angetroffen wird. Im Ästuar des Miramichi River fand man in 12 m Tiefe bei einer Salinität zwischen 0,8 und 1,5 %.

In Kanada lebt dieser Katzenwels meist nahe dem Gewässerboden, im Flachwasser großer Seen und in den warmen Abschnitten von Teichen, kleinen Seen, in flachen Buchten großer Seen und breiter, langsam fließender Flüsse mit gut entwickelter submerser Vegetation und sandigem bis schlammigem Boden. In kalten, nahrungsarmen Seen größerer Höhenlage bilden sich kümmerwüchsige Bestände. *I. nebulosus* ist sehr tolerant gegen Wasserverunreinigung, niedrigen Sauerstoffgehalt und relativ hohe Kohlendioxidkonzentrationen. Im Winter kann er noch bei 0,2 ppm ($=$ mg/l) Sauerstoff überleben. Diese Fischart ertrug bei Akklimatisationstemperaturen von 6–36 °C im Experiment 28,6–37,5 °C. Bei zeitweilig pessimalen Bedingungen kann sie diese im Schutz des Bodenschlammes überstehen. Deshalb ist es schwer, *I. nebulosus* in einem Gewässer mit chemischen Bekämpfungsmitteln auszurotten, was gelegentlich versucht wird, um für den Besatz mit wirtschaftlich wertvollen Speisefischen und andere Wildfische als Nahrungskonkurrenten zu beseitigen. Aufgrund seiner Zählebigkeit ist *I. nebulosus* beispielsweise in einigen stark abwasserbelasteten Flüssen bei Montreal die einzige noch vorhandene Fischart.

Von den Fundorten in der DDR sind 30 % kleine bis größere Fließgewässer, etwa 5 % Kanäle, 10 % Seen, mindestens 30 % Teiche, der Rest stillgelegte Ton- und Kiesgruben, Altarme von Flüssen, Stauseen, ein Bad und andere Gewässer.

N a h r u n g. Die Zusammensetzung der Nahrung wird wesentlich durch die Art des Nahrungserwerbs bestimmt. Die Nahrungsaufnahme erfolgt bei *I. nebulosus* überwiegend nachts, die Beute wird vor allem mittels des Geruchs- und Geschmackssinnes aufgespürt, und es werden fast ausschließlich benthische oder sich in Bodennähe aufhaltende Organismen gefressen. Nach S c o t t u. C r o s s m a n (1973) besteht die Nahrung in Kanada aus Abfällen, Mollusken, Insektenlarven, terrestrischen Insekten, Egeln, Algen und anderem pflanzlichen Material, Crustaceen (Decapoden und planktischen Arten), Würmern, Fischen und Fischlaich. *I. nebulosus* ist also weitgehend omnivor. Man kann davon ausgehen, daß ein nicht geringer Teil der Nahrung, vor allem anthropogene Abfälle und ertrunkene terrestrische Insekten, als unbelebte organische Substanz aufgenommen wird, was die Bedeutung der chemischen Sinne beim Nahrungserwerb unterstreicht.

Jungtiere von etwa 30–60 mm Länge fressen in Nordamerika vor allem Chironomidenlarven, Cladoceren, Ostracoden, Amphipoden, Wanzen und Eintagsfliegenlarven. Mit weiterem Wachstum werden Cladoceren zunehmend durch Hemipteren und Ostracoden ersetzt. Jungfische spielen in der Nahrung eine relativ geringe und Fischlaich eine mehr zufällige Rolle. Die meisten nordamerikanischen Autoren sind nach S c o t t u. C r o s s m a n jedenfalls der Auffassung, daß insbesondere das Fressen von Fischlaich in der Literatur sehr übertrieben wurde. Dieser Vorwurf ist in das europäische Schrifttum übernommen worden, ohne durch eigene Untersuchungen belegt zu sein, z. B. S c h i n d l e r (1968): „Nahrung: In der Jugend kleine Wassertiere, im Alter vor allem Jungfische und Fischlaich. Als Laichräuber schädlich." Ernster zu nehmen ist sicher der Einfluß der Katzenwelse auf andere Fischarten durch Nahrungskonkurrenz.

F e i n d e. Trotz der Schutzstacheln in Brust- und Rückenflossen wird *I. nebulosus,* insbesondere die Jungfische, von anderen Fischarten gefressen. Häufig wurde in Nordamerika von Fischen berichtet, deren Körperwand von Innen durchbohrt war von Katzenwelsstacheln, die aus der Haut hervorragten. Die Wunde um die Stacheln war oft schon gut ausgeheilt und schien die betroffenen Fische nicht zu behindern. In der Reihenfolge der Bedeutung werden sie nach S c o t t u. C r o s s m a n in Kanada vor allem von folgenden Fischarten gefressen: Chain pickerel *(Esox niger)*, Northern pike *(Esox lucius)*, Muskellunge *(Esox masquinongy)*, Walleye *(Stizostedion vitreum)* und Sauger *(Stizostedion canadiense)*. Es ist daher anzunehmen, daß in Europa der europäische Hecht *(Esox lucius)* und der Zander *(Stizostedion lucioperca)* wichtige Predatoren für *I. nebulosus* sind.

P a r a s i t e n. *Ictalurus nebulosus* ist in Europa nicht nur mit anderen Nahrungstier-Arten und Freßfeinden konfrontiert, auf die er sich „einstellen" muß, sondern die betreffenden Arten müssen das auch gegenüber *I. nebulosus* tun. Das betrifft insbesondere die Parasitenfauna. Sofern nicht wirtsspezifische Parasiten-Arten aus Nordamerika mit den Fischen eingeschleppt wurden, was wenig wahrscheinlich ist, wird eine „neue" Fischart zunächst von relativ wenigen wirtsunspezifischen Arten parasitiert. Daraus resultiert wahrscheinlich die bei vielen eingebürgerten Pflanzen- und Tierarten zu beobachtende, zunächst starke Vermehrung, der dann meist wieder ein langsamer Rückgang folgt.

In Nordamerika wurden nach H o f f m a n (1967) bis dahin folgende Parasiten von *I. nebulosus* nachgewiesen: 4 Arten Protozoa, 16 Trematoda, 8 Acanthocephala, 5 Blutegel, 1 Mollusca und 9 Protozoa. Die Entwicklung von doppelten und dreifachen Augenlinsen wurde bei der Parasitierung durch *Diplostomum* spec. beobachtet.

Über die Einschleppung von Parasiten aus Nordamerika mit *I. nebulosus*-Importen ist nichts bekannt.

Fortpflanzung. In Kanada laicht *Ictalurus nebulosus* im Spätfrühling und Sommer, zumeist Mai und Juni, wenn die Wassertemperatur etwa 70 °F (21,1 °C) erreicht. Im südlichen Teil des Areals kann das Laichen bis September andauern und ein Individuum kann mehrmals im Jahr ablaichen. Für Europa sind die Angaben zur Laichzeit recht unterschiedlich. Sie schwanken zwischen den Extremen „März bis Mai. Bevorzugte Laichtemperatur 18–20 °C" (S c h i n d l e r 1968) und bis „Juni-Juli im warmen, flachen Wasser" (M a i t l a n d 1977).

Zu Beginn legen ein oder beide Elterntiere eine flache Nestmulde an, die im Durchmesser etwa ihrer Körperlänge entspricht. Die Laichgruben befinden sich in einer Wassertiefe ab etwa 15 cm, meist im Schutz von Baumwurzeln, Felsen oder überhängendem Ufer. Sogar zum Schutz der Boote an die Anlegestellen genagelte Autoreifen werden als Nester benutzt. Vor dem Ablaichen kreisen die Tiere oft über dem Nest und berühren sich häufig mit den Barteln. Das Ablaichen findet vorwiegend am Tage statt. Die Welse lassen sich dazu in Körperkontakt in der Grube nieder, die Köpfe in verschiedene Richtungen haltend, und laichen ohne Umschlingung ab. Es finden viele einzelne Ablaichvorgänge hintereinander mit ständig steigender Eizahl statt. Nach S c o t t u. C r o s s m a n (1973) können Weibchen von 8–13 inches (203–331 mm) Totallänge 2 000–13 000 Eier in den Ovarien haben. S c h i n d l e r (1968) gibt die Eizahl mit 3 000–4 000, M a i t l a n d (1977) mit 6 000–13 000 an.

Die Eier sind matt kremfarbig, 3–4 mm im Durchmesser und von einer klebrigen Schleimschicht umgeben. Die Brutpflege wird von einem oder beiden Elternteilen oder dem Männchen ausgeübt (die Autorenmeinungen sind widersprüchlich). Mit den Flossen wird Frischwasser zugefächelt, das Gelege mit Barteln und Flossen berührt und mitunter einige Eier mit dem Maul aufgesaugt und wieder ausgespien. Ohne elterliche Pflege entwickeln sich die Eier nach S c o t t u. C r o s s m a n auch bei hohem Sauerstoffgehalt nicht.

Individualentwicklung. Bei 69–74 °F (20,6–23,3 °C) schlüpfen die Larven nach 6 bis 9 Tagen. Sie sind dann über 6 mm lang, gelblich und leicht transparent, beginnen aber schon am folgenden Tag dunkler zu werden. Da der große Dottersack am Schwimmen hindert, bleiben sie bis zu dessen Aufzehrung am 7. Tag nach Schlupf in der Laichgrube liegen. Dann ziehen sie in Obhut eines oder beider Elterntiere im Schwarm umher und beginnen mit der Nahrungsaufnahme. Spätestens ab 50 mm Länge der Jungfische zerstreut sich der Schwarm. Zwei mit ihrem Jungfischschwarm gefangene Elternfische hatten 610 bzw. 778 Jungfische bei sich (S c o t t u. C r o s s - m a n 1973). Die in diesem Entwicklungsstadium tiefschwarzen Jungfische erinnern sehr an Kaulquappen. Beispielsweise fand ich am 19. 7. 87 in einem Gewässer bei Mörtitz, Bezirk Leipzig, in großer Zahl etwa 4 cm lange *I. nebulosus*, die sich gemeinsam mit Jungfischen des Vorjahres am Tage in sehr dichten Beständen von Wasserpflanzen und Fadenalgen in nur 10–15 cm tiefem Wasser aufhielten, also bereits von den Elterntieren getrennt waren.

Tabelle 7. Wachstum von *Ictalurus nebulosus* in Wisconsin. Nach P e g e l , zit. bei S c o t t u. C r o s s m a n (1973)

Alter (Jahre)	Totallänge Inches	mm
2	6,0	152
3	7,6	193
4	9,5	241
5	10,5	267

In Ohio/USA werden die Jungfische im ersten Lebenssommer 2,0–4,8 inches (51 bis 122 mm) lang. In Wisconsin hat P r i e g e l (1966, zit. bei S c o t t u. C r o s s m a n) das Wachstum näher untersucht (Tabelle 7). Die Weibchen erreichen mit 3 Jahren die Geschlechtsreife und sind dann 8–13 inches (203–330 mm) lang. In Kanada sind adulte Exemplare meist 8–14 inches (203–356 mm) lang und 0,75–1 pound (340–450 g) schwer. In der Natur erreicht *I. nebulosus* nur ein Alter von 6 bis 8 Jahren.

B e d e u t u n g   f ü r   d e n   M e n s c h e n . In Kanada ist diese Welsart bei der Bevölkerung weniger beliebt, hat aber trotzdem im Süden des Landes einige wirtschaftliche Bedeutung. Ihr festes, rötlich bis rosa gefärbtes Fleisch gilt im gekochten oder geräucherten Zustand als wohlschmeckend. Für die Angler ist von Bedeutung, daß sich *I. nebulosus* relativ leicht mit Ködern verschiedenster Art fangen läßt und es für diese Fischart keine gesetzlichen Beschränkungen hinsichtlich Anzahl der mitzunehmenden Exemplare, Mindestmaß oder Schonzeiten gibt. Auch in der Teichwirtschaft ist *I. nebulosus* ein nicht selten gehaltener Fisch, der im Süden seines autochthonen Areals hohe Erträge bringt. In Kalifornien wurden solche von 486,6 Fischen per acre (1 202,4 Fische/ha) beziehungsweise 132 pounds per acre (148 kg/ha) erzielt. In Kanada (Nova Scotia lakes) waren es dagegen nur 6,7–38,0 Fische per acre (16,6–93,9 Fische/ha) und bis 5,5 pounds per acre (6,2 kg/ha). Zumindest in einigen flachen Teilen des Ontario-Sees sind jedoch selbst in Kanada höhere Erträge zu erwarten.

Der gewerbliche Fang von *I. nebulosus* in Kanada beschränkt sich vor allem auf die Provinz Ontario. Katzenwelse werden dort summarisch als „Bullheads" registriert, allerdings besteht der Fang hier fast ausschließlich aus *I. nebulosus*; die wenigen Yellow bullheads *(Ictalurus natalis)* können in der Statistik vernachlässigt werden. Demnach betrug 1966 der Fang an *I. nebulosus* in Ontario 347 721 pounds (157 723 kg) mit einem Wert von $ 59 734,66. In einigen weiter zurück liegenden Jahren war der Fang noch höher. Wichtigste Fanggründe in Kanada sind in Reihenfolge fallender Bedeutung die Southern Inland Lakes, der Ontario-See, die Northern Inland Lakes, der St. Clair-See und der Erie-See.

Bei der Einfuhr von *I. nebulosus* nach Europa zu Ende des 19. Jahrhunderts ließ man sich wohl von den guten Erträgen dieser Fischart vor allem in den USA leiten. Die von B o r n e eingeführten Fische stammten aus der Umgebung von New York. Wenn man bedenkt, daß das Einbürgerungsgebiet in Mitteleuropa etwa auf dem

Tabelle 8. Fänge von *Ictalurus nebulosus* und *Lepomis gibbosus* in der ungarischen Donaustrecke. Vom Verf. nach Angaben von T ó t h (1960) berechnet

Fangjahr	Fangmenge (in kg)
1950	53 626
1951	70 079
1952	59 034
1953	65 661
1954	68 175
1955	89 808
1956	120 658
1957	76 174
1958	82 419

gleichen Breitengrad liegt wie die nördliche Grenze des Artareals in Kanada, so waren von diesen Fischen von vornherein keine hohen Erträge zu erwarten. Nach T ó t h (1960) läßt auch im klimatisch etwas günstigeren Ungarn das Wachstum noch sehr zu wünschen übrig. Zudem neigt *I. nebulosus* in einigen übervölkerten Donau-Nebengewässern zur Massenvermehrung und Verbuttung. Die hier normalerweise 20–25 cm lang werdenden Katzenwelse erreichen dann lediglich 10–12 cm.

Im ungarischen Donauabschnitt wurden 1950 bis 1958 durchschnittlich 76 173 kg/a *Ictalurus nebulosus* plus *Lepomis gibbosus* gefangen. Leider wurden beide Arten nicht separat registriert. Der Anteil des Katzenwelses dürfte sogar etwas überwiegen. Der Fang an *I. nebulosus*/*L. gibbosus* übertraf sogar den Karpfenfang in diesem Donauabschnitt (67 939 kg/a) und betrug immerhin 11,26 % des Gesamtfischfanges in der ungarischen Donaustrecke (durchschnittlich 676 623 kg/a). Tabelle 8 zeigt, wie sich die Fänge auf die einzelnen Jahre verteilen.

Nach T ó t h ist die Steigerung des Fanges im Jahre 1956 wahrscheinlich durch Zunahme des Katzenwelses bedingt. *I. nebulosus* und *L. gibbosus* wurden damals vor allem gefangen, um sie in der Donau wieder auszurotten, was allerdings auf diesem Wege ein aussichtsloses Unterfangen ist. Auch Forellenbarsche *(Micropterus salmoides)* wurden dabei vereinzelt erbeutet.

Nach M i h a l i k (1982) erreicht *I. nebulosus* in Mitteleuropa meist nur 18–20 cm Länge und 200 g, selten bis 500 g. „In Ungarn wird er trotzdem in Flüssen intensiv mittels Netzen gefischt und wegen seines wohlschmeckenden Fleisches zu ziemlich guten Preisen verkauft." Wie der Angelrekord in der DDR belegt (41,5 cm, 1,55 kg), kann *I. nebulosus* trotz des langsamen Wachstums bei entsprechendem Alter durchaus eine als Speisefisch akzeptable Größe erreichen.

C r e u t z (1963) führt aus der Oberlausitz/DDR u. a. folgende Katzenwelsfänge an: 1926 aus einem Teich bei Gosda nahe Spremberg 16 Zentner meist 8–10 cm große Welse; Peternackteich bei Jahmen 1933 (3 Jahre nach dem Erstbesatz) 12 Zentner, 1935 sogar 30 Zentner, die vernichtet (eingegraben) wurden; 46,8 ha großer Sumperteich bei Dürrbach 1937/38 80 Zentner, in einem anderen Jahr sogar 120 Zentner, also 128,2 kg/ha! Trotz über Jahrzehnte fortgesetzter Bekämpfungsmaßnahmen (insbesondere Trockenlegung und Ätzkalkbehandlung der Teiche) gelang es nicht, die

Art in der Oberlausitz wieder auszurotten. Sieht man von einem kleinen Personenkreis ab, der den Katzenwels als Speisefisch besonders schätzt, wurde er in der Oberlausitz nur in Notzeiten gegessen (C r e u t z 1963). Dazu wird empfohlen, ihn zu räuchern oder zu gelieren und das fette, grätenarme Fleisch zu Klops zu verbacken. Nach B o r n e (1906) ist das Fleisch des Katzenwelses „orangefarbig, süß, sehr wohlschmeckend und nahrhaft. Die Haut ist mit einem dunkelfarbigen Schleim bedeckt, der vor dem Kochen entfernt werden muß, weil der Fisch sonst ungenießbar ist. Er ist sowohl gekocht wie gebacken sehr geschätzt."

Die Wertschätzungen der Speisefischqualität von *I. nebulosus* gehen also weit auseinander. In der Oberlausitz wird er laut C r e u t z (1963) meist höchstens als Schweinefutter verwendet oder einfach weggeworfen. Die Fischer betrachten ihn als „Fischunkraut", zumal sie sich mit den aufgeweichten Händen beim Sortieren der Fische leicht an den Flossenstacheln verletzen. In der Fischerei anfallende größere Exemplare werden auch in der DDR auf den Markt gebracht und finden ihre Abnehmer.

Als Angelfisch ist der Zwergwels in Mitteleuropa ebenfalls wenig geschätzt. Er soll, vor allem nach Sonnenuntergang, meist als Beifang beim Schleien- und Aalangeln auf Tauwurm oder kleinen Köderfisch an der Grundangel erbeutet werden. Da er den Köder sehr hastig und tief schluckt, ist er meist nicht ohne Verletzungen vom Haken zu lösen. Für diese Fischart gibt es in der DDR, wie wahrscheinlich in allen europäischen Ländern, keine Fangbegrenzung hinsichtlich Mindestmaß, Schonzeiten oder Anzahl der mitzunehmenden Exemplare.

3.2.2.2. *Ictalurus melas* (Rafinesque, 1820)

E t y m o l o g i e. Ictalurus = Katzenfisch, melas = schwarz

T r i v i a l n a m e n. Deutsch: Schwarzer Katzenwels, Schwarzer Zwergwels, Englisch: Black bullhead, für *I. melas melas* Northern black bullhead.

Diese Art wird aufgrund ihrer geringen Verbreitung in Europa hier nur kurz abgehandelt.

S y s t e m a t i s c h e S t e l l u n g : Naturbastarde wurden nur mit *I. nebulosus,* der *I. melas* ähnlichsten Katzenwelsart, festgestellt. Es wurde eine Unterart *I. melas catulus* beschrieben, welche die US-Bundesstaaten am Golf und den Norden von Mexiko besiedelt. Die in Europa eingebürgerten Exemplare gehören sehr wahrscheinlich der Unterart *I. melas melas* an.

K ö r p e r b a u u n d F ä r b u n g. Nach S c o t t u. C r o s s m a n (1973) wird *I. melas* 5–7 inches (127–178 mm) lang, nach M a i t l a n d (1977) jedoch 20–30 cm, maximal 45 cm, und bis 3 kg schwer. Die folgenden Angaben beziehen sich auf Exemplare aus dem Norden des autochthonen Areals (Kanada), also auf den Northern black bullhead, *I. melas melas*. Die größte Körperhöhe, am Beginn der Dorsale, beträgt bei ihnen 19,2–23,6 % der Totallänge (TL), die Kopflänge 24,5–28,5 % der TL. Die Caudale ist kurz und spatelförmig (Länge 12,2–20,4 % der TL), die Höhe des sehr kurzen Schwanzstieles beträgt 8,6–10,5 % der TL. Die Augen sind klein (Durchmesser 10,4–14,7 % der Kopflänge). Anzahl der Flossenstrahlen: Dorsale I/5–6, Caudale (ohne die beiden rudimentären Randstrahlen) 15–19, Ventralen 8, Pectoralen I/8; Seitenlinie vollständig; Wirbelzahl 34–35 + Webersches Organ. Jungtiere sind tiefschwarz gefärbt, mit weißem Bauch (vgl. Farbfoto bei F r a n k e 1985: 165) und schwer von jungen *I. nebulosus* zu unterscheiden, was in Nordamerika häufig zu Verwechslungen führt. Bei erwachsenen Exemplaren sind Oberseite des Kopfes und die obere Rumpfhälfte dunkelbraun oder oliv bis schwarz, die Seiten glänzend goldgrün und der Bauch schmutzigweiß bis gelblich.

V e r b r e i t u n g. Das autochthone Areal von *I. melas* erstreckt sich von Süd-Kanada bis zum Golf von Mexiko, umfaßt nahezu das gesamte Mississippi-Missouri-Einzugsgebiet, sowie die Unterläufe der westlich davon in den Golf mündenden Flüsse einschließlich des Rio Grande. Er fehlt in den USA in den unmittelbar zum Atlantik und zum Pazifik fließenden Flüssen und deren Einzugsgebieten einschließlich Florida. Die Grenze nach Kanada überschreitet er nur im Südosten Ontarios und im Süden von Saskatchewan und Manitoba und ist dort selten. In einigen pazifischen Einzugsgebieten Nordamerikas wurde er eingebürgert, so in Oregon und Idaho.

Während *I. nebulosus* in großen Teilen Europas verbreitet ist, kommt *I. melas* hier nach M a i t l a n d (1977) lediglich in Italien (außer Alpengebiet und Inseln) vor. D e S o s t o a et al. (1984) nennen *I. melas* auch für Spanien.

B i o t o p a n s p r ü c h e. *I. melas* bewohnt in Nordamerika strömungsarme Abschnitte kleiner bis mittelgroßer Fließgewässer, Staubereiche und andere Stillwasserzonen großer Flüsse, Teiche und Seen mit weichem Grund. Er meidet Gewässer, in denen *I. nebulosus* und *I. natalis* zahlreich vorkommen, scheint aber diese Arten

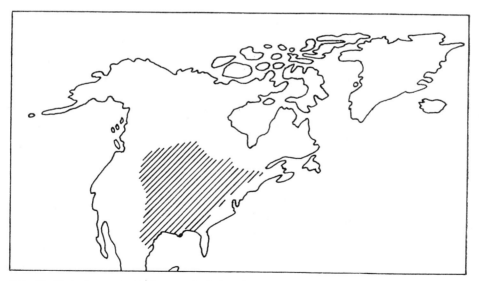

Abb. 53. Verbreitung von *Ictalurus melas* in Nordamerika. Nach S c o t t u. C r o s s m a n 1973

zu ersetzen, wenn der Gewässerzustand sich verschlechtert. Er ist demnach noch unempfindlicher gegen Gewässerverschmutzung als *I. nebulosus* und auch wenig empfindlich gegen hohe Temperaturen (Letaltemperatur für an 23 °C adaptierte Exemplare 35 °C).

N a h r u n g. Alttiere sind vorwiegend nachtaktiv, bei Jungtieren beginnt die Freßperiode schon etwas früher. Die Nahrung besteht aus Insektenlarven, Muscheln, Schnecken, Crustaceen, pflanzlichem Material, Egeln und in geringem Umfang auch Fischen, nach M a i t l a n d (1977) besonders aus Krebsen. *I. melas* ist ein Nahrungskonkurrent der Sonnenbarsche, nutzt aber stärker als diese Mollusken.

F e i n d e. *I. melas* wird durch Freßfeinde relativ wenig beeinträchtigt, was wahrscheinlich auf versteckte Lebensweise, Nachtaktivität und den Schutz der Stacheln in Rücken- und Brustflossen zurückzuführen ist. Diese Aussage bei S c o t t u. C r o s s m a n (1973) widerspricht allerdings den diesbezüglichen Angaben zu *I. nebulosus,* der nahezu gleiche Voraussetzungen hat.

P a r a s i t e n. Nach H o f f m a n (1967) wurden an *I. melas* bisher 60 Arten von Parasiten nachgewiesen. Über Einschleppung von Parasiten mit dieser Welsart aus Nordamerika ist nichts bekannt.

F o r t p f l a n z u n g. Die Laichzeit beginnt im Norden des autochthonen Areals im Mai bzw. Juni, wenn die Wassertemperatur 21 °C erreicht, und erstreckt sich bis Juli. Das Laichen findet im pflanzenreichen Flachwasser statt, wo die Weibchen Nester mit dem Durchmesser ihrer Körperlänge anlegen. Es werden pro Laichgang etwa 200 Eier abgelegt. Die Ovarien enthalten vor dem Laichen meist 3 000 bis 4 000, auch bis 6 820 Eier. Beide Elterntiere betreiben Brutpflege (M a i t l a n d 1977).

I n d i v i d u a l e n t w i c k l u n g. Der Schlupf erfolgt bei ausreichend hoher Temperatur nach etwa 5 Tagen. Die Wachstumsgeschwindigkeit der Jungfische ist sehr unterschiedlich. In einem Gewässer in North Dakota erreichten sie im August des ersten Jahres bis 76 mm Totallänge, im Alter von einem Jahr 109–117 mm, mit zwei Jahren 114–170 mm, mit drei Jahren 188–259 mm und mit vier Jahren 257–315 mm. Dann läßt das Wachstum rapide nach und acht- bis neunjährige Exemplare waren lediglich 264–351 mm lang. Erwachsene Fische sind in Ohio meist 4,5–12,0 inches (144–305 mm) lang und wiegen 1–15 ounces (28,3–425 g). Das größte bisher bekannt gewordene Exemplar soll 610 mm lang und 8 pounds (3 629 g) schwer gewesen sein (S c o t t u. C r o s s m a n 1973).

B e d e u t u n g f ü r d e n M e n s c h e n. *I. nebulosus* stellt in Kanada nur einen unbedeutenden Prozentsatz des Fanges an Katzenwelsen. Lediglich in einigen Bundesstaaten der USA ist er als Angelfisch und in Teichwirtschaften von gewisser Bedeutung. Sein Fleisch gilt als noch schmackhafter als das von *I. nebulosus.*

3.2.3. K a r p f e n f i s c h e (C y p r i n i d a e)

Die Cyprinidae sind mit 275 Gattungen und etwa 2000 Spezies die artenreichste Fischfamilie überhaupt (M a i t l a n d 1977, M ü l l e r 1983). Ihre mit Ausnahme von Südamerika und Australien über alle Kontinente verbreiteten Vertreter sind Süßwasserformen und in Europa mit 23 Gattungen und etwa 80 Arten dominierend. Neben den Umbridae und Gobiidae sind sie die einzige der hier vorgestellten Fischfamilien, welche auch in Europa natürlich vorkommt.

Da diese Fischfamilie in Europa gut bekannt und aufgrund ihres Artenreichtums sehr vielgestaltig ist, genügt es wohl, statt einer ausführlichen Beschreibung auf einige der bekanntesten, familientypischen Arten zu verweisen, wie Karpfen *(Cyprinus carpio)*, Plötze *(Rutilus rutilus)*, Schleie *(Tinca tinca)*, Flußbarbe *(Barbus barbus)*, Gründling *(Gobio gobio)* und Blei *(Abramis brama)*.

Im Gegensatz zu den sie in Südamerika vertretenden Salmlern (Charachidae) haben die Cyprinidae nie eine Fettflosse. Ihr vorstreckbares Maul trägt bei einigen Arten 1 bis 2 Bartelpaare. Der Körper ist fast bei allen Arten gleichmäßig beschuppt, der Kopf jedoch schuppenfrei. Der 5. Kiemenbogen ist zu einem zahnähnliche Gebilde tragenden Schlundknochen umgewandelt. Die Männchen vieler Arten tragen zur Laichzeit einen knötchenförmigen Laichausschlag. Viele Arten der Familie haben große wirtschaftliche Bedeutung.

Aus klimatischen Gründen kommen für eine Einbürgerung in Europa lediglich Karpfenfische aus Asien und Nordamerika in Frage. Während von den zahlreichen Cypriniden-Arten Nordamerikas bisher keine in Europa eingebürgert wurde, sind in den letzten Jahrzehnten einige Arten aus Asien nach Europa gebracht worden, um ihre spezifische Ernährungsweise zu nutzen (vgl. Kapitel 2). Diese Arten können sich – klimatisch bedingt – zumindest in Mitteleuropa nicht natürlich vermehren, aber mit ihnen wurde unbeabsichtigt *Pseudorasbora parva* eingeschleppt, die sich als Wildfisch sehr schnell über große Teile Europas ausgebreitet hat. Daneben wird der Giebel als eine Art mit ungeklärtem Status hinsichtlich Bodenständigkeit in Europa hier kurz behandelt.

3.2.3.1. *Pseudorasbora parva* (Schlegel, 1842)

Etymologie. Pseudorasbora = falsche Rasbora, Rasbora = Name der Hindus für die gattungstypische Art; Rasbora ist eine artenreiche südostasiatische Cyprinidengattung. Es sind überwiegend kleine Arten, viele mit Bedeutung als Aquarienfische; parva = klein.

Trivialnamen. Deutsch: Pseudokeilfleckbarbe (W e b e r 1984; wahrscheinlich abgeleitet von dem wohl bekanntesten Aquarienfisch der Gattung *Rasbora,* dem Keilfleckbärbling, *Rasbora heteromorpha),* Amurbärbling, Pseudorasbora, nach A h n e l t (1989) auch: Bunter Gründling, asiatischer Gründling, Blaubandbärbling. In der BRD scheint sich der Name Blaubandbärbling allgemein durchzusetzen (S t e i n u. H e r l 1986); Russisch – cebacek; Ungarisch – gyöngyös; Rumänisch – murgeiul balbat, pseudorazbora, razbora (K a s z o n i 1981).

Systematische Stellung. *Pseudorasbora parva* gehört zur Unterfamilie Gobioninae der Familie der Cyprinidae. Die Gattung *Pseudorasbora* wurde 1859 von B l e e k e r (Natuurk. Tijd. Nederlandsch. XX: 435) aufgestellt. In „Fauna Japonica" (S i e b o l d et al. 1842) beschrieb S c h l e g e l zwei sehr ähnliche, später der Gattung *Pseudorasbora* zugeordnete Arten: *Leuciscus parvus* und *Leuciscus pusillus.*

Berg (1914) stellte die Identität von *P. parva* und *P. pusilla* fest und zog die letztgenannte Art ein. Außerdem gab er außerhalb von Japan (Insel Hondo) auch Funde auf dem südostasiatischen Festland bekannt.

Nach Sterba (1987) gehört die Gattung Pseudorasbora zur Unterfamilie Gobioninae und ist „ein typischer Gründling". Ich habe P. parva längere Zeit im Aquarium beobachtet und muß dem insofern widersprechen, als die Art in Habitus und Verhalten wenig an Gründlinge im engeren Sinne (Gattung *Gobio*) erinnert.

Nichols (1943) charakterisiert die Gattung Pseudorasbora wie folgt: weichflossige kleine Karpfenfische mit sehr kleinem, oberständigem (schräg aufwärts gerichtetem) Maul und gerade in Körpermitte verlaufender Seitenlinie; Schlundzähne in einer Reihe; Barteln fehlend; Unterkiefer vorstreckbar; ohne schuppenlosen Kiel vor der Afterflosse; Bauch- und Afterflosse nicht von einer Reihe vergrößerter Schuppen umsäumt; Afterflosse mit 5 oder 6, ausnahmsweise 7, verzweigten Strahlen; Beginn der Afterflosse hinter dem Hinterende der Rückenflossenbasis; Augen in oder über der Körperlängsachse angeordnet; Kiemenmembranen am Isthmus befestigt: „Gill rakers not fused".

Nichols unterscheidet mehrere „Rassen, Arten oder ökologische Formen" in China. Da noch unklar ist, welche davon in Europa eingebürgert wurde(n), führe ich im folgenden eine Übersetzung des Bestimmungsschlüssels und der Kurzbeschreibung aus Nichols (1943) an.

1. Rückenflosse hoch (längster Strahl länger als der Kopf); Afterflosse klein; 38 Schuppen in der mittleren Längsreihe (mLR) . . . . *altipinna*
– Rückenflosse niedriger (längster Strahl 1,1- bis 1,6mal in Kopflänge enthalten) . 2
2. mLR 38 Schuppen; Nacken erhöht und Schnauze abgeflacht . . . *depressirostris*
– mLR 32–37 Schuppen 3
3. mLR 35–37 Schuppen; größte Körperhöhe (gKH) in Standardlänge (SL) 3,4- bis 3,9mal enthalten; Interorbitalbreite (IB) (mit zunehmendem Alter breiter werdend) in Kopflänge (KL) 1,8- bis 2,4mal enthalten; längster Rückenflossenstrahl (lRS) 1,2- bis 1,6mal in KL (Exemplare von 49–73 mm SL); Neigung zu gleichmäßiger Dunkelfärbung . . . . *parvula*
– mLR 33–35 Schuppen; gKH in SL 4- bis 4,5mal; IB in KL 2,3- bis 2,4mal; lRS in KL 1,1- bis 1,2mal (Expl. 31–40 mm SL) . . . . *tenuis*
– mLR 34–37 Schuppen; gKH in SL 3,8- bis 4,1mal; IB in KL 2,3- bis 2,6mal; lRS in KL 1,3- bis 1,4mal (Expl. 55–65 mm) . . . . *fowleri*
– mLR 32–36 Schuppen; gKH in SL 3,5- bis 4,4mal; IB in KL 2,2- bis 2,9mal; lRS in KL 1,2- bis 1,5mal (Expl. 36–61 mm); Seitenlinie oft unvollständig; häufig mit schwarzen Flossenrändern . . . . *monstrosa*

Kurzbeschreibung der Unterarten:

1. *P. parva altipinna* Nichols, 1925 (Szechwan)
gKH in SL 4mal; KL in SL 3,8mal; Augendurchmesser (AD) in KL 4mal (Expl. 55 mm SL); mLR 38 Schuppen.

2. *P. parva depressirostris* Nichols, 1925 (Shansi)
gKH in SL 3,8mal; KL in SL 3,6mal; AD in KL 4,2mal (Expl. 49 mm SL); mLR 38 Schuppen.

3. *P. parva parvula* Nichols, 1929 (Tsinan, Shantung)
gKH in SL 3,4- bis 3,9mal; KL in SL 3,8- bis 4,2mal; AD in KL 3,8- bis 4,6mal
(Expl. 49–73 mm SL); mLR 35–37 Schuppen.

4. *P. parva tenuis* Nichols, 1929 (Tsinan, Shantung)
gKH in SL 4- bis 4,5mal; KL in SL 3,6- bis 4,1mal; AD in KL 3- bis 3,3mal (Expl. 31–41 mm SL); mLR 33–35 Schuppen.

5. *P. parva fowleri* Nichols, 1925 (Anhwei, Chihli, Shantung, Hokou, Kiangsi)
gKH in SL 3,7- bis 4,1mal; KL in SL 3,5- bis 4,2mal; AD in KL 3,4- bis 4mal
(Expl. 50–84 mm SL); mLR 34–37 Schuppen.

6. *P. parva monstrosa* Nichols, 1925 (Fukien, Yenping, Foochow)
gKH in SL 3,5- bis 4,4mal; KL in SL 3,6- bis 4,5mal; AD in KL 3- bis 4,4mal
(Expl. 36–62 mm SL); mLR 32–36 Schuppen.

Terra typica von *Pseudorasbora parva* ist Nagasaki, und die 7. Unterart, *P. parva parva*, ist wahrscheinlich auf Japan beschränkt. Nach B a r u š et al. (1984) sind Importe von *P. parva* nach Europa (Albanien und Südost-Rumänien) aller Wahrscheinlichkeit nach unbeabsichtigt mit pflanzenfressenden Cypriniden aus China erfolgt, so daß man annehmen muß, die in Europa verbreiteten Exemplare gehören nicht zu *P. parva parva*, sondern zu einer der von N i c h o l s aufgestellten Unterarten. Diese haben sich jedoch als unsicher erwiesen. *P. parva* variiert morphologisch sehr stark, so daß B ă n ă r e s c u u. N a l b a n t (1965) nach Untersuchung großer Stückzahlen von mehreren Fundorten in China, Japan und aus dem Amurbecken zu der Auffassung gelangten, daß die meisten der N i c h o l s schen Subspezies nur Varianten dieser polymorphen Art sind. Sie verglichen unter anderem auch die von N i c h o l s der Subspezies *P. parva fowleri* zugrundegelegten Typenexemplare mit eigenem Material aus Japan und dem Amurgebiet, fanden keine signifikanten Unterschiede und betrachten daher *fowleri* als mit der Nominatform identisch (synonym). B a r u š et al. (1984) fanden bei Vergleich ihrer aus Chlaba/ČSSR stammenden Exemplare mit Beschreibungen und Abbildungen bei N i c h o l s (1943) und der Zeichnung in B e r g (1949) (sie stellt ein Exemplar vom Amur bei Chabarowsk dar) anhand der Merkmale runde Flossenenden, schwacher dunkler Querstreifen in der Rückenflosse und Vorhandensein eines dunklen Längsstreifens auf der Mitte der Körperseite eine weitgehende Übereinstimmung der Exemplare aus Chlaba mit der Unterartbeschreibung für *P. parva fowleri*. B a r u š et al. stimmen mit B ă n ă r e s c u u. N a l b a n t grundsätzlich überein, daß eine Aufgliederung von *P. parva* in 7 Unterarten unreal ist, plädieren aber dafür, in Anbetracht des riesigen Areals und der großen Variationsbreite zumindest „Unterschiede" zwischen der Nominatform aus Nagasaki und Exemplaren aus Wuchang in Zentralchina „anzuerkennen". Nur durch eine gründliche, auf umfangreichem Material fußende Revision ließe sich die Berechtigung der Unterarten klären. Dabei dürfte nur sicher autochthones Material berücksichtigt werden, was angesichts der wachsenden, kaum noch übersehbaren anthropogenen Verschleppung nicht mehr realisierbar ist. Sicher haben in China die jahrtausendealten Bewässerungs- und Fischzuchtkulturen schon zu einer nicht mehr rekonstruierbaren Verschleppung und genetischer Desisolierung beigetragen. B ă n ă r e s c u u. N a l b a n t (1965) stellten an den von ihnen untersuchten fernöstlichen Populationen einen von Norden nach Süden verlaufenden Trend zur Verminderung der Anzahl der Seitenlinienschuppen fest, wogegen B a r u š et al. (1984) keine deutliche Abweichung zwischen *P. parva* aus dem Amur-Gebiet (35–38, Durchschnitt 36,7) und solchen aus den Flüssen Dnepr (36–38, Durchschnitt 37,8) und Dnestr (34–38, Durchschnitt 36,0), sowie Skadar-See (35–38, Durchschnitt 36,6) und Chlaba (34–38, Durchschnitt 36,4) fanden. Auch gab es bei den Exemplaren aus Chlaba keine Übereinstimmung mit der relativ hochrückigen *P. parva parvula*.

K ö r p e r b a u u n d F ä r b u n g. *Pseudorasbora parva* ist ein kleiner Fisch von kaum 10 cm Totallänge mit der bei Cypriniden recht seltenen Erscheinung, daß Männchen durchschnittlich größer als die Weibchen sind. Bei Š e b e l a u. W o h l g e - m u t h (1984) erreichten die größten Männchen nach 5 Jahren Aquarienhaltung 95 mm Totallänge. Diese Größe wird auch in der Natur kaum überschritten. Die von N i c h o l s (1943) den Unterartbeschreibungen zugrunde gelegten geschlechtsreifen Exemplare hatten eine Standardlänge zwischen 31 und 73 mm. Nach B a r u š et al. (1984) hatten die von ihnen untersuchten geschlechtsreifen Männchen 30-90 mm (meist zwischen 40 und 45 mm) und die Weibchen 28–85 mm (meist 32–57 mm) Standardlänge. Die Angaben anderer Autoren weichen davon nicht wesentlich ab.

Der Körper von *P. parva* ist relativ schlank, der Schwanzstiel auffällig hoch. Die größte Körperhöhe beträgt bei europäischen *P. parva* nur knapp $1/4$ der Standardlänge, beispielsweise bei Tieren aus Chlaba/ČSSR (B a r u š et al. 1984) zwischen 22 und 25 % und nur bei einem einzigen Männchen 27 %. Bei den von N i c h o l s

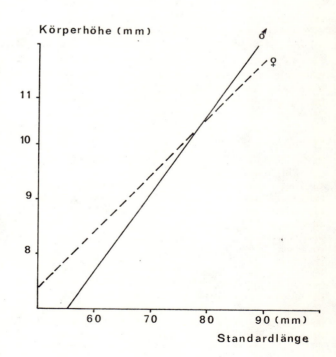

Abb. 54. Beziehung zwischen Standardlänge (x) und Körperhöhe (y) bei *Pseudorasbora parva* aus der ČSSR. Für Männchen gilt $y = -0{,}749 + 0{,}143x$ ($r = 0{,}83$; $n = 25$) und für Weibchen $y = 1{,}896 + 0{,}109x$ ($r = 0{,}96$; $n = 14$). Nach B a r u š et al. 1984

Tabelle 9. Körperproportionen (in % der Standardlänge) der Unterarten von *Pseudorasbora parva*. Vom Verf. nach Abbildungen in N i c h o l s (1943) berechnet

Unterart	größte Körperhöhe	Schwanzstielhöhe	Kopflänge
altipinna	23,5	11,8	24,7
depressirostris	25,9	11,5	25,9
parvula	28,7	11,2	23,4
fowleri	24,4	12,2	24,4
tenuis	25,0	9,5	27,4
monstrosa	23,6	10,1	23,6

(1943) abgebildeten Exemplaren der von ihm aufgestellten Unterarten ergeben sich Relationen, wie sie Tabelle 9 verdeutlicht.

Die von B a r u š et al. (1984) an der Population aus Chlaba ermittelten meristischen Daten lauten: Dorsale II–III/7, Anale II/6, Pectoralen I/11–14, Ventralen I.II/5, Seitenlinienschuppen 34–38, meist 36–37. Nach N i c h o l s hat *P. parva tenuis* nur 33–35 und *P. parva monstrosa* 32–36 Seitenlinienschuppen, bei den restlichen seiner Subspezies bewegen sich die Werte ebenfalls zwischen 34 und 38. B a r u š et al. (1984) stellten von verschiedenen Autoren gefundene Werte zusammen (Tabelle 10).

Weiterhin sind für *P. parva* ein torpedoförmiger Körper, eine fast bis zur Hälfte eingeschnittene Schwanzflosse und das sehr kleine, oberständige Maul charakteri-

Tabelle 10. Anzahl der Seitenlinienschuppen und Anzahl der Weichstrahlen der Brustflossen bei *Pseudorasbora parva*. Nach B a r u š et al. 1984

Fundort	Anzahl	Durchschnitt	Anzahl der Individuen	t-Test	mittl. Standardabweichung
Seitenlinienschuppen					
Amur bei Bolon (1950)	35—38	36,7	182	2,35	0,08
Donau bei Vilkovo (1978)	30—37	36,6	27	0,53	0,37
Turučuk-Fluß im Dniester-Einzugsgebiet (1978)	34—38	36,0	27—52	2,14	0,17
Dnepr (Kanäle u. Teiche) (1978)	36—38	37,8	14	7,72	0,16
Skadar-See (1981)	35—38	36,6	8	0,63	0,32
Chlaba, Ipel-Fluß (1984)	34—38	36,4	85	—	0,09
Weichstrahlen der Brustflosse					
Donau bei Vilkovo (1978)	11—13	11,6	27	5,81	0,06
Turučuk-Fluß im Dnestr Einzugsgebiet (1978)	11—13	11,9	27—52	3,89	0,07
Skadar-See (1981)	12—13	12,7	8	1,65	0,16
Chlaba, Ipel-Fluß (1984)	11—14	12,4	45	—	0,12

stische Merkmale. Die Seitenlinie ist durchgehend, nahezu gerade und verläuft in Körpermitte. Die relativ großen Augen stehen wenig vor und geringfügig über der Kopfmitte.

Bei europäischen Tieren sind die Flossen gut abgerundet, bei manchen chinesischen Unterarten mitunter eckig. Die Schwanzstielhöhe beträgt bei europäischen *P. parva* 10,6–11,9 % der Standardlänge, was den Wert von 12,2 % für *P. parva fowleri* nach N i c h o l s nicht erreicht.

Die Grundfärbung europäischer *P. parva* ist ein grünliches Grau, das nach dem Rücken hin ins Bräunliche übergeht. Die Flanken unterhalb der Seitenlinie einschließlich Kiemendeckel haben einen silbrigen Glanz. Der hintere Teil der relativ großen Schuppen trägt einen halbmondförmigen dunklen Fleck, so daß der ganze Körper regelmäßig gefleckt erscheint. In Abhängigkeit vom Lichteinfall, individuell unterschiedlich stark ausgeprägt, zeigen sich die Schuppen dunkel umrandet, so daß wie beispielsweise auch beim Guppy *(Poecilia reticulata)* eine netzartige (Reticulatus-) Zeichnung entsteht. Vom Maul bis zur Mitte des Ansatzes der Schwanzflosse zieht sich fast in Körpermitte ein nahezu gerades, etwa 2–2,5 % der Standardlänge ausmachendes breites dunkles Längsband. Dieses ist bei Jungfischen und Weibchen am deutlichsten und kann vor allem bei großen Männchen ganz zurücktreten. Alte Männchen sind insgesamt verhältnismäßig dunkel gefärbt, wogegen bei Jungfischen der Silberglanz am stärksten ist. Nach W e b e r (1984) tritt der dunkle Längsstreif vor allem bei Beunruhigung hervor. Die Flossen sind mehr oder weniger durchsichtig, gelblichweiß, mitunter dunkel getönt. In der Rückenflosse ist oft ein diffuses breites, quer zu den Strahlen verlaufendes dunkles Band sichtbar. Zur Laichzeit bekommen die Männchen einen stahlblauen Glanz und werden insgesamt dunkler, indem sich dunkle Schuppenumrandung bzw. Halbmondflecke auf den Schuppen verstärken. Der Kopf einschließlich Kiemendeckel wird bei Männchen violett bis rötlichblau, bei den Weibchen schwefelgelb. Letztere bekommen unterhalb der Seitenlinie gelbliche Körperseiten. Manche Autoren berichten von Laichausschlag: bis 14 in Reihen stehende Knötchen (Š e b e l a u. W o h l g e m u t h 1984).

Eine weitere Eigentümlichkeit von *P. parva* ist, daß sie Geräusche erzeugen kann (A r n o l d 1985 b). Es sind über etwa 1–3 s in schneller Folge andauernde knakkende Laute, die noch einige Meter vom Standort des Aquariums entfernt gut hörbar

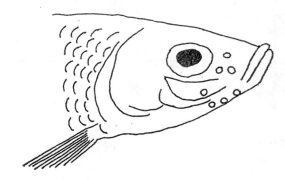

Abb. 55. *Pseudorasbora parva*, Männchen mit Laichausschlag (Population Chlaba/ČSSR). Nach Š e b e l a u. W o h l g e m u t h 1984

waren. Nachts ist die Lautgebung besonders intensiv. Über Entstehungsweise und Bedeutung dieser Laute ist bisher nichts bekannt.

Verbreitung. Aus bereits genannten Gründen ist das autochthone Areal von *Pseudorasbora parva* heute kaum noch exakt zu rekonstruieren. Terra typica der Nominatform ist Nagasaki, Japan (S c h l e g e l, in S i e b o l d et al. 1842). B e r g (1914) nennt folgende Fundorte der Art: Japan (Hondo, Kyūshū), China (Sitziang-Fluß, Foochow, Shanghai, Jangtsekiang, Einzugsgebiet des Hwangho, Peking), Korea, UdSSR (Amur-Einzugsgebiet bei Chabarowsk und unterhalb und wahrscheinlich auch im Mittellauf des Amur; im Ussuri und Chor-Fluß, Chanka-See). B e r g (1949) ergänzt noch: Suifun und Toomen-ula, Yalu-Fluß, Liao-khe und Taiwan. Die Fundorte des den Unterartbeschreibungen zugrunde gelegten Materials durch N i c h o l s (1943) sind den Kurzbeschreibungen der Arten im Abschnitt „Systematische Stellung" zu entnehmen.

Das natürliche Areal von *P. parva* hat also eine Nord-Süd-Ausdehnung von Taiwan bis Amur-Mündung, von etwa 23. bis zum 53. Breitengrad. Wenn man sich vergegenwärtigt, daß dies Klimagegensätzen wie zwischen dem Norden der Insel Kuba und der DDR entspricht, so wird die große Anpassungsfähigkeit der Art deutlich bzw. eine Annahme der Existenz von Unterarten notwendig. In der Ost-West-Ausdehnung umfaßt das wahrscheinliche autochthone Areal von *P. parva* die unteren Einzugsgebiete der in den Stillen Ozean mündenden Ströme Ostasiens einschließlich

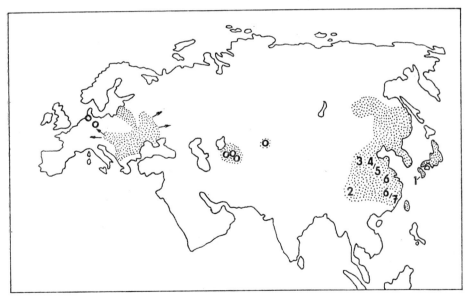

Abb. 56. Verbreitung von *Pseudorasbora parva* in Eurasien. 1 *P. parva parva*, 2 *P. parva altipinna*, 3 *P. parva depressirostris*, 4 *P. parva parvula*, 5 *P. parva tenuis*, 6 *P. parva fowleri*, 7 *P. parva monstrosa*. Nach N i c h o l s 1943 (Fundorte der Unterarten) u. a. Autoren

vorgelagerter Inseln, wie Hondo und Formosa (Taiwan). Es reicht damit etwa von 100° bis 140° östlicher Länge. Im Zentralasiatischen Festland fehlt die Art, und die mittelasiatischen Vorkommen in Kasachstan und Usbekistan sind bereits allochthon. Nach B ă n ă r e s c u (zit. bei B a r u š et al. 1984) wurde *P. parva* 1960 unbeabsichtigt mit einem Transport pflanzenfressender Fische aus dem unteren Jangtsekiang (VR China) nach Rumänien eingeschleppt und dort 1961 im Tal des Ialomita-Flusses erstmals festgestellt. (B ă n ă r e s c u 1964; Bacalbasa-Dobrovici 1982, zit. bei W e b e r 1984). Parallel dazu soll sie in Dnepr und Dnestr noch vor der Feststellung in Rumänien (ohne konkrete Jahresangabe) bekannt geworden sein (K o z l o v 1974). In der Donau breitete sich *P. parva* relativ schnell stromaufwärts aus. Etwa 1970 wurden die ersten Exemplare in Ungarn festgestellt (B i r ó 1972). Für die ČSSR wurde die Art erstmals durch Z i t ň a n u. H o l č i k (1976) in einem Stausee der Theiß nachgewiesen. Ein weiterer Nachweis gelang E n e n k l (1977) in wassergefüllten Sandgruben bei Chlaba an der Mündung des Flusses Ipel in die Donau. In den auch von B a r u š et al. (1984) erwähnten Sandgruben fand ich die Art 1985 ebenfalls, ferner – gemeinsam mit *Lepomis gibbosus* vorkommend – in einem Teich im Zentrum von Arad im Nordwesten Rumäniens. M e y e r (1987, in litt.) beobachtete *P. parva* zahlreich im Balaton/Ungarn.

W e b e r (1984) fand *P. parva* erstmals für Österreich, und zwar 1982 in der March nahe ihrer Mündung in die Donau und in der Großen Tulln. Er vermutete, daß diese Fischart in Österreich schon weiter verbreitet ist als angenommen und häufig übersehen wird. A h n e l t (1989) fügte für Österreich folgende Fundorte hinzu: Niederösterreich: Geras 29. 10. 85, Teichanlage bei Waidhofen a. d. Thaya – Dezember 1988; Burgenland: Pinkafluß bei Badersdorf – Juni 1982; Steiermark: Teichanlagen bei Mureck – Dezember 1988; Kärnten: Strußigteich bei Moosburg – Dezember 1988. Damit stieg die Zahl der bisherigen Fundorte von *P. parva* in Österreich auf 8, wobei die Art anscheinend nur in größeren, fischereilich genutzten Teichanlagen regelmäßig auftritt und Funde in „natürlichen Gewässern" offenbar schon nach relativ kurzer Zeit nicht wiederholt werden können.

Auch in der Litauischen SSR, im Einzugsgebiet des Neman, wurde *P. parva* gefunden. Schließlich meldete J a n k o v s k ý (1983, zit. bei B a r u š et al. 1984) *P. parva* aus dem Karpfenteich Vidlák im Distrikt Jindřichuv Hradec in Südböhmen/ ČSSR. Dieser Fundort liegt unweit der Wasserscheide Donau/Elbe, jedoch bereits eindeutig im Elbe-Einzugsgebiet. Beim Ablassen von Teichen werden viele Kleinfische nicht zurückgehalten, passieren die Maschen der Netze und Fangkörbe und wandern mit der fließenden Welle ab.

In der DDR wurde *P. parva* erstmals vom Verfasser (A r n o l d 1985 b) im Rückstau eines Wehres der Weißen Elster bei Wünschendorf (Landkreis Gera) gefunden. Hier wurden im September 1984 insgesamt 17 adulte Exemplare und ein Jungfisch erbeutet, was auf Vermehrung am Fundort schließen läßt.

Nach G a u m e r t (6. 5. 1987, in litt.) ist *P. parva* im Süden der BRD bereits relativ weit verbreitet. Es gelang ihm im April 1987, die Art auch im Bundesland Niedersachsen nachzuweisen. Es handelt sich dabei um einen Teich im Oberlauf eines Baches im Teutoburger Wald, wohin die Art vermutlich mit Karpfenbrut-Besatz aus dem Süden der BRD gelangte. Nach L e l e k u. K ö h l e r (1989) wurde *P. parva* 1987/88 als neue Art für den Rhein nachgewiesen.

Von den allochthonen Vorkommen außerhalb Europas (in Mittelasien) nennen B a r u š et al. (1984) einen Stausee bei Kaptschagai/Kasachische SSR als ersten Nachweis. Die Art scheint hier bereits weiter verbreitet zu sein, als in Mitteleuropa bekannt, denn bei zwei kurzen Mittelasienreisen 1985 und 1986 fand ich *P. parva* an drei Stellen. Es handelt sich um einen eutrophen Teich in Chiwa/Usbekische SSR, dicht am Haupteingang zu der berühmten Stadt, in einem Kanal in der Wüste Karakum unweit Urgentsch und in den Areks (Bewässerungskanäle) von Buchara (beide ebenfalls Usbekische SSR).

Die schnelle Ausbreitung von *P. parva* wird offenbar dadurch begünstigt, daß sie sehr anpassungsfähig ist, sich in eutrophen Gewässern optimal entfaltet durch ihre spindelförmige Gestalt auch in Fließgewässern ausdauernd gegen die Strömung wandern kann, der Laich klebfähig ist und dadurch leicht verschleppt wird. Weiterhin wird die kleine, unscheinbare Art sicher oft übersehen oder verkannt, zumal sie in neu besiedelten Gebieten noch unbekannt ist. Wie die Vorkommen in der Litauischen SSR zeigen, kann *P. parva* auch bis mindestens 55° nördlicher Breite nach Norden vordringen, so daß einer weiteren schnellen Besiedlung Mitteleuropas klimatisch keine Hindernisse im Wege stehen. Allerdings ist ihr Vorkommen sehr unstet. Nach A h n e l t (1989) hat sich anscheinend bisher keine der in natürlichen Gewässern Österreich gefundenen Populationen erhalten können. Auch meine Versuche, *P. parva* in der Weißen Elster bei Wünschendorf erneut nachzuweisen blieben erfolglos.

B i o t o p a n s p r ü c h e. Wie die schnelle Ausbreitung in Europa, das große Areal, das Vorkommen in verschiedenartigsten Habitaten und Haltungserfahrungen im Aquarium belegen, ist *P. parva* eine sehr anpassungsfähige Fischart, ein Ubiquist. Sie besiedelt Flüsse (March und Große Tulln in Österreich: W e b e r 1984; Ipel und Donau/ČSSR: B a r u š et al. 1984; Weiße Elster/DDR: A r n o l d 1985 b; Sitziang, Jangtsekiang, Amur, Ussuri, Chor, Hwangho: B e r g 1914 und 1949) sowie Staugewässer und Talsperren von Fließgewässern und Kleingewässer in deren Hochwasserüberflutungsgebieten, ebenso Seen (Balaton/Ungarn: B i r ó 1972 und M e y e r in litt; Skadar/Jugoslavien: K n e ž e v i č 1981; Buftea/Rumänien: P a v l o v i c i 1968), Kanäle (Karakum/Usbekische SSR: A r n o l d 1986 unveröff.), auflässige Sandgruben (Chlaba/ČSSR: B a r u š et al. 1984), Areks (offene Wasserkanäle in Großstädten) (Buchara: A r n o l d unveröff.), Fischteiche (Vidlák/ČSSR: J a n k o v s k ý 1983) und von steilen Betonmauern eingefaßte eutrophe Teiche im Zentrum von Großstädten (Arad/Rumänien: A r n o l d unveröff.; Chiwa/Usbekische SSR: A r n o l d unveröff.). Diese Beispiele belegen die geringe Habitatbindung der Art.

Wahrscheinlich sind die Lebensräume von *P. parva* in nicht oder wenig anthropogen beeinflußten Landschaften vor allem stehende Gewässer der Niederungen, die mit den Flüssen, über welche die Ausbreitung erfolgt, direkt oder zeitweilig bei Hochwasser verbunden sind. Nach M u c h a č e v a (1950) und B a s o v (1967) (zit. bei B a r u š et al.) meidet die Art Gewässer mit schneller Strömung, ist aber zumindest in der Lage, diese aktiv zu durchwandern. Sie fanden *P. parva* im Amur-Einzugsgebiet in seichten Seen, Staugewässern, kleinen Buchten, Seitenkanälen und Bewässerungskanälen. Nach meinen Beobachtungen in Buchara kann sie sich über die Areks trotz pessimaler Bedingungen (schnelle Strömung und geruchlich gut wahrnehmbarer

Chlorung des Wassers) zumindest ausbreiten, wenn auch kaum dauerhaft dort existieren. Nach W e b e r (1984) bildet sie wohl auch in der Donau keine großen Populationen aus und unterliegt hier wahrscheinlich hohem Predationsdruck durch Raubfische.

In den mir aus eigener Anschauung bekannten Gewässern (Chlaba, Weiße Elster, Arad, Kanal in der Karakum, Areks in Buchara, Teich in Chiwa) erreichte *P. parva* die höchste Individuendichte in Arad und Chiwa, und zwar in stehenden Gewässern mit starker Eutrophierung und geringer Sichttiefe durch hohe Phytoplanktonkonzentration. In Chiwa betrug bereits am 12. 4. 1986 die Sichttiefe nur wenige Dezimeter. Besonders augenfällig aber war das am 12. 9. 1984 in Chlaba. Von den zahlreichen auflässigen Kiesgruben hatten die meisten klares Wasser und eine gut entwickelte submerse Vegetation. In ihnen fand ich nur wenige *P. parva*. Die den Gehöften und der Bahnlinie am nächsten gelegene Grube war durch Wassergeflügel und häusliche Abwässer stark eutrophiert, und hier trat *P. parva* massenhaft auf. Die Art ist (enge Maulöffnung) Kleintierfresser. Sie frißt demzufolge vor allem Zooplankton, das auf hohen Predationsdruck zwar mit gesteigerter Produktivität, aber geringer Abundanz reagiert. Dadurch wird die Massenentwicklung des Phytoplanktons gefördert, das Wachstum submerser Makrophyten aber behindert. Hohe Phytoplanktonkonzentrationen haben insbesondere große pH-Wert-Schwankungen durch biogene Dekarbonisierung und große Tag-Nacht-Schwankungen des Sauerstoffgehaltes zur Folge. Hohe Konzentrationen von Kleinfischen haben demzufolge einen nicht geringen Einfluß auf die Wasserbeschaffenheit stehender Gewässer. Dies hat man in der Binnenfischerei und Wasserwirtschaft erst vor einigen Jahren erkannt und zu nutzen versucht. Nach B a r t h e l m e s (1981) nennt man diese Einflußnahme Biomanipulation. Man versucht dabei, durch Phytoplankton fressende Fischarten wie Silber- und Marmorkarpfen (vgl. 2.) das Phytoplankton zu reduzieren oder durch Besatz mit Kleinfischfressern, z. B. Zander, die Kleinfische zu dezimieren und dadurch das Zooplankton zu fördern.

P. parva wurde beispielsweise mit folgenden Fischarten vergesellschaftet gefunden:
- Teich in Chiwa: mit mindestens einer weiteren unbekannten Fischart.
- Areks in Buchara: nur *P. parva*
- Kanal in der Karakum: verschiedene Cypriniden, eine unbekannte kleine Grundel, Amur-Schlangenkopffisch *(Channa argus warpachowski)*
- Teich in Arad: zahlreiche *Lepomis gibbosus*
- Weiße Elster: zahlreiche *Gobio gobio* und weitere Cypriniden
- Kiesgruben Chlaba (nach B a r u š et al.): *Perca fluviatilis, Rhodeus sericeus amarus, Carassius carassius, C. auratus, Lepomis gibbosus, Proterhorinus marmoratus, Gymnocephalus cernua* und weitere 7 nicht genannte Arten.

In dieser Aufstellung widerspiegelt sich die Anpassungsfähigkeit von *P. parva*.

N a h r u n g. *P. parva* ist ein im Schwarm lebender Friedfisch. Die relativ kleine Maulöffnung gestattet nur Futter geringer Größe aufzunehmen. Im Aquarium frißt *P. parva* u. a. Cyclops, Daphnien und Tubifex, aber auch die für Aquarienfische handelsüblichen Trockenfuttersorten. W e b e r (1984) zog sogar die Brut problemlos mit Trockenfutter auf. Nach Š e b e l a u. W o h l g e m u t h (1984) ist *P. parva* omnivor und ernährt sich in der Natur durch Abweiden der Algenbeläge und von Wasserschnecken. Aus Aquarienbeobachtungen ist jedoch anzunehmen, daß sie nur bei Mangel an geeigneter Nahrung auf diese Futterquellen zurückgreift und bevorzugt Zooplankton frißt.

F e i n d e. *P. parva* hat sicher die gleichen Freßfeinde wie andere Cypriniden vergleichbarer Größe und Lebensweise. Ein Exemplar, das beim Fang in Chlaba im Senknetz mit den Kiemendeckeln hängenblieb, wurde in dieser Stellung sofort von einem etwa 15 cm langen Flußbarsch *(Perca fluviatilis)* verschluckt.

Hinsichtlich Parasitenfauna gilt grundsätzlich das Gleiche wie für *Lepomis gibbosus* und andere eingebürgerte Wildfischarten.

F o r t p f l a n z u n g. Die Fortpflanzung von *P. parva* im Aquarium (Wildfänge aus der ČSSR) wurde von Š e b e l a u. W o h l g e m u t h (1984) beobachtet. Die Laichzeit erstreckte sich von Mitte März bis Ende Juni (unter Aquarienbedingungen vorverlegt?). Vor dem Laichen wurden die Männchen dunkler und bekamen einen metallisch violetten Glanz. Die Eier wurden in Ketten an die vorher geputzten Glaswände des Aquariums geklebt. Die Laichabgabe erfolgte meist in 3 bis 4 Portionen. Es waren maximal 340 Eier in einer Portion und maximal 980 Eier pro Weibchen insgesamt. Der Laich wurde vom Männchen bewacht. Die Eier haben eine leicht ellyptische Form und 1,5–2,0 mm als größten Durchmesser.

W e b e r (1984) konnte seine in Österreich gefangenen *P. parva* im Aquarium nicht zum Laichen bringen, als er jedoch im Juli frisch gefangene Exemplare in einem Plastiksack im Kofferraum eines Autos transportierte, klebten danach etwa 100 Eier an der Plastikwand. „Die Eier waren sehr klein, noch kleiner als jene von Schleien." Die Laichzeit erstreckt sich nach W e b e r von Mai bis Herbst. B a r u š et al. (1984) stellten in den Ovarien von 3 im April/Mai gefangenen Weibchen mit 53, 64 und 67 mm Standardlänge drei verschiedene Größenklassen von Eiern fest:

- größte Gruppe: 0,9–1,3 mm Durchmesser; Stückzahl 336 bis 858, durchschnittlich 673
- mittlere Gruppe: 0,5–0,8 mm Durchmesser; Stückzahl 357 bis 1 129, durchschnittlich 806
- kleinste Gruppe: 0,2–0,4 mm Durchmesser; Stückzahl 671 bis 3 155, durchschnittlich 1 775.

Vorausgesetzt, daß alle drei Größengruppen vollständig zur Laichreife gelangen, beträgt die absolute Fruchtbarkeit eines Weibchens daher 2 018 bis 5 326 (durchschnittlich 3 254) Eier pro Jahr. Diese werden offensichtlich in drei Laichperioden abgegeben.

I n d i v i d u a l e n t w i c k l u n g u n d P o p u l a t i o n s s t r u k t u r. Bei Š e b e l a u. W o h l g e m u t h schlüpften die Jungfische bei 20 °C nach 6 bis 8 Tagen. W e b e r ermittelte bei 22 °C 4 Tage Entwicklungszeit der Eier. Am zweiten Tag nach dem Schlupf begannen die Jungfische mit 7 mm Länge freizuschwimmen und zu fressen. Sie nahmen problemlos Trockenfutter an und wuchsen zügig. Die Jungfische sind silbrig gefärbt, mit ausgeprägtem dunklem Längsstreifen auf den Seiten. Bei B o r u t z k i (1978) ist ein 2,5 cm langer Jungfisch abgebildet und beschrieben.

Nach B a s o v (1967, zit. bei B a r u š et al.) wächst *P. parva* vor allem im ersten Monat nach dem Schlupf sehr rasch. Einen Monat alte Männchen waren schon 20 bis 26 mm lang und erreichten die Geschlechtsreife im ersten Lebensjahr. Auch alle anderen Autoren kommen übereinstimmend zu dem Ergebnis, daß die Geschlechtsreife nach maximal einem Lebensjahr erreicht wird und Männchen schneller wachsen und durchschnittlich größer werden. B a r u š et al. (1984) fanden in Chlaba bereits im November, daß alle, auch die im gleichen Jahr geschlüpften *P. parva*, sexuell ausgereift und im folgenden Frühjahr laichfähig waren.

In der Natur erreicht *P. parva* normalerweise ein Alter von bis zu 3 Jahren (u. a. G i u r c a u. A n g e l e s c u 1971, M u c h a č e v a 1950, zit. bei Š e b e l a u. W o h l g e m u t h), im Aquarium bis zu 5 Jahren (Š e b e l a u. W o h l g e m u t h). B a r u š et al. (1984) fanden in den Kiesgruben von Chlaba in einer Probe von 638 Exemplaren 63,6 % 0-sömmrige *P. parva*, 35,2 % 1-sömmrige und nur 1,3 % (8 Exemplare) 2-sömmrige. Allerdings vermerken die Autoren, daß die betreffenden Kiesgrubenabschnitte in manchen Jahren teilweise trockenfallen, wodurch die einzelnen Jahrgänge unterschiedlich betroffen werden und deren Neubesiedlung dann ein falsches Bild über den Altersaufbau der Populationen vortäuschen könnte. Hinsichtlich des Geschlechtsverhältnisses fanden B a r u š et al. in den Kiesgruben von Chlaba unter 638 Exemplaren mit 28–89 mm Standardlänge folgendes: Unter den Größenklassen bis 39 mm überwogen deutlich die Weibchen, in den Größenklassen 40 bis

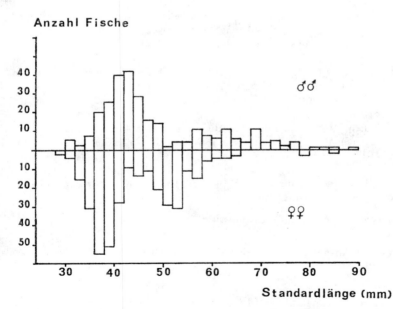

Abb. 57. Größenklassen der Standardlänge von *Pseudorasbora parva* aus Chlaba/ČSSR 1982. Nach B a r u š et al. 1984

47 mm dagegen die Männchen, zwischen 50–53 mm Standardlänge dominierten wiederum die Weibchen. Zwischen 54–65 mm war das Geschlechtsverhältnis nahezu ausgeglichen, und ab 66 mm überwogen eindeutig die Männchen. In diesem Wechsel kommt der geschlechtsspezifische Größenunterschied der drei Altersgruppen zum Ausdruck. Insgesamt betrug das Geschlechterverhältnis 289 Männchen zu 349 Weibchen. In den einzelnen Altersgruppen waren es 203 Männchen zu 202 Weibchen bei 0-sömmrigen, 83 Männchen zu 142 Weibchen bei 1-sömmrigen und 3 Männchen zu 5 Weibchen bei 2-sömmrigen Exemplaren. Die Weibchen haben demnach eine etwas höhere Lebenserwartung.

M u c h a č e v a (1950) fand bei *P. parva* aus dem Amur (n = 101, Fundort Bolon) ohne Unterscheidung der Geschlechter drei Größengruppen: 45–60 mm, 60–75 mm und 75–100 mm und an anderer Stelle des gleichen Flußsystems (Elabuga, n = 29) nur eine Größengruppe von 35–55 mm. Die 101 Exemplare von Bolon ermöglichten folgende Altersgruppenzuordnung: 1+ 54 mm, 2+ 69 mm und 3+ 80 mm durchschnittliche Standardlänge. Nach N i k o l s k i (1953) erreichten einsömmrige *P. parva* im Amur durchschnittlich 47 mm, zweisömmrige 61 mm und dreisömmrige 74 mm.

G i u r c u u. A n g e l e s c u 1971 (zit. bei Š e b e l a u. W o h l g e m u t h) maßen bei einjährigen 65–75 mm, bei zweijährigen 76–85 mm und bei dreijährigen 86 bis 95 mm Standardlänge. Nach K o z l o v (1974) wurden einjährige Männchen in einem Teich bei Odessa 60–70 mm lang, gleichaltrige Weibchen aber nur 35–40 mm.

Bei den von B a r u š et al. untersuchten Exemplaren hatten die 0-sömmrigen zum Zeitpunkt des Fanges Ende November 1982 eine Standardlänge von 33,0–49,7 mm (durchschnittlich 42 mm) im männlichen und 31,1–43,5 mm (durchschnittlich 37 mm) im weiblichen Geschlecht. Es kann davon ausgegangen werden, daß diese Tiere bis zum Beginn der Laichsaison des Folgejahres, an der sie bereits teilnehmen, nicht mehr erheblich wachsen, zumal noch Reserven zur Ausbildung der Geschlechtsprodukte mobilisiert werden müssen. Bei den im Vorjahr geborenen Exemplaren waren die Männchen im November 50,0–77,3 mm (durchschnittlich 63 mm) und die Weibchen 43,2–61,3 mm (durchschnittlich 52 mm) lang. Diese Angaben beziehen sich auf die Standardlänge; diese bewegte sich bei den über zwei Jahre alten Exemplaren (nur 8 Stück) zwischen 79–90 mm. Die Männchen waren mit 48,2 mm durchschnittlicher Standardlänge gegenüber 43,7 mm bei den Weibchen signifikant größer (Standardabweichung 0,01).

Die Annuli (Jahresringe) entstehen bei *P. parva* durch Verschmelzung von zwei Wachstumsringen. Bei Untersuchung der Schuppen und des Wachstums von *P. parva* aus Chlaba fanden B a r u š et al. (1984) folgende Beziehungen:

0-sömmrige *P. parva*: Anzahl der Wachstumsringe = −4,593 + 0,582 × Standardlänge (n = 68, r = 0,791)

1-sömmrige *P. parva*: Anzahl der Wachstumsringe = −0,919 + 0,522 × Standardlänge (n = 58, r = 0,686).

0-sömmrige Exemplare hatten im November 12 bis 23 Wachstumsringe (durchschnittlich 17,3), einsömmrige 18 bis 44 (durchschnittlich 30,4). Der Überschneidungsbereich liegt also zwischen 18 bis 23 Ringen, aber das Vorhandensein oder Fehlen eines Annulus ermöglicht die sichere Unterscheidung zwischen 0- und 1-sömmrigen.

Bei den 0-sömmrigen kommen auf einen Zentimeter Längenwachstum des Körpers durchschnittlich 5,8, bei 1-sömmrigen 5,2 Wachstumsringe.

Bedeutung für den Menschen. Verschiedene Autoren, z. B. Weber (1984) und Arnold (1985 b) nehmen an, daß *P. parva* aufgrund ihrer Kleinheit und Unauffälligkeit bereits sehr viel weiter verbreitet ist, als gegenwärtig bekannt. Über Auswirkungen auf die heimische Fauna können bisher nur Vermutungen geäußert werden. *P. parva* zeigt eine hohe Produktivität und starke Ausbreitungstendenz. Dabei profitiert sie wahrscheinlich insbesondere vom vorläufigen Fehlen spezifischer Parasiten und Predatoren im allochthonen Areal. Wahrscheinlich wird sie in Europa eine ähnlich weite Verbreitung und Abundanz wie *Ictalurus nebulosus*, *Lepomis gibbosus* und *Gambusia affinis* erreichen, bevor die Expansionstendenz nachläßt. Die Artenverarmung der heimischen Fischfauna können eingebürgerte Arten höchstens numerisch ausgleichen, aber ausgestorbene oder selten gewordene autochthone Arten nicht ersetzen. Als Nahrungsobjekt für den Menschen kommt *P. parva* auch bei Massenauftreten bei den gegenwärtigen Verzehrgewohnheiten in Mitteleuropa nicht in Betracht. In anderen Teilen Europas werden dagegen auch Kleinfische paniert in Öl gebraten, für Suppen verwendet oder mariniert, aber das sind relativ unbedeutende Nutzungsarten. Auch eine Verwertung als Futtermittel ist möglich. Mit der zunehmenden Zahl unter Schutz gestellter heimischer Wildfischarten könnte *P. parva* als Köderfisch für Angler an Bedeutung gewinnen. Daß *P. parva* selbst geangelt wird, wie ich das in Chiwa (durch Kinder) beobachtete, dürfte sicher relativ selten vorkommen.

Als Aquarienfisch für „Kaltwasser" bietet *P. parva* physisch ideale Voraussetzungen, ist aber farblich zu unattraktiv, um größere Bedeutung zu bekommen. Dagegen wäre sie als leicht züchtbarer Futterfisch für vivaristische Zwecke gut geeignet, weil Einschränkungen durch Naturschutzbestimmungen im Unterschied zu anderen Kleinfischen nicht bestehen. Šebela u. Wohlgemuth (1984) halten *P. parva* zur Verwendung für Toxizitätstests als gut geeignet.

In der BRD wird *P. parva* als Futter-, Aquarien- und Köderfisch im Handel angeboten (Stein u. Herl 1986), und in Albanien verwendet man sie in einigen Fischfarmen als Futter für größere Raubfischarten (Knežević 1981).

3.2.3.2. *Carassius auratus gibelio* (Bloch, 1783)

Etymologie. Carassius = abgeleitet von einem altgriechischen Fischnamen, auratus = goldfarbig (*Carassius a. auratus* gilt als Stammform des Goldfisches).

Trivialnamen. Deutsch: Giebel, Silberkarausche, Silberkarpfen; Englisch: Prussian carp; Russisch: serebrjanyi karassj.

Systematische Stellung/Körperbau. Die Abgrenzung des Giebel gegen verwandte Formen ist sehr problematisch. Insbesondere ist der (gebräuchlich auch die) Giebel schwer von der in großen Teilen Europas bodenständigen Karausche (*Carassius carassius* L.) zu trennen. Eine aktuelle zusammenfassende Arbeit zum Giebel-Problem stammt von Pelz (1987). Die dort genannten sichersten Unterscheidungsmerkmale sind aus Tabelle 11 ersichtlich.

Tabelle 11. Einige Unterscheidungsmerkmale zwischen Karausche *(Carassius carassius)* und Giebel *(Carassius auratus gibelio)*. Zusammengestellt nach P e l z 1987

	Karausche	Giebel
Wirbelzahl	31—34(—35)	(28—)29—31
Anzahl Seitenlinienschuppen	(30—)32—35	27—31(—34)
Anzahl Reusendornen am ersten Kiemenbogen	23—33(—35)	39—50(—54)
Geschlechterverhältnis	etwa 1 : 1	oft nur Weibchen
Schwimmblase	normal	hinterer Teil kegelförmig und verkürzt
Rückenflosse	Oberrand leicht konvex, Ecken abgerundet	Oberrand gerade bis leicht konkav, Ecken spitz, 3. Flossenstrahl stärker gesägt
Körperform	Kopf kaum vom Körper abgesetzt	Kopf-Rücken-Linie im Nacken leicht eingebuchtet

Verwirrt wird die Situation noch durch große Bastardierungsneigung der Cypriniden, die bereits durch L e o n h a r d t (1904) zusammenfassend dargestellt wurde. Vor allem wurden durch meist zumindest ansatzweise vorhandene Barteln gekennzeichnete Bastarde mit dem Karpfen bekannt. Zusätzliche Unklarheiten verursachen die als Zierfische in Europa eingebürgerten diploiden, bisexuellen „Goldfische" *(Carassius auratus auratus)* (vgl. Goldfisch-Monographie P i e c h o c k i 1973), bei deren Zucht häufig naturfarbene Exemplare auftreten, die nicht selten ausgesetzt werden. In den daraus resultierenden Populationen tritt eine schnelle Rückselektion zur fast reinerbig wildfarbenen Form ein.

Nach H e n s e l (1971) ist es nicht möglich, Goldfisch und Giebel morphologisch zu trennen, weshalb eine Unterscheidung der Unterarten *C. auratus auratus* (Goldfisch und dessen Stammform) und *C. auratus gibelio* nicht gerechtfertigt erscheint. Wenn jedoch die europäischen Giebel-Populationen wirklich fast ausschließlich triploid/monosexuell sind, die verwilderten Nachkommen der als Zierfische eingebürgerten Goldfische aber diploid/bisexuell, dann sind beide genetisch isoliert und wären im Sinne der klassischen Artdefinition trotz breiter Überlappung der morphologischen Variationsbreite eigenständige Arten.

V e r b r e i t u n g. Die Frage, ob der Giebel zur ursprünglich heimischen Fauna Europas zu zählen ist, ließ sich bisher nicht eindeutig klären. Wahrscheinlich ist *Carassius auratus* nur in Asien autochthon. Giebelvorkommen in Mitteleuropa sind mindestens seit dem 16. Jahrhundert bekannt (G e s n e r 1560). Während er große Teile Asiens in einem nahezu geschlossenen Areal besiedelt, scheint das in Europa nicht der Fall zu sein (siehe Abb. 58), allerdings sind aufgrund von Verwechslungen mit der Karausche die Kenntnisse diesbezüglich noch sehr lückenhaft.

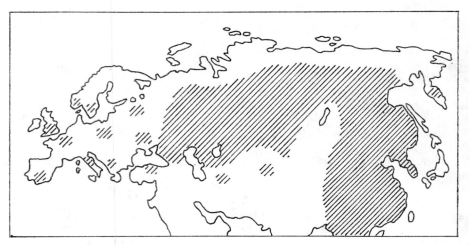

Abb. 58. Verbreitung von *Carassius auratus (gibelio)* in Eurasien. Nach P e l z 1987

Fortpflanzung/Ökologie : Die Ökologie der Art wird sehr von einer Besonderheit der Fortpflanzung bestimmt, die nur bei relativ wenigen Fischarten vorkommt. Während im Ostteil des Giebel-Areals das Geschlechterverhältnis etwa 1 : 1 beträgt, nimmt nach Westen hin der Weibchenanteil zu und europäische Populationen haben nur einen geringen Männchenanteil oder sollen sogar meist monosexuell weiblich sein. Diese triploiden Weibchen laichen zwar mit Männchen anderer Cypriniden ab, aber das Sperma regt lediglich die Eientwicklung an und es findet keine Genübertragung von der Samen- auf die Eizelle statt. Demzufolge sind die Nachkommen wiederum ausschließlich triploide Weibchen und Kreuzungen mit anderen Arten sind dadurch nicht möglich. Eine Übersicht der zur Erklärung der Entstehung und Ausbreitung triploider Giebel begründeten Theorien gibt H o l č i k (1980), während sich P e l z (1987) zur Frage der systematischen Stellung des Giebels äußert.

Nach P e l z breiten sich triploide, gynogenetische Giebel in Mitteleuropa in den letzten Jahrzehnten immer stärker aus. Sie haben ähnliche Biotopansprüche wie die Karausche, meiden jedoch im Gegensatz zu dieser auch Fließgewässer nicht und scheinen langfristig die Karausche aus ihren Lebensräumen zu verdrängen. Auf die Biologie der in Europa allgemein bekannten Arten der Gattung *Carassius* soll hier nicht näher eingegangen werden. Beide können maximal etwa 50 cm Totallänge erreichen. In Mitteleuropa ist ihre wirtschaftliche Bedeutung gering. Man versucht, sie aus Teichwirtschaften fernzuhalten, verwendet aber als Beifang anfallende große Stücke auch für Speisezwecke.

3.2.4. Lebendgebärende Zahnkarpfen (Poeciliidae)

Die Lebendgebärenden Zahnkarpfen (Poeciliidae) sind eine artenreiche Familie der Cyprinodontoidea (Zahnkarpfen), welche – wie der deutsche Name besagt – fertig entwickelte Jungfische gebären. Sie bewohnten ursprünglich ausschließlich das tropische und subtropische Amerika zwischen etwa 42° nördlicher und 36° südlicher Breite, doch inzwischen wurden einige Arten auf anderen Kontinenten eingebürgert. Rosen u. Bailey (1963) unterteilen die Poeciliidae in 3 Subfamilien, 5 Tribes Merkmale sind vor allem die Knochenplatten auf der Dorsalseite des Schädels und und 21 Gattungen mit 138 Arten. Viele der Arten variieren stark und sind leicht kreuzbar, so daß die Artabgrenzung oft nicht leicht ist. Wichtige systematische die Gonopodiumstruktur. Zu den Poeciliidae gehören so bekannte Aquarienfische wie Guppy *(Poecilia reticulata)*, Schwertträger *(Xiphophorus helleri)* und Platy *(Xiphophorus maculatus)*. Es sind durchweg kleine bis sehr kleine, etwa zwischen 1,5 und 20 cm lange Fische, die im männlichen Geschlecht meist erheblich kleiner sind als im weiblichen. Sie sind bis auf eine Ausnahme, den auf Fischnahrung spezialisierten Hechtkärpfling (*Belonesox belizanus* Kner, 1860), vorwiegend auf Oberflächennahrung orientierte Kleintierfresser mit oft erheblichem pflanzlichen Nahrungsanteil.

Die Afterflosse geschlechtsreifer Männchen bildet aus dem 3. bis 5. Flossenstrahl ein röhrenförmiges Begattungsorgan, das Gonopodium. Die damit in den Körper der Weibchen übertragenen Spermabündel können von diesen gespeichert werden und reichen meist für die Befruchtung mehrerer Würfe aus. Mit Ausnahme einiger weniger Arten, die eine Pseudoplazenta besitzen, sind die Eier so dotterreich, daß die Embryonen vom Muttertier keine Nährstoffzufuhr erhalten. Der Abstand zwischen den einzelnen Würfen ist nach Art und Temperatur verschieden, beträgt meist 30 bis 40 Tage, und die Wurfzahlen liegen meist zwischen 20 und 150 Jungfischen. Lebendgebärende Zahnkarpfen sind sehr anpassungsfähig, stellen jedoch entsprechend ihrer geographischen Verbreitung relativ hohe Temperaturansprüche, weshalb in normal temperierten Gewässern Europas lediglich im südlichsten Teil einzelne Arten winterfest sein könnten. Die am weitesten zur gemäßigten Zone hin vordringenden Gattungen sind *Gambusia* (bis 42° nördlicher Breite), *Cnesterodon* (bis 37° südlicher Breite) sowie *Phalloceros* und *Phalloptychus* (bis 35° südlicher Breite).

Als einzige Art wurde bisher *Gambusia affinis* in großen Teilen Europas eingebürgert. In natürlichen und anthropogenen Thermalgewässern wurden dagegen mehrere Arten lokal angesiedelt. Dabei erwies sich die Fortpflanzungsstrategie der Poeciliiden (Vorratsbesamung, Gebären fertig entwickelter Jungfische) als vorteilhaft für das Überleben in extremen Biotopen, so in Kühltassen und Absetzteichen von Kohlekraftwerken.

3.2.4.1. *Gambusia affinis* (Baird & Girard, 1853)

Etymologie. Gambusino (span.) = ein lächerliches Nichts, affinis = verwandt, an eine andere Art angrenzend, holbrooki: nach dem nordamerikanischen Zoologen J. E. Holbrook (1796–1871)

Trivialnamen. Deutsch: Gambuse, Moskitofisch, Koboldkärpfling, Texas-Kärpfling, für „*Gambusia patruelis*" Silberkärpfling; Englisch: Mosquitofish, Gambusia, für *Gambusia affinis holbrooki* Eastern mosquitofish, für *G. a. affinis* Western mosquitofish, Silver gambusia

Synonyme. für *G. a. affinis* – *Arthrophallus patruelis, Heterandria patruelis, Zygonectes gracilis, Gambusia affinis patruelis* und andere; für *G. a. holbrooki* – *Gambusia holbrooki, G. patruelis holbrooki, Haplochilus melanops, Zygonectes melanops* und andere.

Systematische Stellung. Die Gattung *Gambusia* Poey, 1854 gehört zur Unterfamilie Poecilinae, Tribus Gambusiini, für welche u. a. die Gattungen *Brachyrhaphis, Gambusia* und *Belonesox* typisch sind. Rosen u. Bailey (1963) unterscheiden 34 *Gambusia*-Arten, nach Kinzelbach u. Krupp (1982) besteht die Gattung lediglich aus 18 Arten. Das Verbreitungsgebiet der Gattung umfaßt das östliche Nordamerika und Mittelamerika einschließlich der Großen Antillen sowie das Mündungsgebiet des Rio Cauca in Kolumbien. Es beginnt bei 9° nördlicher Breite und erreicht bei Baltimore an der Atlantikküste fast 40° und in der Mississippi-Niederung in den US-Bundesstaaten Illinois und Iowa 42° nördlicher Breite. Die überwiegende Zahl der Arten lebt jedoch südlich des 30. Breitengrades und nur *Gambusia affinis* kommt nördlich des 35. Breitengrades vor.

Die *Gambusia*-Arten sind kleine schlanke Fische von typischer Poeciliidengestalt. Die vorherrschende Körperfarbe ist graubraun bis grünlichbraun. Häufig trägt der Körper kleine dunkle Punkte, die sich auch auf die Flossen erstrecken. Das Gonopodium ist nahezu bilateral symmetrisch, hat am Strahl 3 und 4 Krallen sowie eine distale Ausbuchtung vor diesen Krallen. Die Spitzen der Brustflossen sind bei vielen Arten aufwärts gebogen, mitunter verlängert.

Gambusia affinis wurde von Baird u. Girard (1853) als *Heterandria affinis* aus dem Rio Medina und Rio Salado (San Antonio River-Einzugsgebiet in Texas) beschrieben. Gleichzeitig beschrieben dieselben Autoren eine *Heterandria patruelis*

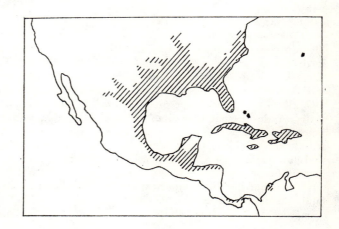

Abb. 59. Verbreitung der Gattung *Gambusia* (kleine Inseln geschwärzt). Nach Rosen u. Bailey 1963

von verschiedenen anderen Fundorten in Texas. Evermann u. Kendall (1894) vereinigten beide in einer Revision unter dem Namen *G. affinis.*

Gambusia affinis holbrooki wurde 1859 durch Girard als *Gambusia holbrooki* beschrieben (Terra typica: Charleston, South Carolina). In ihrer Revision der Poeciliidae erklärten Rosen u. Bailey (1963) *G. patruelis* zum Synonym und teilten den Formenkreis in zwei Unterarten ein: *Gambusia affinis affinis* (Baird & Girard, 1853 und *Gambusia affinis holbrooki* (Girard, 1859).

Nach neueren Erkenntnissen (Black u. Howell 1979, zit. bei Kinzelbach u. Krupp 1982) sind jedoch *G. affinis affinis* und *G. affinis holbrooki* nicht Unterarten, sondern Semispezies, da Untersuchungen zeigten, daß die Weibchen von *G. a. affinis* ein großes heteromorphes Geschlechtschromosomenpaar besitzen, das bei *holbrooki*-Weibchen und den Männchen beider „Unterarten" fehlt. Werden Weibchen von *G. a. affinis* mit Männchen von *G. a. holbrooki* gekreuzt, dann ist die F_1-Generation nicht lebensfähig, wogegen die Kreuzung *G. a. affinis*-Männchen mit *G. a. holbrooki*-Weibchen lebenstüchtig und fruchtbar ist. Für diesen Sachverhalt gibt es keine systematische Kategorie, weshalb seit Hubbs u. Lagler (1947) beide als Unterarten von *Gambusia affinis* aufgefaßt werden. Es gibt aber Autoren, die sich dieser Ansicht nicht anschließen und *Gambusia holbrooki* als eigenständige Art betrachten.

Daraus resultierte viel Verwirrung über die systematische Stellung der in Europa als Wildfische eingebürgerten und als Aquarienstämme vorhandenen Gambusen, die bis heute anhält. Bei den auch nördlich des 35. Breitengrades vorkommenden, relativ temperaturharten Formen unterschied man in Mißachtung der Revision von Evermann u. Kendall *Gambusia affinis, G. holbrooki* und *G. patruelis.* Nach Stansch (1914) hat *G. patruelis* stets einen karmin- bis orangeroten Fleck in Afternähe, *G. affinis* hat 8 Dorsalstrahlen, im Gegensatz zu *G. holbrooki* mit nur 6–7 Dorsalstrahlen und bei Männchen fast immer vorhandener Schwarzfleckung des Körpers, die alte Männchen oft ganz schwarz erscheinen läßt.

Boettger (1933) befaßte sich kurz nach der Einbürgerung in Italien mit dem Problem der Artzugehörigkeit dieser Gambusen und bezeichnete diese als *Gambusia patruelis.*

Sterba (1959) schrieb zu *G. affinis holbrooki.* „Die Form unterscheidet sich von der Nominatform im weiblichen Geschlecht kaum; dagegen sind die wesentlich kleineren Männchen stets locker gefleckt." Er weist zwar auch auf den Unterschied in der Zahl der Rückenflossenstrahlen hin (*G. a. affinis* 7–9; *G. a. holbrooki* 6–8), da aber den in den letzten Jahrzehnten mehrfach von Aquarianern aus Freilandbeständen Südeuropas mitgebrachten Exemplaren die Schwarzfärbung fehlte, wurden alle als *G. a. affinis* angesprochen, und Stallknecht (1970) kam auf dieser Basis zu der Feststellung, daß alle aus Bulgarien und Ungarn in die DDR gebrachten Gambusen *Gambusia (a.) affinis* zuzuordnen sind. Jacobs (1963) stellte jedoch bereits richtig fest: „Was bisher hierüber (über die Einbürgerung in Europa und über Gambusen als Aquarienfische in Mitteleuropa, d. Verf.) geschrieben wurde, betrifft fast ausnahmslos *Gambusia affinis holbrooki.* Ob *Gambusia affinis affinis* aus Texas mit den Fischimporten aus dieser Gegend überhaupt schon nach Deutschland eingeführt wurde, ist ungewiß."

Inzwischen kann aber, abgesehen vom umfangreichen aquarienkundlichen Schrifttum als gesichert gelten, daß alle in Europa eingebürgerten Gambusen zu *G. affinis holbrooki* gehören. Nach meiner Kenntnis kamen bei Untersuchung des Gonopodiumbaues bisher alle Autoren zu dieser Ansicht, z. B. N a j e r a (1944) für Spanien und die Kanarischen Inseln, K i n z e l b a c h u. K r u p p (1982) für Südfrankreich, Oberitalien, die Türkei, Syrien und Afghanistan, L ü l i n g (1983) für den Milchsee/ Rumänien, A r n o l d (1987) für Wildbach/DDR, Milchsee/Rumänien, sowie Taschkent, Buchara und Baku in Mittelasien. Lediglich B e r g (1949) gibt für die UdSSR beide Unterarten an, was jedoch zweifelhaft ist, zumal die Revision durch R o s e n u. B a i l e y (1963) noch nicht vorlag. Nach S t a n s c h (1914) sind die zur Malariabekämpfung nach Europa importierten Gambusen unabhängig von den wahrscheinlich wieder ausgestorbenen Aquarienstämmen geblieben und gehen vielleicht alle auf den Erstimport nach Europa zurück.

K ö r p e r b a u u n d F ä r b u n g. *Gambusia affinis* ist ein kleiner, unscheinbarer Fisch von typischer Poeciliiden-Gestalt. Die Männchen erreichen bis etwa 3,5 cm, die Weibchen bis 6 cm Totallänge. Nach A r n o l d (1987) liegt die Standardlänge geschlechtsreifer eurasischer *Gambusia affinis holbrooki* bei Männchen zwischen 15 und 24 mm und bei Weibchen zwischen 31 und 38 mm.

Die von P e n a z u. Z a k i (1985) beschriebenen *G. affinis* (ohne Angabe der Unterart, da beispielsweise aber die in der Türkei und Syrien verbreiteten *Gambusia* gleicher Herkunft wie die europäischen sind, kann man annehmen, daß es sich um *G. a. holbrooki* handelt) aus dem Lake Mariut in Ägypten wiesen folgende Maße auf: Totallänge: Männchen durchschnittlich 32,92 mm, Weibchen 39,54 mm; Standardlänge: Männchen 25,3–29,0 mm, durchschnittlich 26,70 mm; Weibchen 30,8–37,5 mm, durchschnittlich 32,43 mm. Die Kopflänge betrug bei den Männchen 24,47 % und bei den Weibchen 25,32 % der Standardlänge, die größte Körperhöhe bei Männchen 23,07 % bei Weibchen 23,25 % der Standardlänge, sowie die Höhe des Schwanzstieles bei Männchen 14,23 % und bei Weibchen 12,92 % der Standardlänge. Männchen hatten durchschnittlich 30,90 und Weibchen 31,27 Seitenlinienschuppen. Ihre Zahl variierte zwischen 29 und 33, meist zwischen 30 und 32. Die Zahl der Dorsalstrahlen betrug 7–9, bei Männchen durchschnittlich 8,10, bei Weibchen durchschnittlich 8,00. Die Zahl der Afterflossenstrahlen der Weibchen bewegte sich zwischen 9 und 10 und betrug im Durchschnitt 9,53.

Nach S t e r b a (1959) haben beide Unterarten 30 bis 32 Seitenlinienschuppen, 6 Ventral- und 13 bis 14 Pectoralstrahlen. Die Anale hat bei *G. a. affinis* 9, bei *G. a. holbrooki* 9 bis 10 und die Dorsale bei *G. a. affinis* 7 bis 9, bei *G. a. holbrooki* 6 bis 8 Strahlen.

Nach P e n a z u. Z a k i (1985) läßt sich das Verhältnis zwischen Länge und Gewicht bei *G. affinis* durch die Gleichung $W = a \cdot L^b$ wie folgt beschreiben: W = weigth (Gewicht in mg), L = Standardlänge in mm. Für Exemplare aus dem Lake Mariut fanden sie folgende Werte:

Männchen (n = 363); a = 0,010–0,013, b = 2,751–3,049 (k = 0,969–1,119);
Weibchen (n = 631): a = 0,010–0,012, b = 2,803–3,067 (k = 1,006–1,106).

Nach dieser Formel berechnet würde beispielsweise ein Weibchen von 35 mm Standardlänge 0,213–0,653 g wiegen und ein Männchen von 20 mm SL nur 0,038–0,120 g.

Demzufolge wiegen Weibchen das 1,8- bis 17fache eines Männchens. Bei dem relativ wenigen von mir bisher aus Wildbach/DDR untersuchten Material erwies sich die o. g. Gleichung als nicht ganz zutreffend, denn die Weibchen waren gedrungener gebaut. Beispielsweise wogen zehn am 6. 3. 1989 gefangene Weibchen mit durchschnittlich 31,8 mm SL im Mittel 0,452 g, und zu fortgeschrittener Jahreszeit wird infolge Trächtigkeit das Gewicht gleichgroßer Weibchen noch deutlich höher sein.

Wie bereits im vorhergehenden Abschnitt festgestellt, ist das Vorhandensein oder Fehlen einer Schwarzfleckung kein verwertbares Kriterium zur Unterscheidung von *Gambusia a. affinis* und *G. a. holbrooki.* Nach R o s e n u. B a i l e y (1963) sind sie am leichtesten daran zu unterscheiden, daß *G. a. holbrooki* im Normalfall 7 bis 8 Strahlen in der Rückenflosse hat und *G. a. affinis* nur 6. Weiterhin zeigt sich bei seitlicher Betrachtung des Gonopodiums, daß bei der Nominatform das Ende des 4. Gonopodiumstrahls zu einem deutlichen Haken umgebogen ist, über dem ein weiterer Haken des 3. Strahls steht. Stattdessen sind bei *G. a. holbrooki* nur 1 bis 2 kleine Höcker, jedoch keine Widerhaken, zu erkennen (Abb. 60).

Da die Zahl der Rückenflossenstrahlen doch ein relativ unzuverlässiges Merkmal zu sein scheint, sollte die Frage, ob es sich um *G. a. affinis* oder *G. a. holbrooki* handelt, immer durch Untersuchung der Gonopodiumstruktur entschieden werden.

Die Grundfärbung europäischer *Gambusia affinis holbrooki* ist in beiden Geschlechtern olivbraun bis graubraun. Bei Sonnenschein, von oben betrachtet, fallen Gambusen häufig durch grünlich leuchtenden Rücken auf. Seiten und Bauch sind silbrigweiß, auf Körperseiten und den unpaarigen Flossen befinden sich zu Längs- und Querreihen geordnete kleine dunkle Punkte. Die Schuppenränder sind etwas dunkel abgehoben, aber die dadurch entstehende Netzzeichnung ist nicht ganz so deutlich wie beim Guppy *(Poecilia reticulata).* Durch das Auge zieht sich, nicht ganz senkrecht stehend, eine keilförmige schwarze Binde. Vor allem die Männchen zeigen einen schwachen stahlblauen Glanz auf den Flanken. Die viel größeren und

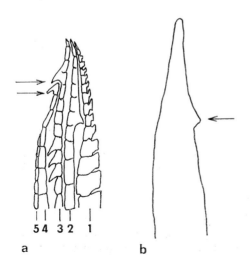

Abb. 60. Spitze des Gonopodiums. A *Gambusia a. affinis* (nach T u r n e r 1941, aus R o s e n u. B a i l e y 1963; Flossenstrahlen mit 1–5 numeriert), B *Gambusia a. holbrooki* aus Wildbach/DDR (Orig.)

fülligeren Weibchen haben zwischen After- und Bauchflossen einen dunklen Trächtigkeitsfleck. Eine Schwarzscheckung des Körpers, die bei Männchen von *G. affinis holbrooki* grundsätzlich vorhanden sein soll (S t a n s c h 1914, S t e r b a 1959), habe ich bei den mir bekannten Populationen in Europa, Transkaukasien und Mittelasien nie beobachtet. Solche Tiere sind bei B r ü n i n g (1910) und S t a n s c h (1914) zeichnerisch dargestellt, waren also vielleicht als Aquarienstämme zeitweilig in Mitteleuropa vorhanden.

V e r b r e i t u n g u n d E i n b ü r g e r u n g. Die autochthonen Areale der beiden Semispezies sind nach J a c o b s (1963) infolge Verwechslungen lange Zeit unklar geblieben.

Gambusia affinis affinis kommt nach S t e r b a (1959) in den „Südstaaten der USA, von Osttexas bis Alabama", nach M y e r s (zit. bei J a c o b s 1963) „nur in Texas in den Flußsystemen des San Antonio und des Guadelupe" und laut R o s e n u. B a i l e y (1963) „im Rio Pánuco-Becken, nördlich Veracruz, Mexiko, nordwärts bis südliches Indiana und östliches bis südliches Alabama; in vielen Gebieten eingebürgert" vor. K i n z e l b a c h u. K r u p p (1982) geben als natürliche Vorkommen „Mississippi-Becken und in den Zuflüssen des Golfes von Mexiko (Texas bis Mississippi)" an.

Gambusia affinis holbrooki besiedelt nach S t e r b a (1959) „New Jersey bis Florida, Kalifornien", laut M y e r s (zit. bei J a c o b s 1963) „die östlichen und südöstlichen Staaten der USA zwischen 20. und 35. Grad nördlicher Breite von Florida bis Texas. Ferner kommt sie auch im nördlichen Mexiko vor". R o s e n u. B a i l e y (1963) nennen „südliches Alabama und Florida, in der Küstenebene nordwärts bis südliches New Jersey", K i n z e l b a c h u. K r u p p (1982) „ursprünglich entlang der Ostküste der USA von New Jersey bis zu den Zuflüssen des Golfes von Mexiko in Nord-Florida".

Trotz dieser teils recht widersprüchlichen Angaben ist grundsätzlich festzustellen, daß entsprechend den amerikanischen Trivialnamen *G. a. affinis*, der Western mosquitofish, als kontinentale Form das Mississippibecken besiedelt und *G. a. holbrooki*, der Eastern mosquitofish, die Einzugsgebiete der kleinen atlantischen Küstenflüsse.

Die folgenden Angaben zur Einbürgerungsgeschichte und Verbreitung in Europa beziehen sich auf *Gambusia affinis holbrooki*, denn es ist unsicher, ob *G. a. affinis* je nach Europa gelangte. Die Mitteilung bei S t e r b a (1959) über Erstimport 1914 beruht auf Verwechslung mit *G. a. holbrooki*.

Nach P e t z o l d (1968) brachte 1769 José Anthonio d e A l z a t e y R a m i r e z erste Mitteilungen über lebendgebärende Fische in Amerika nach Europa. Mitte des 19. Jahrhunderts gelangten dann Sendungen konservierten Belegmaterials in wissenschaftliche Sammlungen, ab Ende des 19. Jahrhunderts auch erste lebende Exemplare. Nach S t a n s c h (1914) und J a c o b s (1963) gelangten 1898 zu H. S t ü v e /Hamburg und P. N i t s c h e/Berlin die ersten lebenden *G. affinis holbrooki*, welche erst falsch als *Girardinus uninotatus* bestimmt wurden. Es waren nur männliche Exemplare, und erst in den Jahren 1901 und 1902 erhielt S t ü v e auch noch einige Weibchen. Laut S t a n s c h (1914) wurde im Frühjahr 1906 von der Firma K ö p p e & S i g g e l k o w in Hamburg „*Gambusia patruelis*" erstmals eingeführt.

In der Folgezeit kam es jedoch zu einer Flut von Importen tropischer Zierfischarten. Für deren Haltung wurden bessere technische Voraussetzungen (insbesondere Aquarienheizung) geschaffen, welche die farblich wenig attraktiven, in der Zucht heiklen und unverträglichen *G. affinis holbrooki* bald aus den Aquarien verdrängten. Zu einer Aussetzung und Einbürgerung von Aquarienstämmen in Europa kam es aber sehr wahrscheinlich nicht, zumal es nicht möglich war, dafür größere Mengen im Aquarium zu züchten.

Der gezielte Einsatz von Fischen gegen Moskitolarven begann nach K i n z e l - b a c h u. K r u p p (1982) etwa um 1900. Im Jahre 1921 wurde *Gambusia affinis (holbrooki)* zu diesem Zweck erstmals aus den USA nach Italien und Spanien gebracht. Sie erreichten zunächst nur Spanien lebend, wo man aber große Mengen züchten und bereits im Folgejahr einen Zuchtstamm nach Italien weitergeben konnte. Da die Erfolge in der Malariabekämpfung noch größer als in Amerika waren, wurden 1924 Gambusen von Italien nach Korsika und auf einige Adriainseln gebracht. Nach Istrien kam *Gambusia* 1925, nach Dalmatien 1926, nach Griechenland, in die Camargue und in die Crau Region (Frankreich) 1928. Auch von den Kanarischen Inseln, Portugal, Ungarn und Rumänien wurden Vorkommen bekannt, und seit etwa 1930 ist die Art nach beiden Autoren „praktisch überall in Südeuropa" zu finden. H i l d e - b r a n d (1931, zit. bei K i n z e l b a c h u. K r u p p 1982) nennt auch bereits das Vorkommen in „Deutschland und Österreich", aber ohne konkrete Fundortangaben. In die Sowjetunion wurde *G. affinis* 1924 aus Italien importiert. Über Transkaukasien kam sie in den Nordkaukasus, nach Daghestan, in die Schwarzmeerregion und Ukraine. Dort soll es gelungen sein, kälteresistente Stämme zu züchten und bei Dnepropetrowsk, Kiew und in der unteren Wolga sowie bei Odessa anzusiedeln. Nach

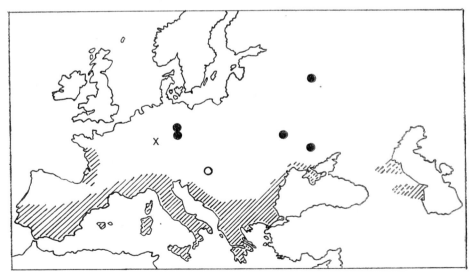

Abb. 61. Verbreitung von *Gambusia affinis* in Europa. Orig. ● = künstliche Warmgewässer, ○ = natürliche Warmgewässer, ✗ = Einbürgerungsversuch

Kinzelbach u. Krupp gelangte *Gambusia affinis* auch nach Südamerika, Afrika, Asien und Australien. Auch in Japan kommt die Art vor (S a w a r a 1974). „Auf der Südhalbkugel reichen die neuen Vorkommen bis 40° s. B. und auf der Nordhalbkugel, in Kanada und in der Sowjetunion, bis weit über 50° n. B. hinaus." Es ist jedoch nicht ausgeschlossen, daß alle Vorkommen etwa nördlich des 45. Breitengrades (z. B. Kiew 50,5° n. B.) unter dem Einfluß von Warmwassereinleitungen aus Kraftwerken oder ähnlichen Einflüssen stehen. Nachfolgend einige konkrete Fundortangaben (mit + gekennzeichnet sind Vorkommen, die nachweislich unter Warmwassereinfluß stehen):

- Mündungsgebiet der Garonne und Loire/Frankreich (Verbreitungskarte) (M a i t l a n d 1977)
- Straßengraben am Ostufer des Etang des Vaccarés, Camargue, Frankreich 1978 (K i n z e l b a c h u. K r u p p 1982)
- Bewässerungs-Sammelgraben beim Centre Ecologique de la Camargue 1978 (ebd.)
- Lago di Piano, Nord-Italien, 1979 und 1980 (ebd.)
- Weiher bei Bentivoglio, etwa 10 km nördlich Bologna/Italien 1980 (ebd.)
- meeresnaher Salzwassersumpf bei Rovinj in Istrien/Jugoslawien (B i t t n e r 1976)
- Aheron-Kokitos-Einzugsgebiet in Nordwest-Griechenland (D a s 1985)
- +Warmwasserteich bei Wildbach/Erzgebirge/DDR, seit 1984 (A r n o l d 1987)
- +Zschampert bei Leipzig/DDR 1984 (wahrscheinlich erloschen) (ebd.)
- +Kühlteiche der Elektrizitätswerke Moskau (N i k o l s k i 1957)
- +Milchsee bei Mamaia/Rumänien 1977/1983 (L ü l i n g 1983, A r n o l d 1987)
- +Bach bei Heviz, nahe Keszthely am Westufer des Balaton/Ungarn (B r u n s 1978, M e y e r 1984)
- Graben zwischen Pizunda und dem Fluß Brsib, Transkaukasien/UdSSR 1984 (I l l i g 1985 in litt.)
- Graben mit salzigem Wasser am Stadtrand von Buchara, Usbekistan/UdSSR 1986 (A r n o l d 1987)
- Taschkent/UdSSR, Teich am Fersehturm 1985 (A r n o l d 1987)
- Parkteich in Baku/UdSSR an der Küstenpromenade des Kaspischen Meeres 23. 9. 1987 (A r n o l d unveröff.)
- Teich links der Straße nach Achtopol/Bulgarien, vor der Brücke über den Ropotamo-Fluß (L ä n g e r t 1987 in litt.)
- Syrien: 25 Fundorte im Becken des Orontes-Flusses, 1 Fundort am Euphrat und 2 in Teichen der Küstenregion, 1977–1979 (K r u p p 1983)
- Lake Mariut bei Alexandria/Ägypten (P e n a z u. Z a k i 1985)

Im Oberrheingebiet/BRD wurde 1978 der Versuch unternommen, *Gambusia affinis holbrooki* zur Stechmückenbekämpfung einzubürgern (K i n z e l b a c h u. K r u p p 1982). Dazu wurden 2 300 Exemplare aus der Camargue/Frankreich und aus Norditalien in fünf Gewässern bei Germersheim, Braunweiler und Mainz ausgesetzt. Sie vermehrten sich dort im Sommer zum Teil reichlich, überstanden aber bereits den besonders strengen Winter 1978/79 nicht. Auch in den folgenden beiden Jahren ausgesetzte Gambusen und deren Nachkommen im Freiland überlebten den ersten Winter nicht. Damit wurde der Einbürgerungsversuch als gescheitert aufgegeben.

B i o t o p a n s p r ü c h e. Zur Charakterisierung der Biotopansprüche von *Gambusia affinis holbrooki* in Europa sollen auszugsweise folgende Beispiele von Fundortbeschreibungen stehen:

1. K i n z e l b a c h u. K r u p p (1982): Camargue/Frankreich, Oktober 1978. Bewachsener Straßengraben von 2–4 m Breite und maximal 50 cm Tiefe; Ufer steil, Untergrund lehmig; reiche submerse und emerse Vegetation; Wassertemperatur 10.30 Uhr 14 °C, Leitfähigkeit 320 Mikrosiemens; Begleitfauna: keine weiteren Fischarten; zahlreiche Wasserkäfer, Wasserwanzen und Blasenschnecken *(Physa acuta)*.

2. dgl.: Camargue, Oktober 1978, Bewässerungs-Sammelgraben 3–4 m breit, bis 1,5 m tief, Steilufer, lehmiger Grund; in Ufernähe etwas *Phragmites* und *Typha* sowie Algen; Wasser schwach fließend, 12.00 Uhr 14,7 °C, Leitfähigkeit 350 Mikrosiemens; Muscheln *(Anodonta, Unio)*, Sonnenbarsche, Weißfische.

3. R e i m a n n (in litt., zit. bei dgl.): Lago di Piano/Italien, Juni 1980; See mit nur an wenigen Stellen unterbrochenem Schilfgürtel; Wasser klar, 20 °C, Boden steinig und weitgehend pflanzenfrei; Forellen- und Sonnenbarsche.

4. dgl.: Karauschenzuchtweiher am Dorf Bentivoglio, etwa 10 km nördlich von Bologna; Weiher 25 × 60 m, Ufer steil, am Ufer 26–27 °C, zahlreiche sehr große Gambusen, etwa 80 % Weibchen.

5. D a s (1985): Griechenland, Untiefe der Mündung der Flüsse Aheron und Kokitos in das Ionische Meer, 30. 4. 1982; Wasser 19 °C, klar und geruchlos, 1 m tief, Strömungsgeschwindigkeit im Fluß 20 cm/s, auf der Sandbank null; pH-Wert 7, Gesamthärte > 70° dGH, Karbonathärte 13° dKH, NH_4^+ 0,5–1 mg/l, NO_2^- n. n., Dichte bei 18 °C < 1,005 (Brackwasser); Flora: *Phragmites, Myriophyllum, Juncus,* Algenwatten (Chlorophyceae); Begleitfauna: junge Ährenfische (Atherinidae), *Valencia letourneuxi*, juv. Cyprinidae, juv. *Anguilla anguilla*, Garnelen *(Palaemonetes* sp.).

6. L ü l i n g (1983), A r n o l d (1987): Milchsee an der rumänischen Schwarzmeerküste bei Mamaia. 1 900 ha großer Süßwassersee mit breiten Schilfbeständen, submerse Vegetation vor allem *Potamogeton pectinatus* und Characeen; Eutrophierung durch Abwassereinleitung; am Nordufer Warmwasserzufluß, wo *G. affinis* überwintern soll; pH-Wert 7,4, Gesamthärte 20,7° dGH, Leitfähigkeit 1 110 Mikrosiemens, Chlorid 203 mg/l, Sulfat 180 mg/l. Begleitfauna: nach L ü l i n g 29 weitere Fischarten. *G. affinis* fand ich hier nur im Flachwasser an den wenigen schilffreien Stellen. Solche flachen, sonnenexponierten Stellen sind für die Art sehr wichtig.

S a l z t o l e r a n z. *Gambusia affinis holbrooki* ist gegenüber einem erhöhten Salzgehalt des Wassers sehr tolerant. Das betrifft sowohl salzige Binnengewässer mit Salzen verschiedener Zusammensetzung, als auch Meerwasser in unterschiedlicher Verdünnung (Brackwasser). So fand ich im April 1986 als einzige Fischart in einem Graben in Buchara/UdSSR, dessen Wasser stark salzig schmeckte und der von Pfützen mit dicken Salzkrusten umgeben war. Nach K r u p p (1983) kommt die Art in Syrien in Gewässern mit bis 1,8 % Salzgehalt vor. D a s (1985) fand *G. affinis* in Griechenland in Brackwasser mit einer Dichte bis 1,005 bei 18 °C. Das Meer meidet *G. affinis*, aber wahrscheinlich nicht wegen des Salzgehaltes, sondern vielleicht eher, weil die Brandung keinen Aufenthalt im Flachwasser zuläßt. Beispielsweise hat *G. affinis* Gelegenheit, über einen Verbindungskanal aus dem Milchsee (L ü l i n g 1983,

Arnold 1987) in das mit 1,8 % relativ salzarme Schwarze Meer einzudringen, tut dies aber nicht. Im Aquarienversuch habe ich Wildfänge aus einem Warmgewässer bei Wildbach/DDR innerhalb von 12 Tagen an Meerwasser mit 1,8 % Salzgehalt gewöhnt. Dabei traten keine Verluste auf und es wurden weiterhin normal entwickelte Jungfische geboren. Auch vielen anderen Lebendgebärenden Zahnkarpfen ist eine hohe Salztoleranz eigen. Der Guppy *(Poecilia reticulata)* kann nach P e t - z o l d (1968) problemlos an Meerwasser mit 3,6 % Salzgehalt, wie in den meisten Meeren vorhanden, gewöhnt und darin auch gezüchtet werden.

B i t t n e r (1976) stellte in einem von *G. affinis* besiedelten Palutümpel bei Rovinj in Istrien/Jugoslawien jeweils im September den Salzgehalt fest (Tabelle 12).

Tabelle 12. Salinität und Serumosmolalität bei *Gambusia affinis (holbrooki)* in einem Palutümpel bei Rovinj/Istrien (Jugoslawien). Messungen jeweils im September der Jahre 1970–75. Aus B i t t n e r 1976

Jahr	Serumosmolalität (mosm)	Salinität (mval Na$^+$/l)
1970	60	40
1972	115	—
1973	330	—
1974	330	—
1975	110—150	70

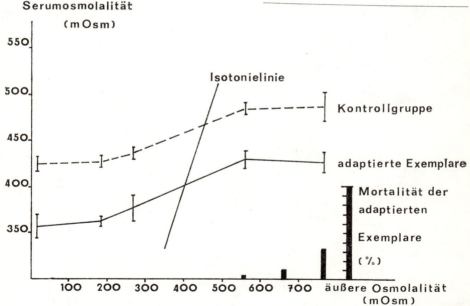

Abb. 62. Veränderung der Serumosmolalität von *Gambusia affinis* bei Steigerung der äußeren Osmolalität (an 175 mOsm adaptierte Exemplare und nicht vorbehandelte Kontrollgruppe). Bis 530 mOsm steigt die Serumosmolalität mit Erhöhung der äußeren Osmolalität an, dann beginnt die Salzausscheidung. Ab 530 mOsm nimmt auch die Mortalität zu und wächst bis etwa 800 mOsm auf 33 % an. Nach B i t t n e r 1976

Für die nachstehend genannten Versuche des gleichen Autors wurden jedoch *G. affinis* aus einem Süßwassertümpel (10–20 mosm Außensalinität) des gleichen Gebietes verwendet. Eine Adaptation an 175 mosm Außensalinität hatte dabei keinen Einfluß auf die Serumosmolalität und den Sauerstoffverbrauch der Versuchsfische (Abb. 62). Bei Erhöhung der äußeren Salinität schrittweise auf 530 mosm stieg die Serumosmolalität von 350 auf 430 mosm linear an und bei 410 mosm wurde die Isotonielinie geschnitten. Ab einer Salinität von 530 bis etwa 800 mosm ($= 2{,}12$–$3{,}2 \%$ Salzgehalt) änderte sich die Serumosmolalität nicht mehr, aber die Mortalität stieg auf 33 %. Darin widerspiegelt sich das Problem des „Umschaltens" von der Notwendigkeit der Süßwasserfische, Wasser auszuscheiden, wogegen Meeresfische Salz ausscheiden müssen, um den osmotischen Druckunterschied auszugleichen.

In weiteren Versuchen wurden Gambusen in 0,6 %iges ($= 175$ mosm) und 1,0 %iges Salzwasser ($= 250$ mosm) gesetzt. Während bei 0,6 % sich keine Erhöhung des Sauerstoffbedarfes ergab, stieg im Versuch mit 1,0 % derselbe zunächst innerhalb von 5 Tagen auf reichlich das 1,5fache an, um dann langsam wieder abzusinken (Abb. 63). Neben dem Sauerstoffverbrauch nutzte B i t t n e r das Anschwimmen der Versuchsfische gegen eine im Labor erzeugte Strömung als Maß für die Vitalität der Fische bei unterschiedlichen Salzkonzentrationen. Er fand, wie schon R e d d y u. P a n d i a n (1974), daß das Anschwimmen bis zu einer Strömungsgeschwindigkeit von 25 cm/s stärker wurde und ab etwa 30 cm/s wurden die Fische

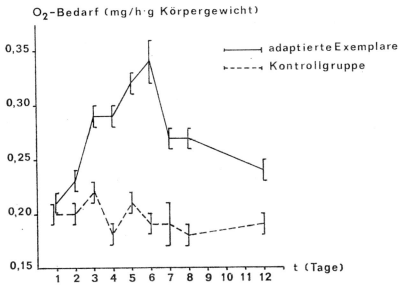

Abb. 63. Veränderung des Sauerstoffbedarfes von *Gambusia affinis* bei Dauerhaltung in 1,0%-igem Salzwasser. In der Adaptationsphase steigt der Sauerstoffbedarf sprunghaft um durchschnittlich 14 mg/h · g Körpergewicht am 6. Tag an. Nach B i t t n e r 1976.

abgetrieben. Bei Meerwasserkonzentration von 980 mosm (was etwa 3,9 % Salzgehalt entspricht, d. Verf.) wurde das Anschwimmen deutlich verstärkt. Bis 10 cm/s war noch kein Unterschied gegenüber den Kontrolltieren und Versuchen mit niedriger Osmolalität feststellbar, bei 15–25 cm/s war das Anschwimmen besonders stark und ab 30 cm/s wurden die Gambusen abgetrieben. B i t t n e r nimmt an, daß das starke Anschwimmen eventuell eine Fluchtreaktion vor der hohen Salzkonzentration ist.

Die Laborversuche zeigten, daß erst ab etwa 2 % Salzgehalt eine deutliche Erhöhung der Mortalität in Erscheinung tritt. Nach A h u j a (1964, zit. bei K i n z e l b a c h u. K r u p p 1982) liegt bei graduell gesteigerter Salinität die LD_{50} bei einem NaCl-Gehalt von 5 %, die LD_{95} bei 8 % (LD_{50} und LD_{95} = Konzentrationen, bei denen 50 bzw. 95 % der Versuchstiere sterben). Die Unterschiede mögen insbesondere durch Adaptation und andere Inhaltsstoffe (andere Salze können die Verträglichkeit für NaCl sogar steigern) begründet sein.

T e m p e r a t u r a n s p r ü c h e. Diese spiegeln sich in der Nord-Süd-Ausdehnung des Areals einer Fischart wider. In Nordamerika liegt die nördliche Arealgrenze von *G. affinis holbrooki* nach R o s e n u. B a i l e y (1963) etwa bei 42° n. B., in Europa nach A r n o l d (1987) etwa bei 43° n. B. Die Mitteilung von K i n z e l b a c h u. K r u p p (1982), wonach *Gambusia affinis* in Kanada und in der UdSSR nördlich des 50. Breitengrades vorkommt, sagt wenig aus, denn es können dabei Vorteile bei der Überwinterung durch Warmwassereinleitung in die betreffenden Gewässer nicht ausgeschlossen werden. Beide Autoren nehmen auch an, daß die Nominatform von *G. affinis* weiter nach Norden vordringe und kälteresistenter sei.

Nach W i n k l e r (1979) kann *G. affinis* Temperaturen zwischen 0° und 40 °C ertragen. Das kann sie aber offenbar nur vorübergehend, denn die Einbürgerungsversuche von Kinzelbach u. Krupp im Oberrhein-Gebiet (50° nördlicher Breite) zeigten, daß sie hier den Winter nicht übersteht. Aufgrund der Anomalie des Wassers (größte Dichte bei 4 °C) herrschen in der Tiefe mitteleuropäischer Gewässer im Winter 0 bis +4 °C. Allerdings dürften die einzelnen Gambusenstämme ihrer Herkunft entsprechend eine unterschiedliche Kälteresistenz haben. Es ist somit nicht ganz auszuschließen, daß in Warmgewässern, die in Kontakt mit normal temperierten Gewässern stehen, langfristig kälteresistente Stämme entstehen.

Zwölf *G. a. holbrooki* aus einem Warmgewässer in Wildbach/DDR habe ich vom 15. 11. 84–21. 1. 85 bei 4–6 °C und fast völliger Dunkelheit gehalten, ohne daß dabei ein sichtbarer Konditionsverlust eintrat. Weiterhin wurden im Frühjahr 4 Männchen und 6 Weibchen der gleichen Population, die im Aquarium bei 20–23 °C überwintert worden waren, in 16 Stunden auf 1 °C abgekühlt und nach 30 min innerhalb 24 Stunden wieder auf 20 °C erwärmt, ohne daß Verluste auftraten. Nach J a c o b s (1963) kann *G. a. holbrooki* bei Temperaturen zwischen 12 und 35 °C gut im Freiland gehalten und bei 10–12 °C überwintert werden. Bei 18–20 °C Haltungstemperatur soll sich die Schwarzscheckung am ehesten entwickeln, und bei 22–24 °C „kann mit einem hohen Prozentsatz fast schwarzer Tiere gerechnet werden."

N a h r u n g. Da der Nutzen von *Gambusia affinis* im Fressen von Stechmückenlarven besteht, liegen über diese Fischart einige detaillierte Ernährungsanalysen vor.

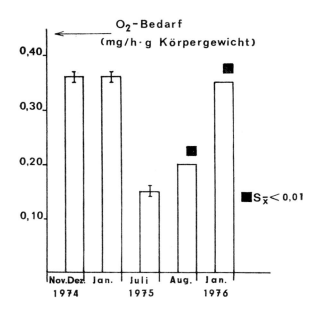

Abb. 64.
Veränderung des Sauerstoffbedarfes von *Gambusia affinis* in Abhängigkeit von der Jahreszeit. Nach Bittner 1976

Sokolov (1936) fand bei Mageninhaltsuntersuchungen an *G. affinis* aus Reisfeldern Zentralasiens 14 % pflanzliche Nahrung. Die restlichen 86 % tierischer Nahrung bestanden insbesondere aus Culicidenlarven, weiterhin vor allem, in Reihenfolge fallender Bedeutung, Mollusca, Copepoda, Cladocera, Acarina, Rhynchota, Coleoptera, Ephemeridae, Trichoptera, Chironomidae und Rotatoria. Die Zusammensetzung der Nahrung ist in den einzelnen Altersstufen unterschiedlich. Die Jungfische sollen sich anfangs bis zu 91 % von Rotatorien ernähren. Später nehmen sie dann nach Sokolov sogar relativ mehr *Anopheles*-Larven auf als Alttiere. Arnold (1987) fand bei Mageninhaltsuntersuchungen einzelner adulter Weibchen von *G. affinis holbrooki* aus Wildbach/DDR und Taschkent/UdSSR insbesondere Anflugnahrung, vor allem Dipteren (überwiegend Nematocera), Arachnida, Collembola, Amphipoda, aquatische Insektenlarven und Pflanzenteile. Dabei zeigte sich – wie zu erwarten –, daß die Nahrungszusammensetzung weiterhin Biotop- und jahreszeitabhängig ist.

Im Wahlversuch (Krupp 1982) zeigte *G. affinis holbrooki* im Vergleich zu anderen Fischarten *(Carassius carassius, Leuciscus leuciscus, Lepomis „cyanella")* eine besondere Bevorzugung von Culicidenlarven im Vergleich zu anderer Nahrung (Chironomidenlarven, Daphnien), wodurch sie sich zu deren Bekämpfung besonders eignet. Zugleich kommt sie den Habitatansprüchen der Culicidenlarven (flache, warme Kleingewässer) näher als die meisten der in Europa beheimateten Fischarten. Wie Krupp ermittelte, liegt auch die Predation für Culicidenlarven in Prozent des Körpergewichtes bei *G. a. holbrooki* wesentlich höher als bei den o. g. Fischarten, aber das setzt eine Wassertemperatur zwischen 20 und 30 °C voraus. Die Freßrate für Culicidenlarven des Stadiums IV (Stechmücken der Familie Culicidae häuten

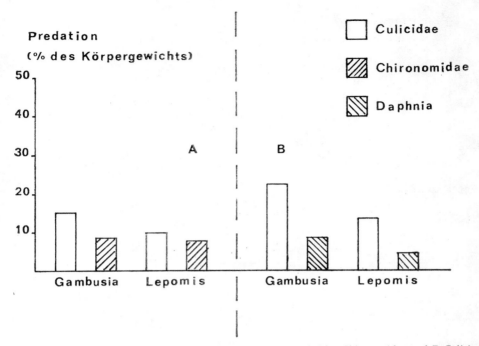

Abb. 65. Selektive Predation im Wahlversuch zwischen: A Culicidae-Chironomidae und B Culicidae-*Daphnia* im Vergleich zwischen *Gambusia affinis holbrooki* und *Lepomis cyanellus*. Nach Krupp 1982

sich zwischen Ei- und Puppenstadium 3mal, d. h. IV ist das letzte Larvenstadium) verdoppelte sich bei *G. a. holbrooki* im Temperaturbereich von 12 bis 33 °C durchschnittlich alle 4,5 Grad. Die Predation erreicht bei 30 °C fast 60 % des Körpergewichtes (Krupp 1982), verschiedene Autoren geben sogar Freßraten bis 100 % an, was sich aber wahrscheinlich auf Jungfische bezieht, die einen intensiveren Stoffwechsel haben. Als Präferenztemperatur ermittelte Winkler (1979) 31 °C und Kinzelbach u. Krupp (1982) stellten damit übereinstimmend die höchste Nahrungsaufnahme bei 30–33 °C fest. Dies setzt natürlich optimale Bedingungen, insbesondere Sauerstoffsättigung des Wassers, voraus. Mit zunehmender Über- oder Unterschreitung der Präferenztemperatur läßt die substratbindende Eigenschaft bestimmter Enzyme nach und geht außerhalb eines bestimmten Temperaturbereiches, nahe der oberen und unteren Letaltemperatur, ganz verloren.

Nach Krupp (1982) ist die Verdauung bei 30 °C etwa 2 Stunden nach Nahrungsaufnahme beendet. Wie Kinzelbach u. Krupp (1982) feststellten, hat die Temperatur sogar einen direkten Einfluß auf die Nahrungswahl. Bei 18 °C war im Wahlversuch zwischen Culiciidae gegenüber *Corethra/Chironomus* als Nahrung keine eindeutige Präferenz erkennbar, bei 21 °C wurden dagegen Culiciden be-

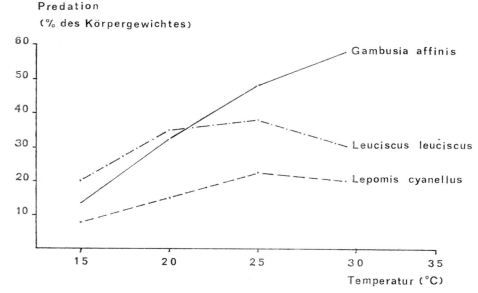

Abb. 66. Culicidenpredation in Abhängigkeit von der Temperatur bei *Gambusia affinis holbrooki*, *Leuciscus leuciscus* und *Lepomis cyanellus*. Nach Krupp 1982

vorzugt. Es werden neben Larven auch Puppen und Eipakete der Culiciden gefressen. Gegenüber Ephemeridenlarven wurden die der Culiciden schon bei 18 °C geringfügig und mit steigender Temperatur immer deutlicher bevorzugt. Schon bei 18 °C wurden unter gleichen Verabreichungsbedingungen gegenüber *Daphnia* die 3fache und gegenüber *Gammarus/Asellus* sogar die 5fache Menge an Culicidenlarven aufgenommen. Bei einer Wassertemperatur von 24–26 °C wurden die Larven von *Aedes aegypti* denen von *Culex fatigans* vorgezogen.

Verschiedene Autoren (Reddy u. Pandian 1972) berichteten jedoch von einer deutlich erhöhten Mortalität der *G. affinis* bei ausschließlicher Fütterung mit Culicidenlarven, eine Erscheinung, die auch von einigen Aquarienfischarten bekannt wurde.

Die Erfahrungen bei der Bekämpfung von *Anopheles* mit *Gambusia affinis* sind sehr unterschiedlich. Während Sokolov (1936) beispielsweise in Reisfeldern mit Gambusenbesatz 90 % weniger *Anopheles*-Larven fand, als in solchen ohne *Gambusia*, berichten andere Autoren von Fällen, in denen trotz hoher Besatzdichte noch große Mengen Culiciden festgestellt wurden. Man führt diese Unterschiede auf Einflußfaktoren wie sonstiges Nahrungsangebot, Vegetationsdichte, Temperatur, Wassertrübung usw. zurück (Krupp 1982). Die Konzentration auf eine bestimmte Vorzugsnahrung, die leicht in größerer Menge erreichbar ist, entsteht durch einen Lernprozeß des Individuums und ist Voraussetzung dafür, daß Predatoren Schädlingskalamitäten in Grenzen halten können. Dichte Wasserpflanzendecken, wie jene von

Azolla, Lemna, Riccia u. a., zwingen *Gambusia*, die Nahrung mehr im freien Wasser zu suchen, so daß die Culicidenlarven weniger stark deziminiert werden. K r u p p (1982) untersuchte auch den Einfluß von Wassertrübung auf die Predationsrate. Bei zunehmender Trübung (durch Tusche) wurde sie anfangs bedeutend, mit stärkerer Trübung weniger zunehmend reduziert. Sie sank (bei 25 °C) von 39 % bei klarem Wasser auf minimal 8 % bei starker Trübung. Weiterhin zeigte sich, daß *G. a. holbrooki* bei gelbem Licht weniger Culicidenlarven frißt, als bei roten und noch weniger bei grünem. Auch ist K r u p p (1982) der Meinung, daß sich *G. a. holbrooki* erst ab etwa 20 °C dicht an der Wasseroberfläche und damit im Bereich von Culicidenlarven aufhält. Nach meinen Beobachtungen wird diese Temperaturgrenze bei intensiver Sonneneinstrahlung um etwa 5 Grad nach unten verlegt.

Eine im Aquarium häufig beobachtete Form der Ernährung, die in der Natur aber wohl nur selten vorkommen dürfte, ist das Verbeißen der Flossen von weniger schwimmgewandten, oftmals viel größeren Fischen (A r n o l d 1987). Ein solches Verhalten ist beispielsweise auch vom Banderolenkärpfling *(Xenotoca eiseni)* (Goodeidae) bekannt. Es tritt vor allem bei ungenügender Fütterung auf. Die Überfälle erfolgen meist durch eine Gruppe von Gambusen, und man hat den Eindruck, daß sie dabei organisiert vorgehen. Da sich die Opfer im Aquarium der Nachstellung nicht entziehen können, sterben sie oft an Kräfteverfall.

F e i n d e. Über die Belastung der Art durch Freßfeinde ist wenig bekannt. *G. affinis* ist ein sonnenliebender Oberflächenfisch, der sich der Nachstellung durch größere Fische durch Rückzug in das ufernahe Flachwasser entzieht. Dabei steht die bevorzugte Wassertiefe etwa in linearer Beziehung zur Größe der Gambusen. Im Flachwasser ist allerdings die Gefährdung durch räuberische Wasserinsekten besonders groß. Als Oberflächenfische sind Gambusen auch besonders der Nachstellung durch Vögel ausgesetzt. Am Milchsee/Rumänien sah ich Möwen *(Larus* sp.*)* und Seeschwalben dicht über dem Ufer fliegen und, wahrscheinlich nach Gambusen, stoßen. Ende April 1986 beobachtete ich an einem Graben mit salzigem Wasser am Stadtrand von Buchara/UdSSR, der keine anderen Fische enthielt, einen Eisvogel *(Alcedo atthis)* bei der Jagd auf *Gambusia*. Nach M e y e r (1984) stellte in Heviz/Ungarn die Würfelnatter *(Natrix tessellata)* den Gambusen nach. Auch ich beobachtete am Milchsee, daß sich besonders junge Würfelnattern bevorzugt an den Stellen aufhielten, an denen *Gambusia* zahlreich vorkam.

P f a u (1988) beobachtete die in der Niederalgarve (Süd-Portugal) „an allen Gewässern in hoher Individuenzahl" vorkommende Vipernnatter *(Natrix maura)* häufig beim Verschlingen zahlreicher *Gambusia affinis* und nimmt an, daß sie hier die wesentliche Nahrungsgrundlage der Vipernnatter bilden.

Als abiotischem Feindfaktor kommt der Witterung für *G. a. holbrooki* am Nordrand ihres europäischen Areals wohl eine große Bedeutung zu. Regenreiche Sommer könnten die Vermehrung stark einschränken und kalte Winter im Extremfall ganze Populationen vernichten. Über Verschleppung von Parasiten aus Amerika nach Europa mit *Gambusia affinis* ist nichts bekannt.

F o r t p f l a n z u n g. Erste Voraussetzung für die Eignung von *G. affinis* zu einer wirksamen Stechmückenbekämpfung ist eine hohe Vitalität und Produktivität.

Zur Produktivität gibt es in der Literatur weit voneinander abweichende Angaben, die wohl, da die in Europa und Asien verbreiteten *G. affinis (holbrooki)* wahrscheinlich genetisch sehr einheitlich sind, auf Standortunterschieden beruhen. Laut K r u m h o l z (1948) hat *G. affinis* je nach Klimaverhältnissen 3 bis 5 Bruten im Jahr. Junge, nur etwa 3 cm lange Weibchen werfen selten mehr als 10 Jungtiere, sehr große Weibchen in Ausnahmefällen bis 170. Die Tragzeit beträgt 21 bis 28 Tage. K r u m h o l z hält eine einzige Besamung für alle Bruten als ausreichend. Nach P e t z o l d (1968) wird das auch für den Guppy behauptet, aber genauere Untersuchungen haben gezeigt, daß die Weibchen Sperma nur 8, in anderen Fällen 12 bis 14 Monate speichern und nach einer Begattung bis 8, in einem Fall sogar 11 Würfe liefern konnten. Dabei kam es aber zu einem wachsenden Anteil nicht befruchteter Eier, die resorbiert oder ausgestoßen wurden. Vermutlich ist das bei *Gambusia affinis* ähnlich.

In Mittelasien hat *G. affinis* 3, seltener 5 Würfe im Jahr (N i k o l s k i 1957). S t a n s c h (1914) nennt als Tragzeit 4 bis 5 Wochen. Die Anzahl der geborenen Jungfische beträgt laut S t e r b a (1959) bei alten Weibchen bis 60, nach N i k o l s k i (1957) 11 bis 77, selten bis 120 pro Wurf. Nach J a c o b s (1963) bringen die Weibchen im Aquarium bei einer Trächtigkeitsdauer zwischen 5 und 8 Wochen Würfe zwischen 40 und 60, besonders kräftige Weibchen bis 135. A r n o l d (1987)

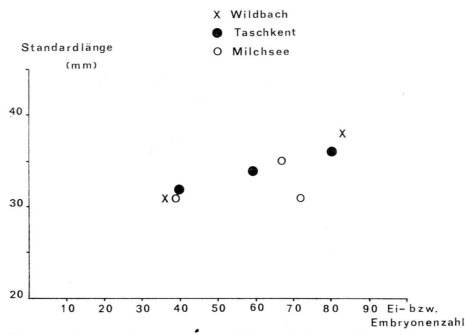

Abb. 67. Beziehung zwischen Standardlänge und Ei- bzw. Embryonenzahl bei *Gambusia affinis holbrooki* aus Wildbach/DDR, Taschkent/UdSSR und dem Milchsee/Rumänien. Orig.

fand bei Wildfängen aus Mittelasien, Rumänien und der DDR mit 31–38 mm, durchschnittlich 33,5 mm Standardlänge 36 bis 83, durchschnittlich 59,5 Eier bzw. Embryonen.

Die Anzahl der Würfe pro Jahr ist klimaabhängig. Die Wurfperiode beginnt im Juli und dauert bis August (B a r n e y u. A n s o n 1921), nach N i k o l s k i (1957) erfolgt in Mittelasien die Begattung gewöhnlich im April und daher der erste Wurf einen Monat später. Laut S t e r b a (1959) fällt die natürliche Fortpflanzung in die Monate April bis Anfang Oktober; im Aquarium werfen die Weibchen das ganze Jahr über. Nach verschiedenen bei P e n a z u. Z a k i (1985) zitierten Autoren dauert die Brutsaison in Abhängigkeit von geographischen und klimatischen Bedingungen 2 bis 9 Monate. P e n a z u. Z a k i fanden in Kanälen und Teichen am Lake Mariut bei Alexandria/Ägypten in den verschiedenen (n) Gewässern im Dezember 0,93–4,01 % der Weibchen trächtig (n = 2), im Januar 0 bis 1,60 % (n = 3) und im Februar 0,62–1,9 % (n = 3). In Nordafrika, das klimatisch etwa der Südgrenze des autochthonen Areals entspricht, ist demnach die Fortpflanzung im Winter nur stark eingeschränkt, nicht völlig unterbrochen.

In Taschkent am 17. 5. 1985 gefangene Weibchen enthielten sämtlich nahezu fertig entwickelte Jungfische, somit ist dort der Beginn der Wurfperiode in der letzten Maidekade zu erwarten (A r n o l d 1987). Ein am 26. 5. 1985 bei Wildbach/DDR vom Verf. gefangenes Weibchen enthielt sogar Embryonen in zwei unterschiedlichen Entwicklungsstadien. In diesem Gewässer beginnt trotz Warmwasserzufluß die Wurfperiode erst Anfang bis Mitte Juni, und es sind im Abstand von etwa einem Monat zwei, eventuell auch drei weitere Würfe zu erwarten.

Wenn man mit durchschnittlich 60 Jungfischen pro Wurf und 3 bis 5 Würfen pro Jahr rechnet, ergibt sich als theoretische Nachkommenschaft eines Weibchens 180 bis 300 Stück pro Jahr. Dabei ist nicht berücksichtigt, daß die Geschlechtsreife schon mit 3 Monaten (S t a n s c h 1914, S t e r b a 1959) und 18–20 mm Standardlänge bzw. 22,2–24,7 mm Totallänge erreicht wird. Zumindest in Südeuropa und Mittelasien und anderen klimatisch günstigen Gebieten könnten die etwa 30 Weibchen des ersten Wurfes also noch im gleichen Jahr einen ersten Wurf mit durchschnittlich etwa 10 Jungen bringen, was die theoretische jährliche Nachkommenzahl eines Weibchens verdoppeln würde.

G e s c h l e c h t e r v e r h ä l t n i s. Ein von vielen Beobachtern hervorgehobenes Phänomen ist das deutliche Überwiegen des weiblichen Geschlechts in *Gambusia affinis*-Populationen, doch sind diese Angaben wenig exakt und beruhen zumeist auf Schätzungen.

In dem von R e i m a n n (zit. bei K i n z e l b a c h u. K r u p p 1982) beobachteten Karauschenzuchtweiher bei Bentivoglio/Italien waren etwa 80 % der Gambusen Weibchen, und zwar alles adulte, außergewöhnlich große Exemplare. Das läßt im Zusammenhang mit dem Hinweis auf die Steilufer des Teiches (also Mangel an Rückzugsgebieten für Jungfische, d. Verf.) eine größenselektive Predation durch die Karauschen und Kannibalismus vermuten. A r n o l d (1987) fand Mitte Mai in Taschkent ein Verhältnis von ebenfalls etwa 20 % Männchen zu 80 % Weibchen, im Milchsee/Rumänien dagegen nur einen geringen Weibchenüberhang und in Wildbach/DDR ein nahezu ausgeglichenes Geschlechterverhältnis.

Tabelle 13. Geschlechterverteilung bei *Gambusia affinis* in verschiedenen Gewässern am Lake Mariut, Ägypten. Nach P e n a z u. Z a k i 1985

Gewässer	Dezember	Januar	Februar
Brackwasserkanal am See	♂ 43,7 % 1 : 1,29 n = 512	♂ 36,0 % 1 : 1,78 n = 395	♂ 43,0 % 1 : 1,38 n = 187
Experimentalgewässer Nr. 8	♂ 42,2 % 1 : 1,37 n = 416	♂ 44,7 % 1 : 1,24 n = 56	♂ 50,0 % 1 : 1,00 n = 152
Experimentalgewässer Nr. 14	— — —	♂ 24,3 % 1 : 3,12 n = 395	♂ 18,2 % 1 : 4,50 n = 204

P e n a z u. Z a k i (1985) wiesen in den Gewässern am Lake Mariut/Ägypten im Winter 1983/84 ein Geschlechterverhältnis von durchschnittlich 1 zu 1,73 (n = 2 317) nach. Dabei traten hinsichtlich der Teilpopulationen in den einzelnen Gewässern merkliche Unterschiede auf (Tabelle 13).

Grundsätzlich kann man davon ausgehen, daß bei der heterogametischen Geschlechtsbestimmung mit einem XX-Chromosomen-Paar des Weibchens und XY- des Männchens ein Geschlechterverhältnis von 1 zu 1 entsteht. Tatsächlich gibt es aber selbst bei Aquariennachzuchten von Zierfischen mitunter ganz erhebliche Abweichungen davon. Insbesondere bei den Eierlegenden Zahnkarpfen (Cyprinodontidae) kommt es im Extremfall vor, daß eine Nachzucht von mehreren hundert Exemplaren nur Tiere eines Geschlechts beinhaltet. Das Geschlechterverhältnis kann beispielsweise durch die Temperatur während der Eientwicklung wesentlich beeinflußt werden. Bei Lebendgebärenden Zahnkarpfen (Poeciliidae) sind die Extreme nicht ganz so groß, doch können z. B. Aquarienpopulationen des Glaskärpflings *(Quintana atrizona)* mitunter nur 10–20 % Männchen hervorbringen. Trotz vordeterminierten Geschlechterverhältnisses von 1 zu 1 können Verschiebungen beispielsweise durch unterschiedliche Vitalität von XX- und XY-Spermien, höhere Sterblichkeit männlicher Embryonen und Jungfische, sowie die geringere Größe der Männchen entstehen. Kleinere Tiere unterliegen im Durchschnitt einem größeren Predationsdruck und haben mehr Freßfeinde, etwa unter den sogenannten Friedfischen. Außerdem stößt die Ermittlung des Geschlechterverhältnisses auf durch den Unterschied der Geschlechter in Größe und Verhalten bedingte methodische Probleme, so daß viele Fangmethoden unbeabsichtigt selektiv wirken, z. B. die Maschenweite der Fangnetze.

Die Frage der Disproportion im Geschlechterverhältnis einiger *Gambusia affinis*-Populationen ist somit letztlich noch ungeklärt.

B e d e u t u n g   f ü r   d e n   M e n s c h e n. Der Einsatz von *Gambusia affinis* gegen Stechmückenlarven ist eines der ersten und bekanntesten Beispiele der biologischen Schädlingsbekämpfung. *G. affinis* bewohnt Habitate der Stechmücken (Culicidae) und frißt deren schwimmende Eipakete, Larven und Puppen. Die Stechmücken, insbesondere die „Fiebermücken" des Tribus Anophelini, sind besonders in den Tropen und Subtropen Überträger gefährlicher Krankheiten. Nach P e u s (1950) sind das vor allem Malaria (warme Länder zwischen 63° nördlicher und 47° südlicher Breite), Gelbfieber (tropisches Amerika, West- und Zentralafrika), Dengue-Fieber (tropische und subtropische Zone aller Kontinente, in Europa nur Mittelmeer-Gebiet), Fila riasis (Tropen und Subtropen mit feuchtem Klima), Encophalitis der Pferde (?, in Amerika), weiterhin Übertragung tierischer Viruskrankheiten, wie Hühnerpocken und Myxomatose der Kaninchen und anderer Parasiten auf Mensch und Tier. Selbst eine Übertragung des AIDS-Virus ist nicht sicher auszuschließen, obwohl es dafür noch keinen Beleg gibt. Nicht zu unterschätzen ist auch allein schon die Belästigung durch die unmittelbare Stichwirkung, die den Erholungswert vieler Urlaubsgebiete erheblich einschränkt und Insektizideinsatz mit negativen ökologischen Folgen provoziert. Auf der ganzen Erde erkranken jährlich 170 Millionen Menschen an Malaria, und allein in Indien sterben daran jährlich 4 bis 5 Millionen (P e u s 1950). Seit 1898 durch G r a s s i nachgewiesen wurde, daß die menschliche Malaria allein durch *Anopheles*-Mücken übertragen werden kann und 1881 die Übertragung des Gelbfiebers von F i n l a y entdeckt und 1900 durch die amerikanische Gelbfieber-Kommission bestätigt wurde, begann man mit der Bekämpfung dieser Krankheiten an den Wurzeln, den Entwicklungsstadien der Mücken. Es wurden mit gewaltigem Aufwand Sümpfe trockengelegt, Gewässer mit Petroleum übergossen und sonstige sehr aufwendige und umweltzerstörende Maßnahmen durchgeführt. Parallel dazu begann der künstliche Besatz dieser Gewässer mit *G. affinis*. Es stellten sich schnelle Erfolge bei der Mückenbekämpfung ein, die zu einem großen Teil den Freßleistungen von *G. affinis* zugeschrieben wurden. Der Besatz der Gewässer mit diesen Fischen trug u. a. wesentlich zur Ausrottung des Gelbfiebers in Havanna bei, ermöglichte durch wirksame Bekämpfung von *Aedes aegypti* die Fertigstellung des Panama-Kanals, bei dem 20 000 Tote, überwiegend durch Gelbfieber, zu beklagen waren und machte die Besiedlung vieler Landstriche erst möglich. In Südeuropa soll *G. affinis* bei der Malaria-Bekämpfung sogar noch erfolgreicher als in den USA gewesen sein. Mit Entdeckung und Einsatz synthetischer Insektizide, insbesondere DDT und Derivate, nahm nach 1940 das Interesse an *G. affinis* zur Stechmückenbekämpfung sehr ab, aber nachdem nun die Gefahren des Einsatzes dieser Mittel bekannt sind, erfolgt eine Rückwendung zur biologischen Schädlingsbekämpfung. Einige Aspekte der Culicidenpredation wurden bereits im Abschnitt über Ernährung behandelt, so auch die 1978 bis 1980 versuchte Einbürgerung im Oberrhein-Gebiet/BRD. K i n z e l b a c h u. K r u p p (1982) kamen dabei zu dem Ergebnis, daß dazu kälteresistentere Stämme notwendig wären, daß das jährliche Absterben der Gambusen im Winter aber den Vorteil hätte, unkontrollierte Ausbreitung zu verhindern. Es müßte dann mit Tieren aus Zuchtstationen (wie sie z. B. in Italien betrieben werden) in jedem Frühjahr Neubesatz der Gewässer erfolgen, was einen hohen Kosten- und Arbeitsaufwand bedingt. Die stärkste Mückenentwicklung erfolgt im Frühjahr, wenn die Grundwasserstände noch vielerorts über Flur treten. Die Predation von *G. affinis* kommt aber erst im Sommer richtig zur Wirkung, wenn die Vermehrung eingesetzt hat und die für eine hohe Freßleistung erforderlichen Temperaturen erreicht werden. Zudem entwickeln sich große Mengen von Mücken in Auwaldtümpeln, die für *G. affinis* zu kühl und schattig sind. Daher erscheint ihr Einsatz zur Mückenbekämpfung in Mitteleuropa wenig aussichtsreich. Es wäre besser, heimische Fischarten der Kleingewässer, wie Karausche *(Carassius carassius)*, Giebel *(C. auratus gibelio)*, Dreistachliger und Neunstachliger Stichling *(Gasterosteus aculeatus, Pungitius pungitius)* und Moderlieschen *(Leucaspius delineatus)* zu verwenden. Durch Verschmutzung, Begradigung und Eindeichung der Flüsse ist es diesen Arten kaum noch möglich, auf natürlichem Wege mit den Frühjahrshochwässern in die Resttümpel der Überschwemmungsflächen in den Flußauen zu gelangen.

Es gibt auch viele warnende Stimmen gegen die weitere Ausbreitung von *G. affinis* in Europa. Sie betreffen vorwiegend Probleme des Schutzes bedrohter Tierarten. N i k o l s k i (1957) berichtet über scharfen Nahrungswettbewerb von *Gambusia* mit der Brut von Karpfen und Weißfischen in den südlichen Teilen Mittelasiens und in Transkaukasien und leitet daraus Einbußen für den Fischereiertrag ab.

Nach M y e r s (1965, zit. bei K i n z e l b a c h u. K r u p p 1982) richtet *G. affinis* dort, wo sie natürlicherweise nicht vorkommt, mitunter Schäden bei größeren Fischarten an, indem sie deren Brut frißt. D e a c o n et al. (1964, zit. bei K i n z e l b a c h u. K r u p p) berichteten von Gewässern in Südnevada, daß dort *G. affinis* die Zahl der einheimischen Fische drastisch reduziert. Dem widersprechen die umfangreichen Nahrungsanalysen von S o k o l o v (1936), in denen Fischbrut offenbar keine Rolle spielt. Nach D a s (1985) kann die Einbürgerung von *G. affinis* in Griechenland zu einer ernsten Gefahr für das Überleben von *Valencia letourneuxi* (Cyprinodontiformes) werden, und andere Autoren sehen die gleiche Gefahr für *Valencia hispanica, Aphanius ibericus* und *A. fasciatus* in anderen europäischen Ländern.

G l a d e (1966) berichtet über Warmgewässer in Ungarn, daß *G. affinis* die dort ebenfalls eingebürgerten Guppys verdrängt.

Die Schädigung wesentlich größerer Fische im Aquarium bei Nahrungsmangel durch Flossenverbeißen beobachtete A r n o l d (1987), es ist jedoch fraglich, ob das *G. affinis* auch unter Naturbedingungen tut.

Seltener wird an die Möglichkeit der Schädigung der Wirbellosenfauna durch *G. affinis* gedacht, wie z. B. durch S t e p h a n o i d e s (1964) (zit. bei K i n z e l b a c h u. K r u p p 1982 mit der „Vernichtung von Microkrustacea und Wasserinsekten in großen Mengen in einem See auf Korfu". Wirklich dramatisch könnten die Auswirkungen beim Besatz periodischer Kleingewässer sein, die eine spezielle Fauna mit einigen Arten beherbergen, die nur hier vorkommen und der Predation durch Fische nicht standhalten können, z. B. *Siphonophanes (Chirocephalus) grubei* (Anostraca).

Als Aquarienfisch wird *G. affinis holbrooki* selten gehalten. J a c o b s (1963) empfiehlt, diese angriffslustige Art am besten allein zu pflegen. Durch hohe Temperaturen (22–24 °C) soll die Bildung der Schwarzfleckung gefördert werden, die allerdings bei von europäischen Wildfängen stammenden *G. a. holbrooki* nach meiner Kenntnis noch nicht aufgetreten sind. Die Zucht der Art im Aquarium gilt als schwierig. J a c o b s rät erst 1 bis 2 Jahre alte Weibchen zur Zucht anzusetzen. Am besten ist es, die Art im Sommer im Gartenteich zu halten, wo sie sich bei günstigen Bedingungen reichlich vermehrt.

3.2.5. Hundsfische (Umbridae)

Die Umbridae gelten als eine Fischfamilie mit relativ ursprünglichen Merkmalen, die den Hechten (Esocidae) nahe verwandt ist, zu deren Familie sie ursprünglich gezählt wurden. Es sind kleine, mäßig gedrungene Fische mit fast drehrundem Körper und leicht oberständigem Maul. Körper einschließlich Kopf sind mit relativ großen Rundschuppen bedeckt. Sie besitzen die Fähigkeit zur akzessorischen Atmung. Eine Seitenlinie fehlt. Charakteristisch und namensgebend für Hundsfische sind alternierende Bewegungen der Brust- und Bauchflossen, die an die Beinbewegungen eines laufenden Hundes erinnern sollen.

Die Umbridae besiedeln autochthon Südosteuropa, Nordamerika östlich der Rocky Mountains, Alaska und die Spitze der Tschuktschen-Halbinsel. Die Familie besteht aus nur 3 Gattungen mit nur wenigen Vertretern: *Dallia pectoralis* (Bean), *Novumbra hubbsi* Schulz sowie den folgenden Arten der Gattung *Umbra*. Früher wurden drei Familien, Dalliidae, Umbridae und Novumbridae, unterschieden. In Europa ist eine *Umbra*-Art bodenständig und eine weitere wurde lokal eingebürgert.

Die Gattung *Umbra* besteht aus den beiden nordamerikanischen Arten *U. limi* Kirtland, 1840 und *U. pygmaea* De Kay, 1842 und der europäischen *U. krameri* Walbaum, 1792. Die lokal in Europa eingebürgerte *Umbra pygmaea* galt ursprünglich den meisten Autoren als Unterart von *U. limi*.

Wie bereits K ö h l e r (1907) anhand mehrerer Veröffentlichungen und Fotos belegte, wurde oft die damals häufig in Aquarien gepflegte *Umbra pygmaea* fälschlich als *Umbra krameri* angesprochen. Aus diesem Grund und weil *Umbra krameri* auch in anderen Ländern ausgesetzt worden sein soll, wird die Art hier ebenfalls kurz

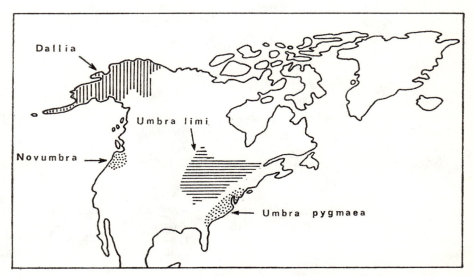

Abb. 68. Verbreitung der Umbridae in Nordamerika. Zusammengest. nach versch. Autoren

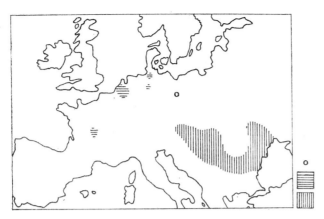

Abb. 69. Verbreitung von *Umbra krameri* und *Umbra pygmaea* in Europa. Zusammengest. nach versch. Autoren

o Umbra sp.

Umbra pygmaea

Umbra krameri

vorgestellt. Zur Unterscheidung der drei *Umbra*-Arten arbeitete M o h r (1940) folgende Merkmale heraus:
- Beginn der Bauchflossen senkrecht unter den ersten beiden Strahlen der Rückenflosse: . . . . *U. krameri*
- Bauchflossen beginnen 3–5 Schuppenreihen vor der Rückenflosse:
  . . . . *U. pygmaea, U limi*
- Zahl der Rückenflossenstrahlen größer (15–17), Zahl der Afterflossenstrahlen kleiner (7–8): . . . . *U. krameri*
- Zahl der Rückenflossenstrahlen kleiner (14–16) (bei meinen U. pygmaea sogar nur 12–13, Verf.), Zahl der Afterflossenstrahlen größer (8–11): *U. pygmaea, U. limi*
- Rumpf mit unregelmäßig verteilten etwa schuppengroßen schwarzbraunen Flecken:
  . . . . *U. krameri*
- Rumpf längsgestreift: . . . . *U. pygmaea*
- Rumpf mit dunklen Querbinden: . . . . *U limi*
- deutlicher schwarzer Kommastrich unter dem Auge: . . . . *U. krameri*
- Kommastrich unter dem Auge höchstens schwach angedeutet: *U. pygmaea, U. limi*
- In Rücken-, After- und Schwanzflosse fast in der Mitte eine breite dunkle Querbinde (bei Jungfischen fehlend): . . . . *U. krameri*
- dunkle Querbinde in der Schwanzflosse und in Rücken- und Afterflosse fehlend:
  . . . . *U. pygmaea, U. limi.*

M a i t l a n d (1977) nennt als weiteres Unterscheidungsmerkmal bei *U. krameri* 33 bis 35 und bei *U. pygmaea* 35–37 Schuppen in der mittleren Längsreihe. Dies trifft jedoch wie die von ihm angegebene Unterscheidung nach der Zahl der Rückenflossenstrahlen offensichtlich nicht zu, denn M o h r (1940) zählte bei europäischen Hundsfischen 35–38, bei amerikanischen 31–40 Schuppen in der mittleren Längsreihe. Ihre Zahl variiert also wie die der Flossenstrahlen erheblich. Verläßlichstes Unterscheidungsmerkmal ist wohl die Stellung der Bauchflossen.

3.2.5.1. *Umbra krameri* Walbaum, 1792

E t y m o l o g i e. Umbra = Schatten, krameri = nach Eigennamen (Kramer)

T r i v i a l n a m e n. Deutsch: Ungarischer Hundsfisch, Österreichischer Hundsfisch, Hundsfisch; Englisch: Mudminnow; Russisch: umbra; Tschechisch: blatnák maly; Rumänisch: tigănușul, batrîn.

S y s t e m a t i s c h e S t e l l u n g. Eine erste ungültige Beschreibung der Art erfolgte schon 1726 durch M a r s i l i als *Gobius caninus*. Ein früher häufig gebrauchtes Synonym ist *Umbra lacustris* G r o s s i n g e r, 1794. K u x u. L i b o s v a r s k y (1957) beschrieben eine Unterart *Umbra krameri pavlovi,* die bereits von B ă n ă r e s c u (1968) in Zweifel gezogen wurde und auch B a r u š u. L i b o s v a r s k y (1983) kommen zu der Auffassung, daß diese Unterart nicht aufrecht zu erhalten ist.

K ö r p e r b a u u n d F ä r b u n g. Diese wurde bereits zum Teil in Kapitel 3.2.5. beschrieben und ist der von *U. pygmaea* sehr ähnlich. Nach S t e r b a (1959) wird *U. krameri* im männlichen Geschlecht bis 10 cm, im weiblichen bis 13 cm lang, laut B a r u š u. L i b o s v a r s k y (1983) liegt die Standardlänge adulter Exemplare meist zwischen 50 und 85 mm.

V e r b r e i t u n g. Donaueinzugsgebiet (Flußniederungen, Überschwemmungsgebiete) zwischen Wien und Mündung, Pruth, Unterlauf des Dnestr, Balaton-Umgebung, Odessa (Fundortzusammenstellungen z. B. bei G e y e r 1940, K u x u. L i b o s v a r s k y 1957, B a r u š u. L i b o s v a r s k y 1983). *Umbra krameri* gilt als stark gefährdet und vielerorts bereits ausgestorben. Schon H a n k o (1923) schrieb: „Der Hundsfisch ist ein kleines, für die Sumpfgebiete Ungarns charakteristisches, jetzt im Aussterben begriffenes Fischchen." In der ČSSR ist er bereits ausgestorben (B a r u š u. L i b o s v a r s k y 1983).

Nach M a i t l a n d (1977) wurde *U. krameri* in Europa „auch anderswo eingeführt." K ü h n e (1967) nennt ein Vorkommen in der Niederlausitz/DDR (der etwa 15 ha große „Oberteich", ein Karpfenteich bei Lübbinchen, Kreis Guben), das seit 1890 bestehen soll. Ein Gewährsmann (1985 in litt.) hat die Art bisher vergeblich dort gesucht. Auch ist wahrscheinlicher, daß es sich bei diesen Fischen ebenfalls um *U. pygmaea* handelte.

Ö k o l o g i e. *U. krameri* ist ein stationärer Bewohner kleiner stehender und langsam fließender Gewässer mit reicher Vegetation, wie Sümpfe, Moore, Hochwasserüberflutungsgebiete der Flußauen, Torfstiche, Wiesengräben. Begleitfische sind vor allem Schlammpeitzger und Karausche. Das Nahrungsspektrum ist vielseitig und sehr den örtlichen Gegebenheiten angepaßt (G e y e r 1940, L i b o s v a r s k y u. K u x 1958). Die Nahrung kann zu über 90 % aus Gammariden bestehen, aber auch überwiegend und zu annähernd gleichen Teilen aus Mollusken, Ostracoden, Chironomidenlarven, aquatischen Coleopteren, Odonatenlarven und anderen Wasserinsekten.

Das Ablaichen erfolgt bereits Februar (März) bis April (nach L i b o s v a r s k y u. K u x (1958) in der ČSSR April bis Mai) in dichten Pflanzenbeständen, Wurzeln oder einfachen Nestern, die vom Weibchen bewacht werden. Ein Weibchen bringt 1 580

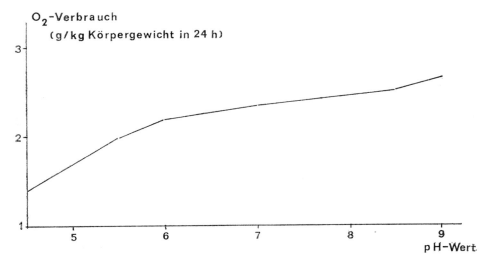

Abb. 70. Abhängigkeit des Sauerstoffverbrauches vom pH-Wert bei *Umbra krameri* (Sauerstoffgehalt des Wassers etwa 6 mg/l). Nach G e y e r 1940

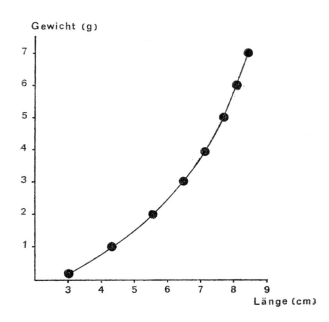

Abb. 71. Beziehung zwischen Körperlänge und -gewicht bei *Umbra krameri*. Nach G e y e r 1940

bis 2 710 Eier, aus denen nach 6 bis 10 Tagen die Larven schlüpfen (M a i t l a n d 1977). Nach G e y e r (1940) und anderen bei ihm zitierten Autoren legt ein Weibchen nur 100 bis 150 Eier ab; der Schlupf erfolgt nach durchschnittlich 7 Tagen. Auch gibt M a i t l a n d an, daß *U. krameri* erst mit 2 Jahren geschlechtsreif wird und ein Alter bis zu 7 Jahren erreicht. Im Widerspruch dazu wird nach G e y e r , L i b o s - v a r s k y u. K u x und anderen Autoren *U. krameri* in der ČSSR und Ungarn bereits im Alter von 1 Jahr geschlechtsreif und nur selten älter als 2 Jahre.

Der Ungarische Hundsfisch wurde früher gemeinsam mit dem Schlammpeitzger (*Misgurnus fossilis*) in Reusen gefangen und als Dung, Schweine- oder Entenfutter verwendet, seltener gegessen (in einigen Gegenden gilt er als giftig).

3.2.5.2. *Umbra pygmaea* (De Kay, 1842)

E t y m o l o g i e. Umbra = Schatten, pygmaeus = klein, limi, limus = Schlamm.

T r i v i a l n a m e n. Deutsch: Amerikanischer Hundsfisch; Im englischsprachigen Teil Nordamerikas – *Umbra pygmaea*: Eastern mudminnow, *Umbra limi*: Central mudminnow.

S y s t e m a t i s c h e S t e l l u n g. Die Art wurde 1842 von D e K a y als *Leuciscus pygmaeus* beschrieben und galt lange Zeit als Unterart von *Umbra limi* (K i r t - l a n d , 1840), von der sie nur schwer zu unterscheiden ist (M o h r 1940). Beide bewohnen deutlich getrennte Areale.

Nach K ö h l e r (1907) wurde nur *Umbra pygmaea* nach Europa importiert. S t e r b a (1959) erwähnt dagegen nur *Umbra limi,* die 1901 erstmals nach Mitteleuropa importiert worden und hier noch vorhanden sein soll.
Bei S t e r b a (1987) sind alle drei *Umbra*-Arten farbig abgebildet.

K ö r p e r b a u u n d F ä r b u n g. In Körperbau und Färbung sind sich alle drei *Umbra*-Arten sehr ähnlich, auf Unterscheidungsmerkmale wurde bereits in Kapitel 3.2.5. hingewiesen. Nach M a i t l a n d (1977) wird *U. pygmaea* 4–8 cm, maximal 10 cm lang. G e y e r (1940) schlußfolgerte aus Angaben von Aquarianern, daß die amerikanischen Hundsfische größer als *U. krameri* werden. Die von M o h r (1940) untersuchten *U. pygmaea* waren 30–106 mm, die *U. limi* 42–110 mm lang. S t e r b a (1959) gibt für *U. limi* (?) Männchen bis 11,5 cm, Weibchen bis 15 cm an. Nach T r a u t m a n (1957) beträgt die maximale Länge von *U. limi* 5,2 inches (132 mm).

V e r b r e i t u n g u n d E i n b ü r g e r u n g. *Umbra pygmaea und U. limi* bewohnen autochthon das atlantische Nordamerika, nach J o r d a n u. E v e r m a n n (zit. bei G e y e r 1940) *U. limi* „das Gebiet von Quebec bis Minnesota und südwärts bis zum Ohio. Nördlich sei er häufig im ganzen Becken der großen Seen in pflanzenreichen Flüssen und Gräben." *U. pygmaea* „kommt in Tieflandströmen und Sümpfen entlang der Küste von Long Island bis zum Neuse River vor und ist stellenweise häufig." *U. limi* dringt bis nach Süd-Kanada vor (S c o t t u. C r o s s m a n (1973), *U. pygmaea* ist auf die Küstengebiete des Ostens der USA beschränkt.

Nach Europa gelangte *Umbra pygmaea* erstmals bereits 1892 (G e y e r 1940). Die Art spielte dann etwa im ersten Drittel des 20. Jahrhunderts eine nicht unwesentliche Rolle als Aquarienfisch, was zahlreiche Veröffentlichungen in aquaristischen Zeitschriften aus dieser Zeit belegen. Wie Köhler (1907) (siehe auch Geyer 1940) nachwies, handelt es sich bei den dort meist als „*Umbra krameri*" oder „*Umbra lacustris*" bezeichneten Fischen in Wirklichkeit um *U. pygmaea*. Es erfolgten auch Zuchten der Art im Freiland und Aussetzungen. Schon Duncker (1939) waren verwilderte Vorkommen in Schleswig-Holstein/BRD bekannt. In der Verbreitungskarte bei Maitland (1977) sind zwei europäische Vorkommen von *U. pygmaea* eingezeichnet. Es sind dies die Rheinmündung (Niederlande) und ein kleines Gebiet zwischen Loire und Garonne, etwa bei Limoges (Frankreich). Ladiges u. Vogt (1979) nennen Vorkommen in Schleswig-Holstein und Niedersachsen/BRD. Nach Gaumert (1981) kommt die Art in Niedersachsen in einigen Torfstichen und kleineren Fließgewässern im Einzugsgebiet der Aller, nordöstlich von Hannover vor. 1986 erhielt ich von dort Belegexemplare. Auch in Schleswig-Holstein, in der Elbmarsch westlich Hamburg existiert eine weitere Population (Gaumert 6. 5. 1987 in litt.).

Umbra pygmaea kommt demnach in Europa nahezu 15 Breitengrade weiter nach Norden vor als in Nordamerika.

Biotopansprüche. In Nordamerika lebt die Art in Tieflandströmen (wahrscheinlich mehr in Kleingewässern in deren Überflutungsbereich bei Hochwasser) und in Sümpfen, wo sie sich am Boden zwischen dichten Wasserpflanzenbeständen aufhält.

Sommerhabitat der nahe verwandten *U. limi* sind nach Scott u. Crossman (1973) pflanzenreiche Gräben, Teiche, Weiher und ähnliche Gewässer mit einer dicken organischen Schlammschicht. Diese stagnieren oft und erreichen in Ontario im August bis 84 °F (28,9 °C). *U. limi* taucht zwar zur Flucht im Schlamm unter, hält sich aber dort nicht ständig auf (wie oft fälschlich angenommen wird).

Im Winter ist die Art noch unter dem Eis aktiv und nimmt auch Nahrung auf. Mit den Frühjahrshochwässern im März wandert *U. limi* landeinwärts, um zu laichen.

Umbra pygmaea bewohnt bei Hannover/BRD aufgelassene Handtorfstiche von oft nur wenigen Quadratmetern Größe und Bäche mit relativ kleinem Einzugsgebiet und etwa 1–1,5 m Breite, die ausgebaut und begradigt sind (Gaumert 6. 5. 1987 in litt.). Vor allem in den Torfstichen erreicht *U. pygmaea* eine relativ hohe Bestandsdichte. Eines der Fließgewässer entspringt einem ehemaligen Niedermoorgebiet und hat im Oberlauf einen pH-Wert von 6,6. *Umbra pygmaea* kommt hier als einzige Fischart vor. Weiter bachabwärts (pH-Wert über 7) treten nach Gaumert weiterhin beide Stichlingsarten *(Pungitius pungitius, Gasterosteus aculeatus)*, Schmerle *(Noemacheilus barbatulus)* und Gründling *(Gobio gobio)* auf. *U. pygmaea* kommt hier wahrscheinlich bereits seit Jahrzehnten vor, hat sich aber bisher nicht in benachbarte Gebiete ausgebreitet.

Nahrung, Feinde, Parasiten. Dazu liegen mir nur Angaben zu *U. limi* in Kanada aus Scott u. Crossman (1973) vor. Die Nahrung wird vor allem vom Boden aufgenommen und besteht aus Insekten und deren Larven, Mollusken, Amphipoden, Isopoden und Arachniden, ausnahmsweise aus kleinen Fischen. Meine *U. pygmaea* bevorzugen im Aquarium Regenwürmer als Nahrung, wogegen Daphnien und Cyclops nur ungern und in kleinen Mengen genommen werden.

Tabelle 14. Wachstum von *Umbra limi* in Nordamerika. Nach S c o t t u. C r o s s m a n 1973

Alter (Jahre)	mittlere Totallänge	
	Inches	mm
0 (September)	0,9—2,1	25—53
1	2,0	51
2	2,5	64
3	3,0	76
4	3,3	85

U. limi wird in Kanada vor allem durch Hechte, Sonnenbarsche, Katzenwelse, Vögel, Bisamratten (?, Verf.) und Füchse nachgestellt. Laut H o f f m a n (1967) wurden an *U. limi* in Nordamerika bisher 26 Arten von Parasiten gefunden.

F o r t p f l a n z u n g. Die Fortpflanzung ist der von *U. krameri* sehr ähnlich (M e y e r 1940). Es wird nur 1mal jährlich im Frühjahr gelaicht. Die Zahl der Eier beträgt bei *U. pygmaea* bis zu 214. Diese sind „milchweiß, grießartig, weißlichgrau, trübe" (nach Angaben verschiedener Züchter), jedoch nicht klar und orangefarben bis gelb, wie bei *U. krameri*. Das Weibchen ist nach dem Laichakt, der meist an Pflanzen erfolgt, heller gefärbt und übernimmt die Brutpflege. Es bewacht die Larven bis zu 6 Tage nach dem Schlupf und nimmt währenddessen (immer?) keine Nahrung auf. Angaben bei S c o t t und C r o s s m a n (1973), wonach in 2,0-3,7 inches (52-94 mm) langen Weibchen von *U. limi* 220 bis 2 286 Eier von 1,6 mm Durchmesser gefunden wurden, sprechen allerdings gegen eine einmalige Laichabgabe.

Der Schlupf der Jungfische erfolgt nach 5 bis 10 Tagen (M a i t l a n d 1977), bei *U. limi* nach etwa 12 Tagen (S t e r b a 1959), bzw. nach gut 6 Tagen. Sie sind dann über 5 mm lang (S c o t t u. C r o s s m a n 1973). Bei S c h r e i t m ü l l e r (1913) fraßen die Jungfische von *U. pygmaea* schon mit 14 Tagen Cyclops und Daphnien. M a i t l a n d (1977) nennt für das Eintreten der Geschlechtsreife eine Dauer von 2 Jahren. *U. limi* wird nach Scott u. Crossman (1973) (in Kanada?) im männlichen Geschlecht mit einem Jahr, im weiblichen überwiegend erst im Alter von zwei Jahren geschlechtsreif.

Nach S t e r b a (1959) ist *U. limi* im Gegensatz zu *U. krameri* auf die Schwimmblasenatmung angewiesen und geht selbst in sauerstoffreichem Wasser ein, wenn sie daran gehindert wird. Meine *U. pygmaea* machen davon selbst bei 30 °C selten und scheinbar zufällig Gebrauch. Es sind sehr ruhige, bei Mangel an Verstecken etwas schreckhafte Fische. Gegenüber anderen Fischen sind sie relativ friedlich und nur gelegentlich aggressiv gegen Artgenossen, da jedes Tier ein kleines Territorium beansprucht.

3.2.6. *Buntbarsche (Cichlidae)*

Diese artenreiche, zur Unterordnung Barschähnliche (Percoidei) zählende Familie bewohnt autochthon das tropische bis subtropische Südamerika, Mittelamerika, Afrika und mit nur 2 Arten das südliche Vorderindien. Die Körperform der Cichliden variiert zwischen scheibenförmig bis hechtähnlich, wobei die typische Barschform dominiert. Im Gegensatz zu anderen Familien der Percoidea, z. B. den Centrarchidae und Percidae, haben die Cichlidae nur 1 Paar Nasenöffnungen (statt 2). Es sind kleine, mitunter kaum 5 cm lange, aber auch bis über 0,5 m große Arten darunter. Der Kopf ist bei den meisten relativ groß, das meist relativ große Maul mit den wulstigen Lippen vorstreckbar. Der hartstrahlige und der weichstrahlige Teil der Rückenflosse gehen ineinander über. Die Seitenlinie ist meist in der Körpermitte unterbrochen.

Aufgrund ihrer meist prächtigen Färbung und eines interessanten Verhaltens (Brutpflege) sind viele Arten beliebte Aquarienfische. In Warmgewässern Europas wurden mitunter Cichliden ausgesetzt, und eine Art ist in normaltemperierten Gewässern Südwesteuropas eingebürgert worden.

Die Cichlidae sind sekundäre Süßwasserfische, denen man normalerweise nur im Süßwasser begegnet, die aber gelegentlich schmale Meeresarme überwinden können (B ă n ă r e s c u u. B o ș c a i u 1973).

3.2.6.1. *Cichlasoma facetum* (Jenyns, 1842)

E t y m o l o g i e. Cichlasoma = mit Körper wie Cichla (eine andere Cichlidengattung), facetum = hübsch, anmutig

T r i v i a l n a m e n. Chanchito (Spanisch: Schweinchen)

S y s t e m a t i s c h e   S t e l l u n g. Dieser Fisch wurde von J e n y n s als *Heros facetum* beschrieben und später der in Mittel- und Mittelamerika beheimateten artenreichen Sammelgattung *Cichlasoma* zugeordnet. Diese sind großköpfige Fische mit länglichovalem Körper. Die Rücken- und Afterflosse der Männchen sind meist zu Spitzen ausgezogen. Der Laich wird in selbstangelegten offenen Gruben abgesetzt und von beiden Elterntieren gepflegt. Die Jungfische werden nach dem Freischwimmen noch lange geführt.

K ö r p e r b a u   u n d   F ä r b u n g. *Cichlasoma facetum* wird etwa 10–15 cm, maximal 20 cm lang, kann aber schon mit 8 cm geschlechtsreif sein. Der Körper von *C. facetum* ist mäßig seitlich zusammengedrückt, der Rücken durchschnittlich gewölbt, die Schwanzflosse abgerundet und schwach eingeschnitten. Dorsale XV–XVII/9–11, Anale VI–VIII/7–9, Pectoralen 13–14, mittlere Längsreihe 26–28 Schuppen (S t e r b a 1959). Färbung sehr veränderlich; auf messinggelbem bis grünlichem, mitunter fast schwarzem Grund meist 7 dunkle bis tiefschwarze Querbinden, die bis in das untere Drittel der Rückenflosse übergreifen. Bei Männchen sind Ventralen, Anale und Dorsale spitzer ausgezogen und die Iris ist rot. Zur Laichzeit tritt eine kurze Legeröhre hervor, die bei Männchen zugespitzt, bei Weibchen abgerundet ist (S t a n s c h 1914).

V e r b r e i t u n g   u n d   E i n b ü r g e r u n g. Das autochthone Areal von *C. facetum* umfaßt Südamerika von Südbrasilien über Paraguay und Uruguay bis nach Nord-Argentinien, also etwa von 22° bis mindestens 37° südlicher Breite. Die Art wurde 1894 erstmals nach Mitteleuropa gebracht (S t a n s c h 1914). L a d i g e s (1957) teilte mit, daß in der Alster (Niedersachsen/BRD) ein Chanchito geangelt wurde. Die Art dürfte aber hier nicht winterhart sein. Nach M a i t l a n d (1977) ist *C. facetum* „offenbar im südlichen Portugal erfolgreich eingeführt worden." Nach D e S o s t o a et al. (1984) kommt die Art auch im Süden Spaniens vor.

B i o l o g i e / Ö k o l o g i e. Darüber sind nur spärliche Angaben aus dem aquarienkundlichen Schrifttum bekannt. *C. facetum* gilt als der gegen niedrige Temperaturen widerstandsfähigste Cichlide, der in Mitteleuropa im Sommer im Freiland gehalten werden kann und sich in besonders günstigen Jahren dort sogar vermehrt (F r e y 1966). Als Vorzugstemperaturen werden 22–24 °C, zur Zucht 24–27 °C (nach S t a n s c h 22 °C) und als Mindesttemperatur 12 °C angegeben. Nach M a i t l a n d laicht *C. facetum* Juni bis August; die Larven schlüpfen nach 2 bis 4 Tagen aus den Eiern. S t a n s c h (1914) gibt 5 bis 6 Tage bis zum Schlupf und 8 bis 10 Tage bis zum Freischwimmen als Entwicklungsdauer an.

Nach M a i t l a n d (1977) besteht die Nahrung des Chanchito vorwiegend aus Mollusken und Insektenlarven.

3.2.7. *Grundeln (Gobiidae)*

Die Grundeln sind eine sehr artenreiche, weltweit verbreitete Familie der Perciformes. Die meisten der überwiegend kleinen Grundelarten leben im Meer. Es handelt sich vorwiegend um Bodenfische ohne funktionsfähige Schwimmblase. Während bei den Vertretern der Unterfamilie Gobiinae die Bauchflossen zu einer Art Saugnapf verwachsen sind, haben die Eleotrinae (Schläfergrundeln), zu denen auch die im folgenden vorgestellte Art gehört, deutlich getrennte Bauchflossen.

3.2.7.1. *Perccottus glehni* Dybowski, 1877

E t y m o l o g i e. Gattungsname zusammengesetzt aus Perca (Gattung der Percidae) und Cottus (Gattung der Cottidae), also „Barschgroppe"; glehni = nach Eigennamen G l e h n.

T r i v i a l n a m e n. Amur-Eleotride, Amur-Kaulkopf (M a c h l i n 1957); Amurgrundel, Goloweschka (S c h e n k e u. G r a m b o w 1965; N i k o l s k i 1957).

K ö r p e r b a u u n d F ä r b u n g. langgestreckt und rund, nur an den Seiten schwach zusammengedrückt; Kopflänge etwa $1/3$ der Gesamtlänge; bis 16 cm, nach N i k o l s k i sogar bis 24 cm lang; Augen stark hervortretend; Schwanzflosse abgerundet; Dorsale 1 hartstrahlig, D_2 weichstrahlig. Färbung gelblichbraun bis grau, mit dunkler Fleckung bis Marmorierung; stark von der Helligkeit des Untergrundes abhängig. Geschlechtsunterscheidung schwierig: Männchen dunkler – nach S c h e n k e u. G r a m b o w (1965) bildet der erste Hartstrahl der D_1 bei Männchen mit der Rückenlinie davor einen spitzen Winkel, während er bei Weibchen höchstens senkrecht steht.

V e r b r e i t u n g u n d E i n b ü r g e r u n g. Autochthones Areal: Nach M a c h l i n (1957) Ussuri- und Sungaribecken, Fluß Seja, Chankasee, Mittel- und Unterlauf des Amur bei Wladiwostok und Port-Arthur (heute Lüshun/VR China).

Machlin empfiehlt die Verwendung der Art zur Bekämpfung von Stechmücken in Gebieten, die für *Gambusia affinis* zu kalt sind.

Nach K o t s c h e t o w (1977) führte „unvorsichtiger Umgang von Aquarianern mit diesem Raubfisch ... dazu, daß er, nachdem er in die Gewässer von Moskau gelangt war und sich dort unkontrolliert hatte vermehren können, sein neues Areal immer stärker erweiterte ...".

B i o t o p a n s p r ü c h e. Schwach fließende oder stehende Gewässer und Sümpfe, die oft stark verkrautet sind; bis 30 °C; Nahrung (im Aquarium): Regenwürmer, Tubifex, Mückenlarven, Fische, mageres Fleisch.

F o r t p f l a n z u n g. Geschlechtsreif mit 1 Jahr (nach N i k o l s k i erst mit 2 Jahren) und 5,5–6 cm. Die 100 bis 300 Eier eines Geleges heften mit einem kleinen Stiel an der Unterlage. Kurz nach dem Laichen wird das Weibchen vertrieben und das Männchen übernimmt die Pflege, indem es die Eier durch alternierende Brustflossenschläge in Bewegung hält. Die bräunlichen Eier haben anfangs 1 mm Durchmesser und strecken sich bis zum Schlupf auf 5 mm Länge. Der Schlupf erfolgt bei 22–24 °C nach 7–10 Tagen (M a c h l i n 1957). S c h e n k e u. G r a m b o w (1965) beobachteten den Schlupf bei 16 °C nach 21 Tagen; nach weiteren 4–5 Tagen war der Dottersack aufgezehrt und die Nahrungsaufnahme begann. Laut M a c h l i n sind die Jungfische nach einem Jahr im Aquarium 5–6 cm lang, im Gartenteich wachsen sie schneller. Diese Grundel wird mancherorts als Nahrungsmittel genutzt, ist aber von geringer Bedeutung (N i k o l s k i 1957).

4. Literaturverzeichnis

A h n e l t , H. (1989): Zum Vorkommen des asiatischen Gründlings *Pseudorasbora parva* (Pisces: Cyprinidae) in Ost-Österreich. - Österr. Fischerei 42: 164–168; American Fisheries Society (Hrsg.) (1948): A list of common and scientific names of the better known fishes of the United States and Canada. - Amer. Fish. Soc. Spec. Bull. 1, 45 pp; Anonymus (1980): Dtsch. Angelsport 32 : 125; A r n o l d , A. (1982): Zum Vorkommen des Gemeinen Sonnenbarsches, *Lepomis gibbosus* (L.), in Sachsen (Bezirke Leipzig, Karl-Marx-Stadt, Dresden). - Faun. Abh. Mus. Tierk. Dresden 10 (7) : 159–162. dgl. (1983): Der Sonnenbarsch *(Lepomis gibbosus).* - Dtsch. Angelsport 35: 281; dgl. (1984): Allochthone Wildfischarten im Gebiet der DDR. - Z. Binnenfischerei 31: 241 bis 245; dgl. (1985a): Bemerkungen zu M e y e r , F.: Erfahrungen mit *Gambusia affinis.* - Aquar. Terrar. 32: 88–89; dgl. (1985b): *Pseudorasbora parva* – eine neue Art der Ichthyofauna der DDR im Aquarium. - ebd. 32: 313–314; dgl. (1985c): Trichopteren-Larven mit Gehäuse und Zygopteren-Larven als Nahrung des Gemeinen Sonnenbarsches, *Lepomis gibbosus* L. (Osteichthyes, Centrarchidae). - Ent. Nachr. Ber. 29: 179–180; dgl. (1985d): Zum Vorkommen des Sonnenbarsches *Lepomis gibbosus* (L.) in der Niederlausitz. - Natur Landsch. Cottbus 7: 78–80; dgl. (1986): *Scardinius racovitzai* G. S. Müller, eine endemische Rotfeder aus den heißen Quellen von Baile Episcopesti. - Aquar. Terrar. 33: 202–204; dgl. (1987a): Eine Exkursion zum Milchsee (Lacul Siutghiol). - - ebd. 34: 18–21; dgl. (1987b): Zur Biologie von Koboldkärpfling, *Gambusia affinis* und Guppy, *Poecilia reticulata* (Poeciliidae) in europäischen Freilandgewässern. - ebd. 34: 128–131 u. 167–170; dgl. (1988): Der Katzenwels, *Ictalurus nebulosus* (L e s u e u r , 1819), 100 Jahre in Europa. - ebd. 35: 344–345; dgl. (1989): *Xenotoca eiseni* (Goodeidae) – immer noch interessant. - ebd. 36: 124–127

B a i l e y , R. M., u. M. O. A l l u m (1962): Fishes of South Dakota. - Misc. Publ. Mus. Zool. Michigan 119: 1-132; B a l o n , E. K. (1959): Die Entwicklung des akklimatisierten *Lepomis gibbosus* (L i n n é 1748) während der embryonalen Periode in den Donauseitenwässern. - Z. Fischerei N. F. 8: 1–27; B a n a r e s c u , P. (1960): Einige Fragen zur Herkunft und Verbreitung der Süßwasserfischfauna der europäisch-mediterranen Unterregion. - Arch. Hydrobiol. 57: 16–134; dgl. (1964): Fauna Republicii Populare Romine. Pisces-Osteichthyes. Bucuresti; dgl., u. N. B o s c a i u (1978): Biogeographie. Jena; dgl., u. T. T. N a l b a n t (1965): Studies on the systematics of Gobicinae (Pisces, Cyprinidae). - Rev. Roumanie Biol., Ser. Zool. 10 (4): 219 bis 229; B a r n e y , R. L., u. B. J. A n s o n (1921a): The seasonal abundance of the mosquitodestroing top-minnow, *Gambusia affinis*, especially in relation to fecundity. - Anat. Rec. 22: 317 bis 335; dgl. (1921b): Seasonal abundance of the mosquito-destroying top-minnow, *Gambusia affinis*, especially in relation to male frequency. - Ecology 2: 53–69; B a r n i c k o l , P. G., u. W. C. S t a r r e t t (1951): Commercial and Sport fishes of the Mississippi-River (between Carnthersville, Missouri, and Dubuque, Iowa). - Bull. Illinois Hist. Survey 25, Art. 5: 266–350; B a r t h e l m e s , D. (1981): Hydrobiologische Grundlagen der Binnenfischerei. Jena; Barus, V., u. J. L i b o s v a r s k y (1983): *Umbra krameri* (Umbridae, Pisces) a revisional note. - Fol. zool. 32: 355–364; dgl., J. K u x , u. J. L i b o s v a r s k y (1984): On *Pseudorasbora parva* (Pisces) in Czechoslovakia. - ebd. 33: 5–18; B e n n e t t , G. W. (1948): The Bass-Bluegill combination in a smoll artifical lake. - Bull. Illinois Hist. Survey 24, Art. 3; B e r g , L. S. (1914): Ryby (Marsipobranchii i Pisces). Fauna Rossiji i sopredelnych stran. Petrograd; dgl. (1948–1949): Ryby presnych vod SSSR i sopredelnych stran. Bde. 1–4. Leningrad; B e r i n k e y , L. (1960): On the Systematical Position of *Scardinius racovitzai* M ü l l e r. - Vertebr. Hungar. 3 (2): 143 bis 151; dgl. (1961): On the Biology of Breeding of *Carassius auratus gibelio* (B l o c h). - ebd. 3

(1/2): 27–33; B i a n c o , P. G. (1988): Occurence of the Asiatic gobionid *Pseudorasbora parva* (T e m m i n c k und S c h l e g e l) in south-eastern Europe. - J. Fish. Biol. 32: 973–974; B i r o , P. (1972): *Pseudorasbora parva* a Balatonban. - Halászat 18: 37; B i t t n e r , A. (1976): Vergleichende Untersuchungen des Einflusses der äußeren Salinität bei verschiedenen Arten von Süßwasserfischen unter besonderer Berücksichtigung von *Gambusia affinis*. - Karlsruher Beitr. Zoophysiol., H. 1; B ö h l k e , J. E. (1956): A new pygmy sunfish from southern Georgia. - Notul. Ac. Philad. 294: 1–11; B o e t t g e r , C. R. (1933): Über die Artzugehörigkeit des in Italien zur Malariabekämpfung eingeführten Zahnkärpflings. - Zool. Anz. 105: 9–14; B o r n e , M. v. d. (1890): Der amerikanische Steinbarsch (Rock-Bass) in Deutschland. Neudamm; dgl. (1891): Der amerikanische Zwergwels (Small Cat-Fish) und der Fleckenwels (Spotted Cat-Fish) in Deutschland. 2. Aufl. Neudamm; dgl. (1892a): Der Schwarzbarsch und der Forellenbarsch, Black Bass, zwei amerikanische Fische in Deutschland. 2. Aufl. Neudamm; dgl. (1892b): Die amerikanischen Sonnenfische (Sunfish) (Calicobarsch, Steinbarsch, Sonnenfisch, Mondfisch) in Deutschland. Neudamm; dgl. (1906): Teichwirtschaft. 6. Aufl. (bearb. von H. v. D e b s c h i t z). Berlin; B o r u t z k i j , E. W. (1978) (Hrsg.): Erforschung der Fauna der UdSSR (in Russ.). Moskau; B r a c h l o w , G., u. G. B r a c h l o w (1975): Selten geworden: Sonnenbarsche. Erstzucht im Zimmeraquarium. - Aquar. Terrar. 22: 159–162; B r ü n i n g , C. (1910): Ichthyologisches Handlexikon. Braunschweig; B r u n s , H. (1978): *Gambusia affinis* in einem Bach bei Heviz (Ungarn). - Aquar. Terrar. 25: 122; B u s n i t a , T. (1967): Die Ichthyofauna des Donauflusses. In: Limnologie der Donau. Stuttgart

C a r l a n d e r , K. D. (1969): Handbook of freshwater fishes biology. Vol. 1. Life history data on freshwater fishes of the United States and Canada, exclusive of the Perciformes. Iowa; C a r l é , W. (1975): Die Mineral- und Thermalwässer von Mitteleuropa. 2 Bde. Stuttgart; C o n s t a n t i n e s c u , V. (1981): Relationship of total length, body depth, weigth with standard length in *Lepomis gibbosus* (Perciformes, Centrarchidae) from Fundata Lake (Romania). - Trav. Mus. Hist. Nat. „G. Antipa" Bucuresti 23: 213–223; C r e u t z , G. (1963): Der Zwergwels in der Oberlausitz. - Aquar. Terrar. 10: 54–57

D a s , J. (1985): On the biology and ecology of *Valencia letourneuxi* (S a u v a g e , 1880) (Tel., Cyprinodontif.) in the Acheron-Kokitos-River-Drainage in northwestern Greece. - Bonner zool. Beitr. 36: 163–176; D u n c k e r , G. (1939): Hundsfische (*Umbra* spec.) in Schleswig-Holstein? - Heimat Kiel 49: 300–301; D z i u k , L. J., u. F. W. P l a p p (1973): Insecticide resistance in mosquitofish from Texas. - Bull. Envir. Contam. Toxic. 9: 15–19

E i b l - E i b e s f e l d t , I. (1959): Der Fisch *Aspidontus taeniatus* als Nachahmer des Putzers *Labroides dimidiatus*. - Z. Tierpsychol. 16: 19–25

F i t z s i m o n s , J. M. (1972): A Revision of two Genera of Goodeid Fishes (Cyprinodontiformes, Osteichthyes) from the Mexican Plateau. - Copeia 4: 728–756; F l i n d t , R., u. H. H e m m e r (1969): Gefahr für Froschlurche durch ausgesetzte Sonnenbarsche. - DATZ 22: 24–25; F r e y , H. (1966): Das Aquarium von A bis Z. 7. Aufl. Radebeul; F u n d a , K.-H. (1979): Der Guppy im Spreewald. - Aquar. Terrar. 26: 104

G a u m e r t , D. (1981): Süßwasserfische in Niedersachsen, Arten und Verbreitung als Grundlage für den Fischartenschutz. Hrsg. Niedersächs. Minister. Ernährung, Landw. u. Forsten. Wolfenbüttel; G e s n e r , C. (1560): Nomenclator aquatilium animantium. Tom. II. Tiguri; G e y e r , F. (1940): Der ungarische Hundsfisch (*Umbra lacustris* Grossinger). - Z. Morpol. Ökol. Tiere 36: 745–811; G l a d e , H. (1966): Das Rätsel der blauen Skalare. Berlin; G r a h l , K. (1968): *Umbra krameri* W a l b a u m 1792. - Aquar. Terrar. 15: 268–269 u. 334–337; G r o s s , M. R. (1979): Cuckoldry in sunfishes (*Lepomis*: Centrarchidae). - Canad. J. Zool. 57 (7): 1507–1509; dgl. (1982): Sneakers, Satellites and Parentals: Polymorphic mating strategies in North American sunfishes. - Z. Tierpsychol. 60: 1–26; dgl. (1984): Sunfish, salmon, and the evolution of alternative reproductive strategies and tactics in fishes. In: Fish reproduction: Strategies and tactics. London; dgl., u. E. L. C h a r n o v (1980): Alternative male life histories in bluegill sunfish. - Proc. nation. Ac. Sci. Washington 77 (11): 6937 bis 6940; dgl., u. Anne M. M a c M i l l a n (1981): Predation and the Evolution of Colonial Nesting in Bluegill sunfish *(Lepomis macrochirus)*. - Behav. Ecol. Sociobiol. 8: 163–174

H a n k ó , B. (1923): Über den Hundsfisch *Umbra lacustris* (G r o s s i n g e r) (= *U. krameri* Fitz.). - Zool. Anz. 57: 88–95; H a t h a w a y , E. S. (1927): Quantitative study of the changes produced by acclimatization in the tolerance of high temperatures by fishes and amphibians. - Bull. Bur. Fish. 43: 169–192; H e e s e , J. (1975): Einige Bemerkungen über Biotope in Florida. - DATZ 28: 220–225; H e g e r , H. (1984): Erfahrungen mit der Nutzung von Kühlwasser zur Fischzucht in einigen Ländern Europas. - Österr. Wasserwirtsch. 36: 173–177. H e n s e l , K. (1971): Some notes on the systematic status of *Carassius auratus gibelio* (B l o c h , 1782) with further records of this fish from the Danube river in Czechoslovakia. - Vestn. Českosl. spol. zool. 35 (3): 186–198; H e s t e r , F. E. (1970): Phylogenetic relationships of sunfishes as demonstrated by hybridization. - Trans. Amer. Fish. Soc. 99: 100–104; H o f f m a n , G. L. (1967): Parasites of North American freshwater fishes. Los Angeles; H o l c i k , J. (1980): Possible Reason for the Expansion of *Carassius auratus* (L i n n a e u s 1758) (Teleostei, Cyprinidae) in the Danube River Basin. - Int. Rev. Hydrobiol. 65,5: 673–679. H u b b s , C. L., u. L. C. H u b b s (1932): Experimental verification of natural hybridization between distinct genera of sunfishes. - Pap. Michigan Ac. Sci., 15: 427–437; dgl., u. dgl. (1933): The increased growth, predominant maleness, and apparent infertility of hybrid sunfishes. - ebd. 17: 613–641; dgl., u. G. P. C o o p e r (1935): Age and growth of the Long-eared and the Green Sunfishes in Michigan. - ebd. 20: 669–695; dgl., u. K. F. L a g l e r (1958): Fishes of the Great Lake region. - Ann Arbor, Mich.

J a c o b s , K. (1969): Die lebendgebärenden Fische der Süßgewässer. Ein Handbuch für Aquarianer und Ichthyologen. Leipzig

K a d e l , K. (1975): Freilandstudien zur Überlebensrate von Kreuzkrötenlarven *(Bufo calamita* L a u r .). - Rev. Suisse Zool. 82 (2): 237–244; K a s z o n i , Z. (1981): Pescuitul Sportiv. Bucuresti; K a y , J. E. de (1842): Zoology of New York, or the New York Fauna. Part IV, Fishes. Albany; K i n z e l b a c h , R., u. F. K r u p p (1982): Zur Einbürgerung des Moskitofisches *(Gambusia affinis)* in Mitteleuropa. - Mainzer naturwiss. Arch. 20: 67–77; K n e ž e v i č , B. (1981): *Pseudorasbora parva* (S c h l e g e l), (Pisces, Cyprinidae), new genus and species in the Lake Skadar. - Muz. Titograd 14: 79–84; K ö h l e r , W. (1907): Hundsfische. - Bl. Aquar. k. 18, 46–48: 453–456, 460–466, 476–477; K o s c h e l , R., u. S. J. C a s p e r (1986): Die ökologische Bedeutung des Kernkraftwerkes I der DDR „Rheinsberg" für den Stechlin. - Biol. Rdsch. 24: 179 bis 195; K o t s c h e t o w , A. (1977): *Hypseleotris swinhonis*. - Aquar. Terrar. 24: 166–167; K r u m h o l z , L. A. (1948): Reproduction in the western mosquitofish, *Gambusia affinis affinis* (B a i r d & G i r a r d), and its use in mosquito control. - Ecol. Monogr. 18: 1–43; K r u p p , F. (1982): Untersuchungen zum Freßverhalten des Moskitofisches *Gambusia affinis* (B a i r d & G i r a r d , 1853), Pisces: Poeciliidae. - Mainzer naturwiss. Arch. 20: 79–90; dgl. (1983) Recent changes in the distribution of Syrian freshwater fishes. - Roczn. Nauk Roln. (Ser. HT) 100 (3): 79 bis 88; K ü h n e , H. (1967): Ein seltener Fisch im Karpfenteich. - Dtsch. Fischerei-Ztg. 14: 167 bis 168; K u x , Z., u. J. L i b o s v á r s k y (1957): Zur Verbreitung und Rassenzugehörigkeit der europäischen Hundsfische (*Umbra krameri* W a l b a u m 1792 = *lacustris* G r o s s . 1794). - Fol. zool. 6: 215–224

L a d i g e s , W. (1957): Einheimische Süßwasserfische im Aquarium. Fremdlinge in deutschen Gewässern. - Aquar. Terrar. 4: 107–108; dgl., u. G. V o g t (1979): Die Süßwasserfische Europas bis zum Ural und Kaspischen Meer. Hamburg u. Berlin; L a u d e r , G. V. (1980a): Hydrodynamics of prey capture by Teleost fishes. In: Biofluid Mechanics. Vol. 2. New York, S. 161 bis 181; dgl. (1980b): The suction feeding mechanism in Sunfishes *(Lepomis):* an experimental analysis. - J. exp. Biol. Edinburgh 88: 49–72; dgl., u. L. E. L a n y o n (1980): Functional anatomy of feeding in the Bluegill sunfish, *Lepomis macrochirus*: in vivo measurement of bone strain. - ebd. 84: 33–55; dgl. (1982): Structure and function in the tail of the Pumpkinseed sunfish *(Lepomis gibbosus).* - J. Zool. London 197: 483–495; dgl. (1983a): Functional and morphological bases of trophic specialization in sunfishes (Teleostei, Centrarchidae). - J. Morphol. 178: 1–21; dgl. (1983b): Prey capture hydrodynamics in fishes: experimental tests of two models. - J. exp. Biol. Edinburgh 104: 1–13; L e l e k , A., u. Ch. K ö h l e r (1989): Zustandsanalyse der Fischartengemeinschaft im Rhein (1987–1988). - Fischökologie 1: 47–64; L e o n h a r d t , E. (1904): Die Bastarde der deutschen karpfenähnlichen Fische. Neudamm; L e u e , D. (1986): Erlebnisse mit Sonnenbarschen. - Aquar. Terrar. 33: 164–165; L i b o s v a r s k y , J., u. Z. K u x (1958): Příspévek k poznani bionomie a potravy batňáka tmaréhο *Umbra krameri krameri* (W a l b a u m). - Fol. zool. 7: 235–248 (mit dt. Zusammenfass.); L o i s e l l e , P. V. (1980a): Der Saratogaquellen-Wüstenfisch, *Cyprinodon nevadensis nevadensis* E i g e n m a n n & E i g e n m a n n. - DATZ 33: 83–86; dgl. (1980b): Der Amargosa-Wüstenfisch, *Cyprinodon nevadensis amargosae.* - ebd. 33: 114–117; L ü l i n g , K. H. (1983): Der Milchsee (Lacul Siutghiol) an der rumänischen Schwarzmeerküste bei Mamaia als Biotop einer Süßwasserpopulation der Seenadel *(Syngnatus nigrolineatus)* (Pisces, Syngnathidae). - Zool. Anz. 210 (3/4): 155–174

M a c h l i n , M. (1957): Der Amur-Eleotride. - Aquar. Terrar. 4: 291–293; M a i t l a n d , P. S. (1977): Der Kosmos-Fischführer. Die Süßwasserfische Europas in Farbe. 1. Aufl. Stuttgart; M e y e r , F. (1984): Erfahrungen mit *Gambusia affinis*. - Aquar. Terrar. 31: 122–123; M e y e r, M. K., L. W i s c h n a t h , u. W. F o e r s t e r (1985): Lebendgebärende Zierfische. Arten der Welt. Haltung-Pflege-Zucht. Melle; M i h á l i k , J. (1982): Der Wels. *Silurus glanis*. - N. Brehm-Büch. 209; M i š i k , V. (1958): Forellenbarsch *(Micropterus salmoides* Lacepede 1802) in der Donau. (in tschech.) - Biologia Bratislava 13 (3): 219–222; M o h r , E. (1940): Die Hundsfisch-Arten der Gattung *Umbra* Kramer. - Zool. Anz. 132: 1–10; M o n d , H. (1980): „Unbedeutend" und doch schätzenswert. Beobachtungen über den Texaskärpfling, *Gambusia affinis affinis*. - Aquar. Mag. 14: 257–260; M ü l l e r , G. J. (1958): *Scardinius racovitzai* n. sp. (Pisces, Cyprinidae), eine reliktäre Rotfeder aus Westrumänien. - Senckenbergiana biol. 39: 165–168

N a j e r a , L. (1944): The *Gambusia* of the Canary Islands. - Bol. Soc. Hist. nat. Espan. 42: 565 bis 574; N i e t h a m m e r , G. (1963): Die Einbürgerung von Säugetieren und Vögeln in Europa. Hamburg u. Berlin; N i k o l s k i, G. W. (1957): Spezielle Fischkunde. Berlin

O t t o , R. G. (1972): Temperature tolerance of the mosquitofish, *Gambusia affinis* (B a i r d and G i r a r d). - J. Fish. Biol. 5: 575–585

P a e p k e , H.-J. (1970): Aquarienbeobachtungen am Zwergwels. - Aquar. Terrar. 17: 186–189; dgl. (1981): Die gegenwärtige Situation der Süßwasserfischfauna in der DDR. - Arch. Natursch. Landschaftsforsch. 21: 113–130; dgl. (1983): Die Stichlinge, Gasterosteidae. - N. Brehm-Büch. 10; dgl. (1986): Überwinterte in Eis und Schnee: *Macropodus chinensis*. - Aquar. Terrar. 33: 231 bis 233; P a l u t z k i , K.-H. (1955): Der Zwergsonnenbarsch *(Elassoma evergladei* J o r d a n). - ebd. 2: 168–169; P a p a d o p o l, M., u. G. I g n a t (1967): Contribution to the study of reproduction biology and growth of the American sunfish *(Lepomis gibbosus)* in the Lower Danube (flooded zone). - Bul. Inst. Cercet. Piscicole 26 (4): 55–68; P a v l o v i c i , V. (1968): Peştinoi pe lacul Buftea. - Vinat. Pescar. Sport. Bucuresti 20: 21; P e l z , G. R. (1987): Der Giebel: *Carassius auratus gibelio* oder *Carassius auratus auratus*? - Natur Museum 117: 118–128; P e n a z , M., u. M. J. Z a k i (1985): Cyprinodont fishes of lake Mariut, Egypt. - Fol. zool. 34:

373–384; Petzold, H.-G. (1968): Der Guppy, *Poecilia (Lebistes) reticulata*. - N. Brehm-Büch. 372; dgl. (1969): Notizen über einige kubanische Poeciliidenbiotope. - Aquar. Terrar. 16: 400–405; dgl. (1977): Besuch im Aquarium Constanta. - ebd. 24: 237–240; Peus, F. (1950): Stechmücken. - N. Brehm-Büch. 22; Pfau, J. (1988): Beitrag zur Verbreitung der Herpetofauna in der Niederalgarve (Portugal). - Salamandra 24: 258–275; Piechocki, R. (1973): Der Goldfisch, *Carassius auratus* und seine Varietäten. - N. Brehm-Büch. 460; Poggendorf, D. (1952): Die absoluten Hörschwellen des Zwergwelses *(Amiurus nebulosus)* und Beiträge zur Physik des Weberschen Apparates der Ostariophysen. Diss.-Schrift, o. O.

Rachow, A. (1932): Eine alphabetische Liste fremdländischer Zierfische. In: Taschenkalender für Aquarien- und Terrarienfreunde. Braunschweig; Ramsey, J. S., u. R. O. Smitherman (1972): Development of color pattern in poundreared young of five *Micropterus* species of southeastern U. S. Proc. 25th Ann. conf. Southeastern assoc. Game and Fish Commissioners 1971: 348–356; Reddy, S. R., u. T. J. Pandian (1974): Effect of running water on the predatory efficiency of the larvivorous fish *Gambusia affinis*. - Oecologia Berlin 16: 253–256; Reichenbach-Klinke, H.-H. (1984): Die Auswirkung von Kühlwässern auf die Fließwasserbiozönosen und die Fischerei. - Österr. Wasserwirtsch. 36: 156–163; Robert, S. J., u. W. F. Hetter (1959): Bat feeding by Green sunfish. - Texas I. Sci. 11 (1): 48; Rogner, M. (1982): Pflege und Zucht des Okefenokee-Zwergsonnenbarsches, *Elassoma okefenokee*. - Aquarium 16: 423–424; Roman, E. (1953): K voprosu a parazitofaune solnecinoi rib *Lepomis gibbosus* aklimatizirovannoi v Dunaie. - Doc. Ac. Nauk SSSR 89: 4; Rosen, D. E., u. R. M. Bailey (1963): The Poeciliid fishes (Cyprinodontiformes), their structure, zoogeography, and systematics. - Bull. Amer. Mus. Nat. Hist. 126, Art. 1: 1–176; Roth, A. (1969): Elektrische Sinnesorgane beim Zwergwels, *Ictalurus nebulosus (Amiurus nebulosus)*. - Z. vergl. Physiol. 65: 368–388

Sawara, Y. (1974): Reproduction of the mosquito-fish *(Gambusia affinis affinis)*, a freshwater fish introduced into Japan. - Jap. J. Ecol. 24: 140–146; Scharf, R. (1957): Ökologische Untersuchungen an der Ziliatenfauna in den Kühltürmen des Kombinates Böhlen. Dipl.-Arb. Univ. Leipzig; Schenke, G., u. A. Grambow (1965): Deutsche Erstzucht der Amurgrundel. - Aquar. Terrar. 12: 292–295; Schilder, F. A. (1956): Lehrbuch der Allgemeinen Zoogeographie. Jena; Schindler, O. (1968): Unsere Süßwasserfische. Stuttgart; Schmidt, F., u. L. Ebert (1966): Zucht des Sonnenbarsches ... im Aquarium ... und im Freilandbecken. - Aquar. Terrar. 13: 42–43; Schreitmüller, W. (1913): Die Zucht des amerikanischen Hundsfisches *(Umbra pygmaea* Kay = *Umbra limi* Kirtl.) im Aquarium. - Wschr. Aquar. - Terrark. 10: 603–604; Scott, W. B., u. E. J. Crossman (1973): Freshwater fishes of Canada. - Fish. Res. Board Canad. Bull., No. 184; Šebela, M., u. E. Wohlgemuth (1984): Některá pozorovani *Pseudorasbora parva* (Schlegel, 1842) (Pisces, Cyprinidae) v chovu. - Acta Mus. Morav. 69: 187–194; Sedlag, U. (1974): Die Tierwelt der Erde. 3. Aufl. Leipzig; Sellin, D. (1985): Zum Einfluß des Kühlwasserauslaufes des Kernkraftwerkes „Bruno Leuschner" für die Wasservogelbestände im Bereich des NSG Peenemünder Haken, Struck und Ruden im Winter 1984/85. - Naturschutzarb. Mecklenb. 28: 107–109; Siebold, P. F., C. J. Temminck, u. H. Schlegel (1842): Fauna Japonica. Bd. 2. Lugduni Batavorum (Leiden); Sostoa, A. de, et al. (1984): Atlas y distribucion de los peces de agua dulce de España: el proyecto, metodos y resultados preliminares. – Bol. Estac. Centr. Ecol. Madrid 13 (25): 75–81; Stallknecht, H. (1970): Bemerkungen zur Fortpflanzungs- und Ernährungsbiologie von *Gambusia punctata* Poey 1854. - Aquar. Terrar. 11: 364–367; dgl. (1987): AT-Umschau. - ebd. 34: 78–79; Stansch, K. (1914): Die exotischen Zierfische in Wort und Bild. Hrsg. Ver. Zierfisch-Züchter. Braunschweig; Stein, H., u. O. Herl (1986): *Pseudorasbora parva* – eine neue Art der mitteleuropäischen Fischfauna. - Fischwirt 36: 1–2; Sterba, G. (1959): Süßwasserfische aus aller Welt. 2 Bde. Leipzig, Jena u. Berlin; dgl. (1987): Süßwasserfische der Welt. Leipzig

T a n d o n , K. K. (1976): Age and growth of Pumpkin seed, *Lepomis gibbosus* (Perciformes, Centrarchidae) from Hungaria. - Vestn. Českosl. spol. zool. 41 (1): 74-79; dgl. (1977): Morphometric and growth study of *Lepomis gibbosus* (Osteichthyes, Percidae) from Italy. - ebd. 41 (3): 211-217; T e s c h , W. (1956): Über Fütterungsfragen bei Aquarienfischen. - Aquar. Terrar. 3: 239-241; T ó t h , J. (1960): Einige Veränderungen in der Fischfauna der Ungarischen Donaustrecke in der vergangenen Dekade. - Ann. Univ. Sci. Budapest., Sect. Biol. 3 (4): 401-414

V o j t e k , J. (1958): *Urocleidus* Mueller, 1934, eine neue Gattung niederer Saugwürmer (Trematoda, Monogenea) für die ČSSR. (in tschech. mit dt. Zusammenfass.). - Biologia Bratislava 13 (8): 612-615

W a l s h , S. J., u. B. M. B u r r (1984): Life history of the Banded Pygmy Sunfish, *Elassoma zonatum* Jordan (Pisces: Centrarchidae) in Western Kentucky. - Bull. Alabama Mus. Nat. Hist. 8: 31-52; W e b e r , E. (1984): Die Ausbreitung der Pseudokeilfleckbarben im Donauraum. - Österr. Fischereiztg. 37: 63-65; W i n k l e r , H.-M., u. H.-D. O. G. B a s t (1981): Zum Stand der Erfassung der Süßwasserfischfauna im Bezirk Rostock. - Natur Umwelt Rostock 2: 28-43; W i n k l e r , P. (1979): Thermal preference of *Gambusia affinis affinis* as determined under field and laboratory conditions. - Copeia: 60-64

5. Register der behandelten Arten

Abramis brama 90
Acipenser ruthenus 12
Aedes aegypti 120, 125
Alcedo atthis 121
Ambloplites cavifrons 68
– *rupestris* 9, 11, 34, 47, 63, 67, 68
Anguilla anguilla 114
Anodonta 114
Anopheles 118, 120, 125
Aphanius fasciatus 126
– *ibericus* 126
Armiger sp. 46
Asellus 120
Astacus astacus 6

Barbus barbus 90
Belonesox belizanus 106
Bester 12
Bufo bufo 46
– *calamita* 70
– *viridis* 70

Carassius auratus 60, 99, 104
– – *gibelio* 7, 11, 12, 103–105, 126
– *carassius* 45, 99, 103, 104, 118, 126
Centrarchus macropterus 27, 73
Chaenobryttus coronarius 35, 36, 71
Channa argus warpachowski 11, 99
Chironimus 119
Cichlasoma facetum 10, 11, 134, 135
– *tetracanthus* 60
Cnesterodon 106
Coitocoecum scrjabini 49
Coregonus peled 10, 12
Corethra 119
Ctenopharyngodon idella 10–12
Culex fatigans 120
Cyprinodon 14
Cyprinus carpio 10, 12, 45, 90

Dallia pectoralis 127
Diplostomum sp. 84
– *clavatum* 49
– *spathaceum* 49
Drosophila 46

Elassoma evergladei 26, 73, 74
– *okefenokee* 74
– *zonatum* 74
Empetrichthys latos 14
– *merriami* 14
Enneacanthus gloriosus 73
– *obesus* 73
Esox lucius 45, 47, 83
– *masquinongy* 47, 83
– *niger* 83

Gambusia affinis 8, 15, 16, 103, 106–126, 136
– – *affinis* 107–111
– – *holbrooki* 10, 11, 30, 31, 107–126
Gammarus 120
Gasterosteus aculeatus 44, 126, 132
Gobio gobio 45, 60, 90, 99, 132
Gymnocephalus cernua 99

Hepaticola petruschewskii 49
Huso huso 12
Hypophthalmichthys molitrix 11, 12

Ictalurus catus 74
– *furcatus* 74, 75
– *lupus* 74
– *melas* 11, 74–76, 80, 87–89
– – *catulus* 87
– *natalis* 74, 75, 85, 88
– *nebulosus* 9–11, 28, 29, 60, 74–89, 103
– – *marmoratus* 76–78, 81
– *platycephalus* 74, 75
– *pricei* 74
– *punctatus* 74, 75
– – *marmoratus* 75

Larus sp. 121
Lates niloticus 8
Lepomis auritus 11, 34–36, 42, 46, 68, 71
– *cyanellus* 11, 34–36, 42, 53, 60, 68–71, 118–120
– *fasciatus* 60, 40
– *gibbosus* 9–11, 20–25, 34–60, 68, 69, 71, 86, 97–100, 103
– *humilis* 36, 68

143

Lepornis macrochirus 34–36, 40, 46, 47, 49, 51–53, 59, 60, 68, 71
– *megalotis* 34, 36, 68, 71
Leptocerus sp. 46
Leucaspius delineatus 45, 60, 126
Leuciscus cephalus 12
– *leuciscus* 118, 120

Macropodus chinensis 16
Mesogonistius chaetodon 27, 73
Micropterus coosae 61
– *dolomieu* 9–11, 34, 47, 61–63, 65–67
– *notius* 61
– *punctulatus* 61
– *salmoides* 9, 11, 34, 42, 45, 60–66, 86
– – *floridanus* 65
– *treculi* 61
Misgurnus fossilis 131

Natrix maura 121
– *tessellata* 121
Noemacheilus barbatulus 60, 132
Noturus 74
Novumbra hubbsi 127

Oncorhynchus 9, 10
– *gorbuscha* 11
– *keta* 11
Orconectes limosus 6, 9

Pacifastacus leniusculus 6
Palaemonetes sp. 114
Perca flavescens 45, 47
– *fluviatilis* 45, 47, 55, 99, 100
Perccottus glehni 135–136
Phalloceros 106
Phalloptychus 106
Phoxinus phoxinus 60
Physa acuta 114
Pisidium sp. 46
Poecilia reticulata 8, 14, 16, 95, 106, 110, 115
– *sphenops* 16
– *velifera* 16
Pomoxis annularis 34, 35, 72
– *nigromaculatus* 9, 34, 72
Proterhorinus marmoratus 99
Pseudorasbora parva 10, 11, 32, 41, 45, 90–103
– – *altipinna* 91, 94, 96
– – *depressirostris* 91, 94, 96
– – *fowleri* 91, 92, 94–96

– – *monstrosa* 91, 92, 94, 96
– – *parvula* 91–94, 96
– – *tenuis* 91, 92, 94, 96
– *pusilla* 90, 91
Pungitius pungitius 126, 132
Pylodictis 74

Quintana atrizona 124

Rana temporaria 46
Rasbora heteromorpha 90
Rhinichthys 14
Rhodeus sericeus amarus 45, 99
Rutilus rutilus 45, 90

Salamandra salamandra 39
Salmo gairdneri 10–12
– *trutta fario* 46
Salvelinus 9
– *fontinalis* 11, 12
– *namaycush* 11
Sarotherodon niloticus 15
Satan 74
Scardinius erythrophthalmus 14, 45, 49
– *racovitzai* 14, 18
Schilbeodes 74
Silurus glanis 47
Siphapeltes 14
Siphonophanes grubei 126
Stizostedion canadiense 83
– *lucioperca* 47, 83
– *vitreum* 47, 83

Tadaria mexicana 70
Tinca tinca 90
Triturus vulgaris 46
Trogloglanis 74

Umbra krameri 12, 127–133
– *limi* 127, 128, 131–133
– *pygmaea* 10–12, 32, 127–129, 131–133
Unio 114
Urocleidus dispar 48–50, 60
– *similis* 48, 49, 60

Valencia letourneuxi 114, 126
Viviparus georgianus 47

Xenotoca eiseni 16, 19, 121
Xiphophorus helleri 16, 106
– *maculatus* 106